सा रे ग मं

संगीत सिखने, सिखाने एवं आनंद लूटने के लिये
सभी नये हंदी गीतों सहित इतिहास कर्त्री पुस्तक

संगीताचार्य
प्रो. रत्नाकर नराले

PUSTAK BHARATI , TORONTO, CANADA

Author
Lyricist : *Sangeetacharya* Ratnakar Narale, Professor Hindi, Ryerson University.

Title

A Book of New Hindi Compositions for Learning, Teaching and Enjoying Indian Music.

Published by
Pustak Bharati (Books India)
email : **pustak.bharati.canada@gmail.com**
www.pustak-bharati-canada.com

ISBN 978-1-989416-69-3

Dedicated to my wonderful and loving Grandchilfren
Samay, Sahas, Saanjh, Saaya, Naksh, Nyra and Navay

संगीत गुरु अनुक्रम

संकेत चिह्न

म	शुद्ध स्वर
मं॑	तीव्र स्वर
म़	मन्द्र सप्तक स्वर
मं	तार सप्तक स्वर
‿	एक मात्रा का काल
⌒	मिंड चिन्ह. एक स्वर से दूसरे स्वर को बिना आवाज रुके बजाना
म –	एक मात्रा बढ़ाया हुआ स्वर
म ऽ	एक मात्रा बढ़ा कर अक्षर उच्चार
म	कण स्वर, अत्यल्प काल का स्वर
X	सम = प्रथम ताली
0	खाली

राग वर्णन के अंग

थाट का नाम

राग का नाम

राग विवरण

- लक्षण गीत दोहा
- ताल
- आरोह — कम से कम पाँच स्वर
- अवरोह — कम से कम पाँच स्वर
- पकड़
- वादी
- संवादी
- जाति — (आरोह–अवरोह) संपूर्ण 7, षाडव 6 या औडव 5
- समय
- गीतकार
- नोटेशन

संगीत परिचय

नादेनोच्चयते वर्णः पदं वर्णात्पदाद्वचः ।
वचसो व्यवहारोऽयं नादाधीनमिमं जगत् ।।

(ध्वनि अक्षर बनाती है, अक्षरों से शब्द बनाते हैं, शब्दों से वाक्य बनाते है,
वाक्यों से वाणी, वाणी से व्यवहार, ध्वनियों से संसार चलता है)

संगीत सामवेद से उत्पन्न हुआ, भारत से फारस से अरब से यूरोप तक गया, जो 'पश्चिमी संगीत' के रूप में जाना जाने लगा और तब जा कर मूल संगीत 'भारतीय संगीत' के रूप में जाना जाने लगा. रागों पर आधारित लयबद्ध शास्त्रीय संगीत, रामायण और महाभारत के समय से नारद द्वारा शुरू किया गया था, मुख्य रूप से वीणा पर सात स्वरों के साथ बजाया जाता था. तबले के रूप में वृंदावन में पवित्र जमुना नदी के तट पर कृष्ण और राधा के प्रेम आसपास केंद्रित मधुर लयबद्ध संगीत के परिणामस्वरूप भक्ति का विकास हुआ।

बाद की अवधि में, संगीत सिखाने का पहला स्मरणीय कार्य 'संगीत-रत्नाकर' था जिसे शारंगदेव द्वारा लगभग 1200 ईस्वी में लिखा गया था.

चैतन्यं सर्वभूतामां विवृतं जगदात्मना ।
नादब्रह्म तदानंदमद्वितीयमुपास्महे ।।

(वह वस्तु जो प्रत्येक प्राणी में विद्यमान है और उसके जीवन से जुड़ी है, वह है ध्वनि,
इसलिए इसे ब्रह्म-नाद कहा जाता है)

इसके बाद 16वीं शताब्दी में तानसेन, बैजू बावरा, तुलसीदास, सूरदास, मीरा आदि जैसे महान संगीतकारों का उदय हुआ. 16वीं शताब्दी के बाद कुछ संगीतकारों ने दादरा, रूपक, कहरवा, झप ताल, एक ताल, चौ ताल, दीपचंदी, तीन ताल आदि तालों का निर्माण किया.

हारमोनियम पर भारतीय संगीत बज।ने और गाने का अर्थ है अपने हारमोनियम के सुर और अपनी आवाज को तबले के बोल के साथ संतुलित करना. हारमोनियम एक रीड वाद्य होने के कारण, इसके सुर हमारे वोकल कॉर्ड के स्वर के काफी करीब होते हैं. जिस तरह हम हमेशा एक ही नियमित स्वर में हर शब्द को बोलते या गाते नहीं हैं, वैसे ही हारमोनियम के स्वरों को भी नरम, मध्य या कठोर स्वरों में बदलना पड़ता है. गीत के शब्द और मनोदशा और गायक की आवाज से मेल खाने के लिए धीरे, मध्य या तेज गति में बदला जाता है.

संगीत :

गानसृजन (lyric), वादन, गायन और नृत्य चारों परस्पर पूरक (caomplementary) कलाएँ संगीत के चार पहलू हैं. सुंदर और भावपूर्ण लिखे हुए गीत के गायन के साथ ताल वाद्य (तबला) और स्वर वाद्य

(हारमोनियम) का संग हो तो उस संगीत में रुचि और प्रभाव विद्यमान होते हैं.

मात्रा :

गीत के भाव के अनुरूप स्वर और ताल अत्यावश्यक होते हैं. गीत की लय के अनुसार गीत के प्रत्येक अक्षर को गाने और बजाने के निश्चित समय को मात्रा या मात्राओं में गिना जाता है. एक सामान्य अक्षर के गाने-बजाने के लिए लगने वाले अवधि को इकाई (unit) मान कर उसे एक "मात्रा" कहते हैं. किसी अक्षर को एक से कम या अधिक मात्राएँ हो सकती हैं. लघु मात्रा वाले शब्द को एक मात्रा मान कर गुरु मात्रा वाले शब्द को दुगुना समय माना जाता है. कभी-कभी दुगुने से भी अधिक समय देकर दीर्घ कज्के भी किया जाता है.

नाद :

इस पुस्तक की सीमा में गायक या साज (तबला और होमोनियम) की आवाज को ही अब "नाद" मान कर हम आगे बढ़ते हैं. नाद का ऊँचा या नीचापन उसकी प्रति निमिष (second) कम्पन या आंदोलन-संख्या (frequency) पर निर्भर करता है. जितना आंदोलन अधिक उतना ही नाद ऊँचा माना जाता है.

स्वर :

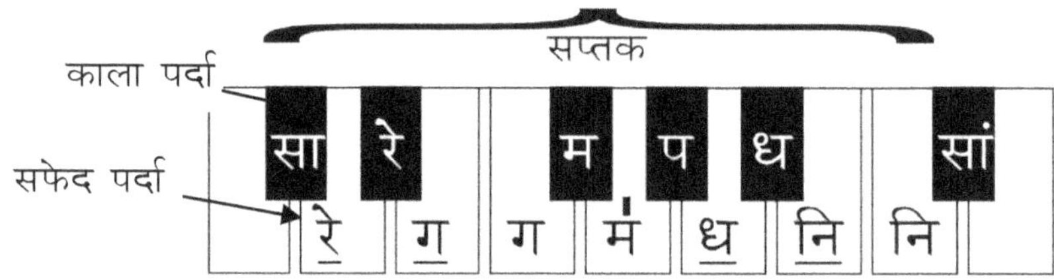

हारमोनियम के पर्दों के ऊपर वाले चित्र में दिखाए गए सा के पर्दे से (सा रे ग म प ध नि) नि के पर्दे तक के काले और सफेद 12 पर्दों का एक सप्तक होता है. सप्तक के हर पर्दे की निर्धारित आंदोलन-संख्या (frequence) वाली ध्वनि (सुर) को "स्वर" कहा जाता है. अधोरेखांकित न किए हुए जो मूल सात स्वरों (सा रे ग म प ध नि) के शास्त्रोक्त नाम हैं : सा (षड्ज), रे (ऋषभ), ग (गंधार), म (मध्यम), प (पंचम), ध (धैवत) और नि (निषाद) स्वर. सप्तक के इन सात पर्दों की अपरिवर्तित (unaltered) ध्वनि को "शुद्ध" स्वर कहते हैं. इन सात शुद्ध स्वरों के बीच में जो अन्य पाँच सफेद पर्दे दिख रहे हैं उन पाँच परिवर्तित (altered) स्वरों (सुरों) को "विकृत" स्वर कहते हैं. इन पाँच विकृत स्वरों में चार अधोरेखांकित (रे ग ध नि) स्वरों को "कोमल" स्वर काहा जाता है और पाँचवे ऊर्ध्व रेखांकित (मं) विकृत म स्वर को "तीव्र म" कहते हैं.

सा और प स्वरों का कोई विकृत रूप न होने के कारण इन दों स्वरों को "अचल या अविकारी (unalterable)" स्वर कहते हैं और अन्य रे ग म ध नि पाँच स्वरों के विकृत रूप भी होने के कारण इन्हें "चल य विकारी (alterable)" स्वर कहते हैं.

श्रुति :

संगीत का वह सूक्ष्म नाद जो स्पष्ट श्रवण किया जा सके वह श्रुति है. हारमोनियम के स्वर सा रे ग म प ध नि में 22 श्रुतियाँ होती हैं. दो स्वरों के बीच दो या अधिक श्रुतियाँ होकर श्रुतियों के बीच बहुत कम अंतर और ठहराव होता है फिर भी एक श्रुति दूसरी श्रुति से पृथक और स्पष्ट श्रव्य (audible) होती है. ये 22 श्रुतियाँ ही संगीत के शुद्ध, कोमल और तीव्र स्वर का आधार हैं.

22 श्रुतियाँ

स्वर	सा,	रे	ग	म	प	ध	नि
श्रुतियाँ	1 – 5 (4),	5–8 (3),	8–10 (2),	10–14 (4),	14–18 (4),	18–21 (3),	21–21 (2)

1. स्वर सा	(षड्ज)	पहली श्रुति पर	–	चौथीं श्रुति तक	4 श्रुतियाँ
2. स्वर रे	(ऋषभ)	पाँचवीं श्रुति पर	–	सातवीं श्रुति तक	3 श्रुतियाँ
3. स्वर ग	(गंधार)	आठवीं श्रुति पर	–	नौवीं श्रुति तक	2 श्रुतियाँ
4. स्वर म	(मध्यम)	दसवीं श्रुति पर	–	तेरहवीं श्रुति तक	4 श्रुतियाँ
5. स्वर प	(पंचम)	चौदहवीं श्रुति पर	–	सत्रहवीं श्रुति तक	4 श्रुतियाँ
6. स्वर ध	(धैवत)	अठारहवीं श्रुति पर	–	बीसवीं श्रुति तक	3 श्रुतियाँ
7. स्वर नि	(निषाद)	इक्कीसवीं श्रुति पर	–	बाईसवीं श्रुति तक	2 श्रुतियाँ

सप्तक :

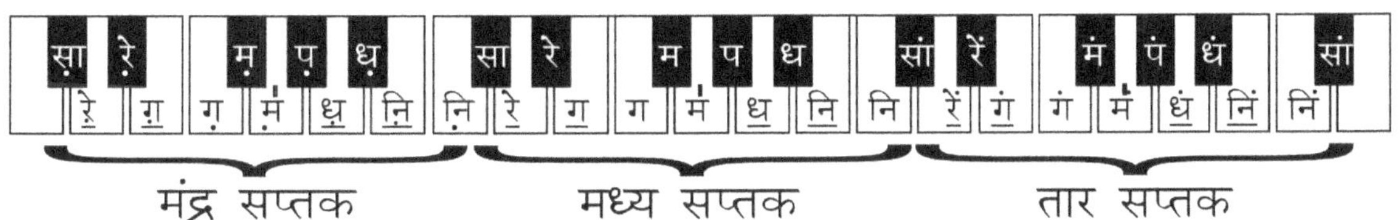

ऊपर वाले चित्र में दिखने वाले बाईं ओर के सप्तक को "मंद्र (lower)" सप्तक, बीच वाले सप्तक को "मध्य (middle)" सप्तक और दाईं ओर वाले सप्तक को "तार (higher)" सप्तक कहते हैं. मंद्र सप्तक की ध्वनि मध्य सप्तक से मिम्न होती है और तार सप्तक की ध्वनि उच्च होती है. मंद्र सप्तक की आंदोलन-संख्या मध्य सप्तक से क्रमानुसार स्वरों से आधी होती है और तार सप्तक के स्वरों की आंदोलन-संख्या मध्य सप्तक के क्रमानुसार स्वरों से दो गुना उच्च होती है. अतः मंद्र सप्तक गंभीर लगता है और तार सप्तक तीव्र लगता है.

मंद्र सप्तक के स्वर निचे बिंदी लगा कर सूचित किए जाते हैं (सा़ रे़ ग़ म़ प़ ध़ नि़) और तार सप्तक के स्वर ऊपर बिंदी लगा कर (सां रें गं मं पं धं निं) सूचित किए जाते हैं. तीव्र म स्वर के ऊपर खड़ी रेखा लगा कर (मॅ) सूचित किया जाता है.

एक सप्तक के बारहवे स्वर पर एक सप्तक समाप्त होता है और उसके बाद अगले सप्तक का प्रथम स्वर आरंभ होता है.

1	2	3	4	5	6	7	8	9	10	11	12	**1**	**2**	**4 ...**
सा	<u>रे</u>	रे	<u>ग</u>	ग	म	मं	प	<u>ध</u>	ध	नि	<u>नि</u>	**सां**	**<u>रें</u>**	**रें ...**

वर्ण :

वादन और गायन की प्रत्येक प्रत्यक्ष क्रिया को वर्ण कहते हैं. वर्ण चार प्रकार के होते हैं : 1. स्थायी, 2. आरोही, 3. अवरोही और 4. संचारी वर्ण.

1. स्थायी : किसी एक स्वर को एक से अधिक बार बोलने-बजाने की क्रिया वाला वर्ण स्थायी होता है. जैसे : सा सा सा, रे रे रे, ग ग ग, म म म, ...आदि.

2. आरोह : किसी एक स्वर के बाद उससे अगला स्वर आरोही कहा जाता है. जैसे : सा रे ग म, रे ग म प, ..आदि

3. अवरोह : किसी एक स्वर के बाद उससे पिछला स्वर अवरोही कहा जाता है. जैसे : सां नि ध प, नि ध प म, ..आदि

4. संचारी : उपरोक्त तीनों वर्णों के संयोग को संचारी कहते है. जैसे : ग म ग सा ऩि सा ध़ ऩि सा सा म म ...आदि.

जहाँ दो या अधिक स्वर एक मात्रा की अवधि में गाए-बजाए जाते हैं वहाँ उन स्वरों के नीचे कोष्ठक लगा कर सूचित किया जाता है. जैसे : सारे गरे गम ... आदि.

उपरोक्त चारों प्रकार के वर्णों की रचनाओं को "वर्ण अलंकार" कहा जाता है. इस तरह के आरोही-अवरोही प्रयोग को "पलटा" कहते हैं.

थाट :

एक सप्तक में सात शुद्ध (सा रे ग म प ध नि), चार कोमल (<u>रे</u> <u>ग</u> <u>ध</u> <u>नि</u>) और एक तीव्र (मं) मिला कर कुल 12 स्वर रूप होते हैं. प्रत्येक स्वर का केवल एक शुद्ध या कोमल या तीव्र रूप लेकर इन सात स्वरों की एक-एक रचना को "थाट" कहते हैं. भारतीय संगीत पद्धति में ऐसी दस स्वर रचनाओं को लेकर दस थाट प्रचलित हैं.

1.	**बिलावल** थाट	सभी स्वर शुद्ध	सा रे ग म प ध नि सा
2.	**यमन** थाट	केवल म स्वर तीव्र, अन्य सभी स्वर शुद्ध	सा रे ग मं प ध नि सा
3.	**खमाज** थाट	केवल नि स्वर कोमल, अन्य सभी स्वर शुद्ध	सा रे ग म प ध <u>नि</u> सा
4.	**काफी** थाट	केवल ग और नि स्वर कोमल, अन्य सभी स्वर शुद्ध	सा रे <u>ग</u> म प ध <u>नि</u> सा
5.	**भैरव** थाट	केवल रे और ध स्वर कोमल, अन्य सभी स्वर शुद्ध	सा <u>रे</u> ग म प <u>ध</u> नि सा
6.	**भैरवी** थाट	रे ग ध नि स्वर कोमल, अन्य सभी स्वर शुद्ध	सा <u>रे</u> <u>ग</u> म प <u>ध</u> <u>नि</u> सा
7.	**आसावरी** थाट	केवल ग ध नि स्वर कोमल, अन्य सभी स्वर शुद्ध	सा रे <u>ग</u> म प <u>ध</u> <u>नि</u> सा

8. **तोड़ी** थाट केवल रे ग ध कोमल, तीव्र म, अन्य सभी स्वर शुद्ध सा रे ग म॑ प ध नि सा

9. **मारवा** थाट केवल रे कोमल, तीव्र म, अन्य सभी स्वर शुद्ध सा रे ग म॑ प ध नि सा

10. **पूर्वी** थाट केवल रे और ध कोमल, म तीव्र, अन्य सभी स्वर शुद्ध सा रे ग म॑ प ध नि सा

यद्यपि हर थाट के नाम पर एक-एक राग भी बना है फिर भी थाट और राग में अंतर होता है.

1. थाट में (सा रे ग म प ध नि) सात शुद्ध या विकृत स्वर होते हैं. थाट में सात से कम स्वर या उनके विकृत रूप नहीं होते हैं.

2. राग थाट से बनते हैं मगर उनमें में कम से कम पाँच से लेकर छह या सात तक शुद्ध स्वर या उन किसी के विकृत रूप हो सकते हैं.

3. थाट में जो स्वर आरोह में होते हैं वे ही स्वर अवरोह में भी होते हैं. वैसा राग में नहीं होता.

4. थाट के प्रत्येक स्वर पर समान मात्रा और समान जोर देकर बजाया-गाया जाता है, वैसा राग में नहीं होता है.

5. थाट के अधार पर ही विभिन्न धुनों में राग निर्माण होते हैं. एक धुन पर एक या अधिक राग हो सकते हैं.

6. थाट और राग दोनों में आरोह अवरोह दोनों होना आवश्यक है.

राग :

संस्कृत श्लोक

रागः संगीतसूत्रं यद्-गुणजाती स्वरस्य हि ।
आरोहीचावरोही च करोति निश्चितं खलु ।। 1

हिंदी श्लोक

राग संगीत का सूत्र, स्वर की लय जाति का ।
अवरोही व आरोही, सुर विशिष्ट भाँति का ।। र

दोहा॰

पाँच न्यूनतम स्वर जहाँ, मन को दें आनद ।
"राग" कहा श्रृंगार वो, लय भूषित ध्वनि वृंद ।।
चार सुरों में राग ना, ना दो सुर में तान ।
गला फाड़ कर चीखना, ना कहलाता गान ।।

जिस संगीत सूत्र से गीत गाने-बजाने के आरोही एवं अवरोही स्वर निश्चित **लय** में बद्ध होते हैं, उस प्रक्रिया को "**राग**" कहते हैं । जैसे कि : बिलावल राग के सभी आरोही तथा अवरोही स्वर शुद्ध गुण के होते हैं और जाति संपूर्ण-संपूर्ण (7/7) होती है, खमाज राग का अवरोही नि कोमल होता है और जाति षाडव-संपूर्ण (6/7) होती है.

छन्द रचना में सूत्र-बद्धता जितनी अपरिहार्य होती है उतनी ही राग रचना में लय-बद्धता अनिवार्य होती है. सप्तक के कम से कम पाँच स्वरों का राग होता है.

जाति :

किसी भी राग में सप्तक के सात स्वरों में से जितने स्वर आरोह तथा अवरोह में प्रयुक्त है वह उसकी जाति मानी जाती है. जैसे : बिलावल राग जाति = संपूर्ण-संपूर्ण अथवा 7/7. संपूर्ण जाति = 7 स्वर, षाडव जाति = 6 स्वर और औडव जाति = 5 स्वर.

राग के अंग :

स्थायी : गायन का प्रथम भाग जहाँ गीत आरंभ होता है. स्थायी मध्य अथवा मंद्र सप्तक में गाया जाता है. स्थायी गीत के आरंभ में और पूर्ण या कुछ भाग या किसी रूप को हर अंतरे के अंत में गाया जाता है.

अंतरा : अंतरा गीत का दूसरा भाग होता है. अंतरे का उठाव मध्य सप्तक में होता है. भजन, खयाल, टप्पा, ठुमरी आदि गीत प्रकारों में इत्यादि में स्थायी और अंतरा दो ही अंग होते हैं.

संचारी : स्थायी और अंतरे के पश्चात संचारी गाते हैं. संचारी में स्थायी और अंतरे का विस्तार होता है.

आभोग : आभोग अंतरे के ही भाँति होता है मगर आभोग तार सप्तक में अति ऊँचा गाया जाता है.

तान : राग के सुर द्रुत गति से अलंकृत करके खींच कर प्रस्तुत करने को तान कहते हैं

आलाप : आलाप राग गायन के आरंभ में गाया जाता है जो क्रमश: राग के एक-एक सुर को विस्तार से प्रस्तुत करता है.

राग का समय औचित्य :

हर स्वर के हर श्रुति में एक विशिष्ट कम्पन (vibe) विद्यमान होता है. श्रुतियों की इस कम्पन में मनोरंजन से लेकर हृदय दहलाने तक का प्रभाव अंतर्निहित होता है. श्रुति का कम्पन समय-समय पर मुख पर हास्य दे सकता है, आँखों में आँसू दे सकता है, तन को पुलकित कर सकता है, पसीने छुड़ा सकता है, भक्ति में लीन करा सकता है या संसार से विरक्त करा सकता है. इन कारणों से हर राग गाने का अपना एक उचित समय-प्रहर होता है.

किस ठाठ के किस राग के गाने-सुनने के लिए कौनसा समय योग्य होता है यह तीन-तीन घंटों के आठ प्रहरों के माध्यम से निर्धारित किया गया है जो गीतों वाले अगले अध्याय में दिए हुए प्रत्येक राग के विवरण में उस-उस राग के आरंभ की तालिका में दिया गया है.

इस परिचय विभाग में आठ प्रहरों की समयसारिणी (1. दिन के 4-7 बजे, 1-10, 10-1, 1-4, संध्या और रात के 4-7, 7-10, 10-1, 1-4 बजे तक) यहाँ प्रस्तुत की जा रही है.

1. **प्रथम प्रहर :** दिन का प्रथम प्रहर (4-7 बजे) और पाँचवाँ प्रहर (सायं 4-7 बजे) के लिए उचित

रागों को संधि-प्रकाश के राग कहते हैं. इनमें शुद्ध ग स्वर और कोमल रे स्वर वाले मारवा और पूर्वी थाट के राग आते हैं.

2. **द्वितीय प्रहर :** दिन के द्वितीय प्रहर (7-10 बजे) और छठे प्रहर (रात 7-10 बजे) के लिए उचित हैं उनमें में शुद्ध रे और ग स्वर होते ह. उनमें बिलावल, भैरव, कल्याण और खमाज थाट के राग आते हैं.

3. **तृतीय और चतुर्थ प्रहर :** दिन का तीसरा और चौथा प्रहर (10-1 और 1-4 बजे तक) और रात का तीसरा और चौथा प्रहर (10-1 और 1-4 बजे तक) के लिए उचित रागों में कोमल ग स्वर वाले काफी, आसावरी, भैरवी और तोड़ी थाट के राग आते हैं. अर्थात् : 1. मारवा और पूर्वी थाट - प्रथम प्रहर; 2. बिलावल, भैरव, कल्याण और खमाज थाट - दूसरा प्रहर; 3. काफी, आसावरी, भैरवी और तोड़ी थाट - तीसरा और चौथा प्रहर

दस थाट के इन तीन समूहों को संगीत शास्त्र के अनुसार समयोचित माना गया है.

हारमोनियम :

हारमोनियम भारतीय संगीत बजाने का एक मनोरम और आसान वाद्य है. इसके सुर मनुष्य के उच्चार से बहुत मिलते हैं इस लिए यह भारत में इतना लोकप्रिय है कि इसके सुर रजवाड़ों से लेकर गरीब की कुटिया तक और मंदिर से लेकर सड़क तक सभी स्थानों में सुनाई देती है.

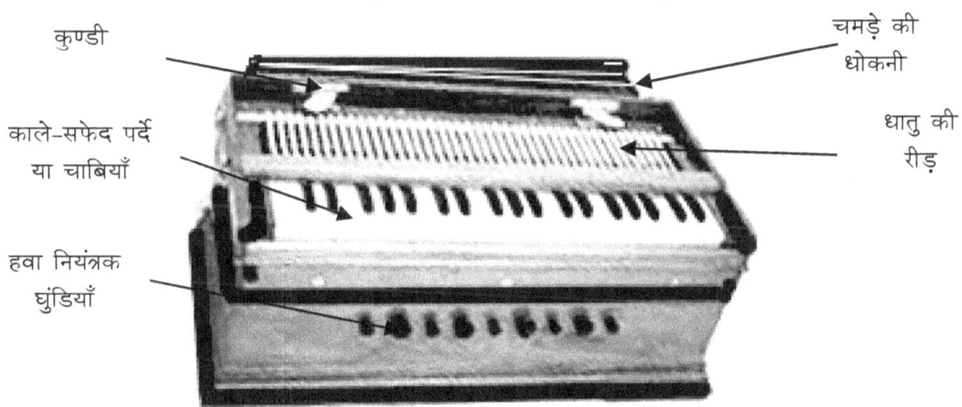

सामान्य हारमोनियम में सवा तीन सप्तक (39 पर्दे या चाबियाँ) या साढ़े तीन सप्तक (42 पर्दे) होते हैं. हारमोनियम की किसी भी पर्दे को सा मान कर उसी क्रम से अगले ग्यारह स्वर निश्चित होते हैं और फिर तेरहवे पर्दे पर अगला सप्तक आरंभ होता है. हारमोनियम में धोकनी अथवा धम्मन (ballow) से हवा भरी जाती है जो पर्दों (5 काले और 7 सफेद) (keys) के दबाने से धातु की रीड़ों द्वारा बाहर निकल कर सा रे ग म प ध नि आदि पूर्व-निर्धारित ध्वनि निर्माण करती है.

उपयोग के बाद, हारमोनियम के कुछ पर्दे एक साथ नीचे दबा कर अंदर भरी हुई हवा पूर्णतया बाहर निकाल दें और रीड़ पर लगी हुई दोनों कुण्डियाँ बंद कर दें. हारमोनियम को धूप, धूल, नमी और कीड़ों से बचा कर ढ़क कर

रखें

उँगलियों का क्रम :

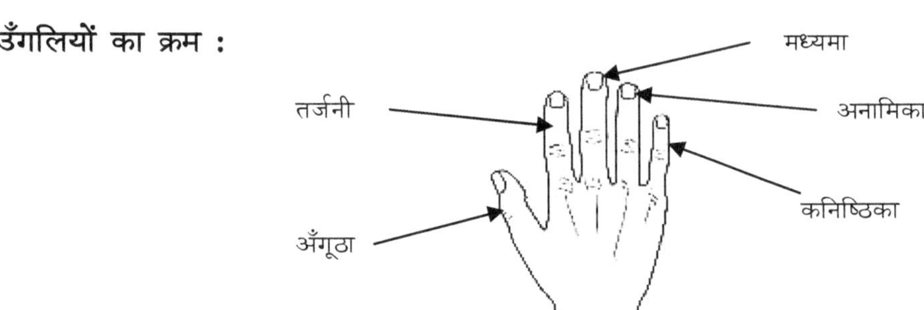

हार्मोनियम के पर्दे (चाबियाँ) उँगलियों से दबाने के कुछ साधारण नियम हैं, मगर किसी वजह से उनका उल्लंघन करना पडें तो कोई दोष या दंड नहीं है. अपितु इन नियमों के अनुसार हारमोनियम बजाने में सुविधा होती है और दर्शकों को अच्छा भी लगता है.

1. सफेद पर्दे दबाने के लिए अधिकतर अँगूठे का प्रयोग होता है.
2. काले पर्दे अधिकतर उँगलियों से उनके क्रम में दबाने चाहिए.
3. आगे वाले आरोही अथवा पिछले अवरोही पर्दे इस तरह दबाएँ जिससे कि उँगलिया आड़ी-ठेढ़ी (criss-cross) नहीं करनी पड़े. जैसे – शुद्ध सा रे ग म प ध नि सा बजाने के लिए आरोह में सा पर तर्जनी, रे पर मध्यमा, ग पर अँगूठा, म पर तर्जनी, प पर मध्यमा, ध पर अनामिका और नि पर अँगूठा काम में लाएँ. उसी तरह से अवरोही क्रम में सां नि ध प म ग रे सा बजाने के लिए सां पर तर्जनी, नि पर अँगूठा, ध पर अनामिका, प पर मध्यमा, म पर तर्जनी, ग पर अँगूठा, रे पर मध्यमा और सा पर तर्जनी सुविधा कारक होती है.

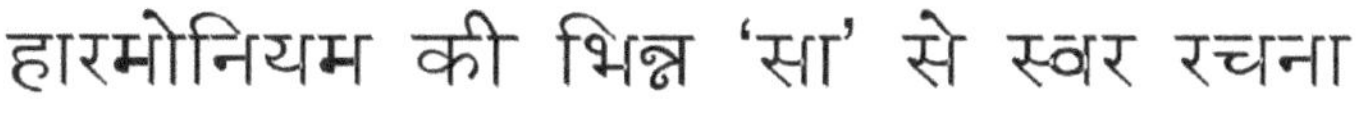

हारमोनियम की भिन्न 'सा' से स्वर रचना

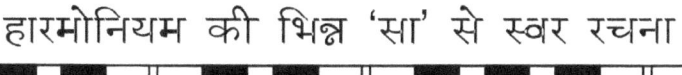

	काली कुंजियाँ	सफ़ेद कुंजियाँ
1	नि़ सा रे · म प · नि सां रें · मं पं	ध़ नि़ रे ग · ग म ध · ध नि रें गं · गं मं धं
2	ध़ नि़ रे · ग म · ध नि रें · गं मं	ध़ नि़ सा रे · ग म प · ध नि सां रें · गं मं पं
3	ध़ नि़ सा · ग म · ध नि सां · गं मं	प़ ध़ नि़ रे · रे ग म · प ध नि रें · रें गं मं
4	प़ ध़ नि़ · रे ग · प ध नि · रें गं	म़ ध़ नि़ सा · रे ग म · म ध नि सां · रें गं मं
5	म़ ध़ नि़ · रे ग · म ध नि · रें गं	म़ प़ ध़ नि़ · सा रे ग · म प ध नि · सां रें गं
6	म़ प़ ध़ · सा रे · म प ध · सां रें	ग़ म़ ध़ नि़ · नि़ रे ग · ग म ध नि · नि रें गं
7	ग़ म़ ध़ · नि़ रे · ग म ध · नि रें	ग़ म़ प़ ध़ · नि़ सा रे · ग म प ध · नि सां रें

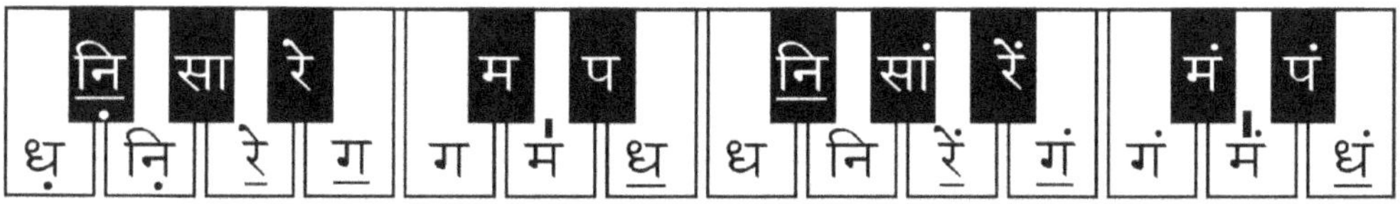

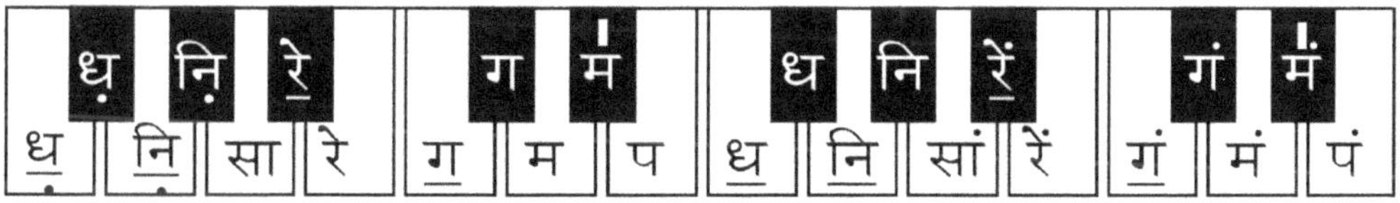

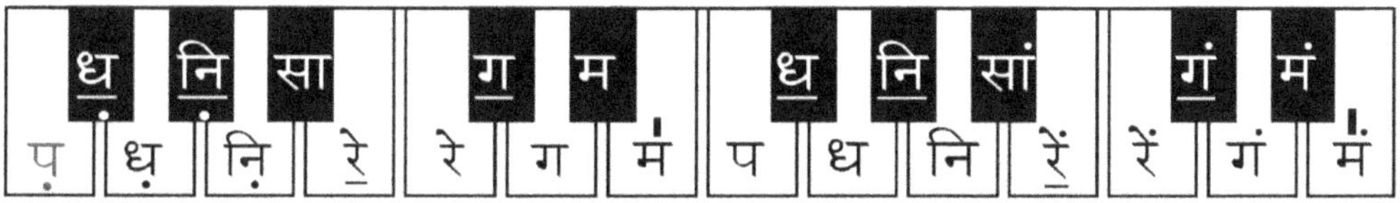

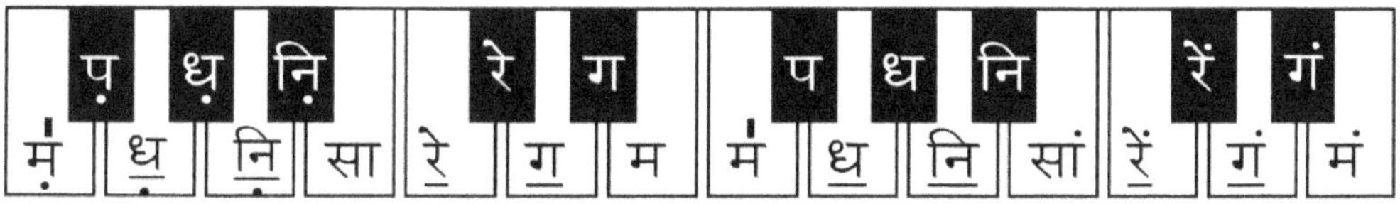

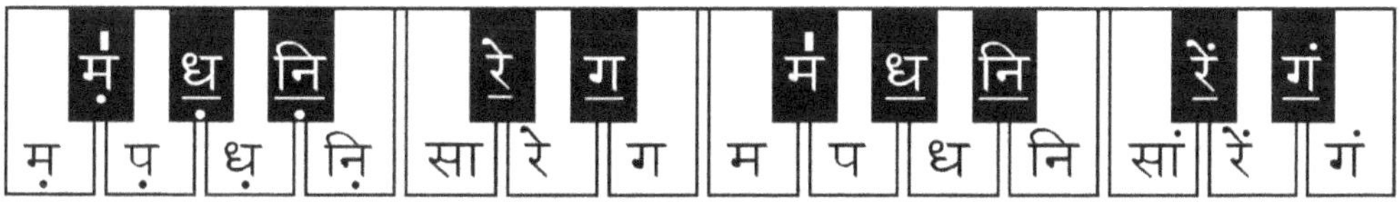

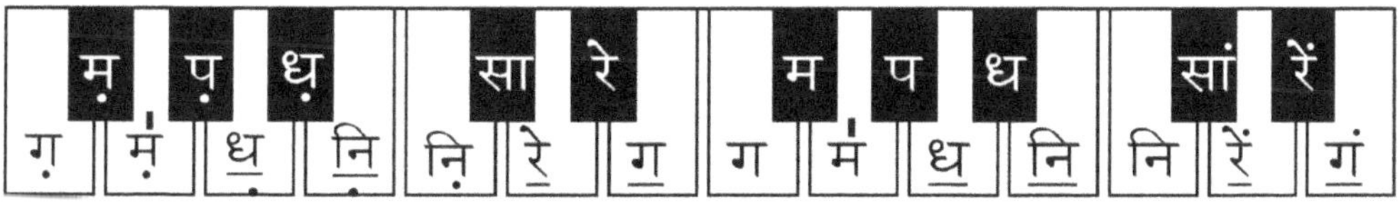

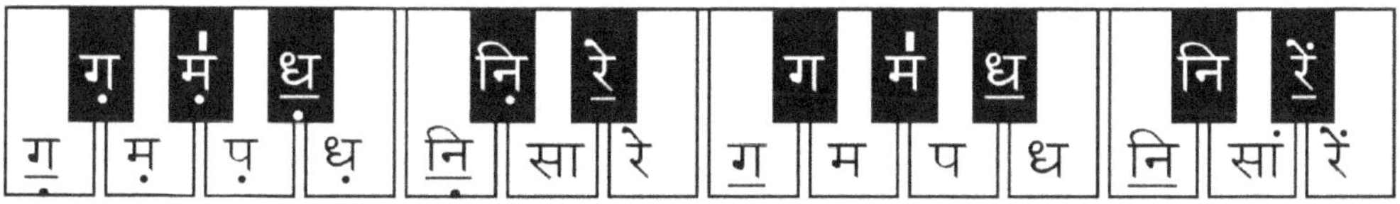

1. नीचे बिंदी वाले स्वर मन्द्र सप्तक के हैं। 2. ऊपर बिंदी वाले स्वर तार सप्तक के हैं।
3. नीचे लकीर वाले रे, ग, ध, नि स्वर कोमल हैं। 4. ऊपर लकीर वाल म तीव्र है।
5. बिना किसी बिंदी या लकीर वाले स्वर शुद्ध हैं। 6. सा व प स्वर केवल शुद्ध होते हैं।

स्वर :

स्वर सा अविकृत या अविकारी होकर सब स्वरों का मूल माना गया है अत: सा स्वर किसी भी राग में वर्जित नहीं होता है.

प स्वर भी अविकारी होकर सा स्वर से 1.5 गुना ऊँची ध्वनि का होने के कारण प स्वर की ध्वनि सा स्वर की ध्वनि में लीन या विलीन हो जाती है. इस कारण से प स्वर को सा स्वर का संवादी (subordinate) स्वर माना गया है. पहले चार (सा रे ग म) स्वरों में सा प्रथम स्वर है और अन्य चार स्वरों (प ध नि सा) में प प्रथम स्वर है इस लिए सा और प स्वरों को अविकारी माना गया है और वे दोनों किसी राग में वर्जित नही होते.

गाने-बजाते समय गायक-वादक जिस स्वर तक आरोही जाकर अवरोही लौटता है उस स्वर को वक्र स्वर कहते हैं. जैसे : सां- ध प म ग म की सरगम में ग "वक्र" स्वर है.

किसी भी राग में जिस स्वर का प्रयोग निषेध हो उस स्वर को उस राग का "वर्जित" स्वर कहते हैं

वादी-संवादी स्वर :

किसी राग में जो स्वर सबसे अधिक प्रयोग में लाया जाता है अथवा जिस स्वर पर सबसे अधिक जोर दिया जाता है उसे उस राग का "वादी" (prominent) स्वर माना जाता है. उसी राग में जो स्वर वादी स्वर से कम परंतु अन्य स्वरों से सबसे अधिक प्रयुक्त होता है अथवा सबसे अधिक जोर दिया गया होता है वह उस राग का "संवादि" (secondary) स्वर होता है. राग के आरोही-अवरोही स्वरों में वादी और संवादी स्वरों को छोड़ कर अन्य स्वर "अनुवादी" (subordinate) स्वर होते हैं. इसके विपरीत, जो स्वर राग में वर्जित किया जाता है अथवा जिसके होबे से राग बिगड़ जाता है वह स्वर उस राग का "विवादी" (spoiler) स्वर होता है.

जिन रागों का वादी स्वर सा रे ग अथवा म है उन रागों को पूर्वाग राग कहते हैं. ये प्राय: दिन के समय के राग होते हैं. जिन रागों का वादी स्वर प ध नि अथवा सां होता है उन रागों को उत्तरांग प्रधान राग कहते हैं. ये प्राय: रात के समय के राग होते हैं.

पकड़ :

राग के आरोही-अवरोही स्वरों में से स्वरों की वह रचना जो उस राग का अंतरंग प्रकट करे उसे उस राग की "पकड़" कहते हैं.

स्वरों का अभ्यास :

स्वरों का सही ढंग, क्रमश: और नित्यश: के अभ्यास से प्रगति सुलभ होती है. प्रथम हारमोनियम का स्वर-अभ्यास सिद्ध करके फिर लय-अभ्यास करना चाहिए.

1. अपने गले के अनुसार किस पर्दे पर आपका सा ठीक बैठता है यह निश्चित करके उस पर्दे को पहला स्वर मान कर वहाँ से बारह पर्दों का सप्तक निर्धारित करें. सहायता के लिए देखिए ऊपर दिखाया हुआ सात भिन्न तरीकों से सप्तकों का चित्र है. चित्र से यह स्पष्ट होता है कि सप्तक के शुद्ध स्वर

क्रमशः 1, 3, 5, 6, 8, 10 और 12 वें पर्दे पर होते हैं, कोमल स्वर क्रमशः 2, 4, 9 और 11 वे पर्दे पर होते हैं और तीव्र मं सातवे सफेद या काले पर्दे पर होता है.

2. फिर, बिना धोकनी चलाए, केवल मुँह से ही गा कर, सात शुद्ध स्वरों का सही ढंग से अभ्यास करें. आरंभ में धीरे-धीरे की गति से और फिर गति बढ़ाते हुए जल्दी-जल्दी उँगलियाँ चलाने का प्रयास करें.

3. जब आपकी ऊँगलियाँ ठीक चलने लगे तब धीरे धीरे धोकनी चलाते हुए बाजा बजाने का अभ्यास तब तक करें जब तक बिना देखे भी आपकी उँगलियाँ बिना गलती के ठीक चलें.

4. फिर यही अभ्यास किसी भी पर्दे को सा मान कर संपूर्ण सप्तक बजाने का अभ्यास करें. यह अभ्यास एक के बाद दूसरे पर्दे को सा मान कर सभी बारह पर्दों पर क्रमशः करें.

5. जब शुद्ध स्वरों का अभ्यास पूर्ण हो जाए तब अगले चरण में धीरे-धीरे कोमल और तीव्र स्वरों के साथ वही अभ्यास करें. फिर विविध वर्ण अलंकार बजा ने का अभ्यास आरंभ करें.

लय का अभ्यास :

साधारण गति से किए हुए अभ्यास को "ठाह" कहते हैं. प्रथम समान गति सा रे ग म चार स्वर फिर प ध नि सा चार स्वर आदि साधारण गति में ताली दे कर ठाह गाने का अभ्यास करें फिर उतने ही समय में वही स्वर मालाएँ दो-गुनी गति से बोली जाए. यथा :

ठाह में :	1	2	3	4	5	6	7	8
	सा	रे	ग	म	प	ध	नि	सा
दुगुन में :	1	2	3	4	5	6	7	8
	सारे	गम	पध	निसां	सांनि	धप	मग	रेसा

अलंकारों का अभ्यास :

1. सर्व प्रथम केवल सा स्वर स्पष्ट और बहुत देर तक बोलने का दीर्घ प्रयास और अभ्यास करें और आप का सा कि पर्दे पर ठीक बैठता है यह निश्चित करें.
2. सा का अभ्यास करने के बाद धीरे-धीरे आगे वाले स्वरों का क्रमानुसार अभ्यास करें. अभी लय का अभ्यास आरंभ नहीं हुआ है.
3. अब निम्न लिखित 14 वर्ण अलंकारों को एक अलंकार सिद्ध होने के पश्चात दूसरा अलंकार लेकर क्रमशः आगे बढ़ें. प्रत्येक अलंकार को प्रथम ठाह में सिद्ध करें फिर दुगुन का अभ्यास करें.

अलंकार के स्त्रोत में बीच में किसी भी स्वर पर यदा कदाचित गड़बड़ होजाए तो पुनश्च सा स्वर से आगे चलिए.

अलंकार 1 : आरोह व अवरोह 8-8 मात्रा के समूह, एक-एक स्वर एक-एक मात्रा के समय में

ठाह लय : 1 2 3 4 5 6 7 8 । 1 2 3 4 5 6 7 8 समय 1 मात्रा
सा रे ग म प ध नि सां । सां नि ध प म ग रे सा

दुगुन लय : 1 2 3 4 5 6 7 8 समय एक मात्रा
सारे गम पध निसां सांनि धप मग रेसा

अलंकार 2 : आरोह व अवरोह 16-16 मात्रा के समूह, एक-एक स्वर दो-दो मात्रा के समय में

आरोह : 1 2 3 4 । 5 6 7 8 । 9 10 11 12 । 13 14 15 16
सा सा रे रे । ग ग म म । प प ध ध । नि नि सां सां

अवरोह : 1 2 3 4 । 5 6 7 8 । 9 10 11 12 । 13 14 15 16
सां सां नि नि । ध ध प प । म म ग ग । रे रे सा सा

अलंकार 3 : आरोह व अवरोह 24-24 मात्रा के समूह, एक-एक स्वर तीन बार, तीन-तीन मात्रा के समय में

आरोह : 1 2 3 4 5 6 7 8 9 10 11 12 13 14 15 16 17 18 19 20 21 22 23 24
सा सा सा रे रे रे ग ग ग म म म प प प ध ध ध नि नि नि सां सां सां

अवरोह : 1 2 3 4 5 6 7 8 9 10 11 12 13 14 15 16 17 18 19 20 21 22 23 24
सां सां सां नि नि नि ध ध ध प प प म म म ग ग ग रे रे रे सां सा सा

अलंकार 4 : आरोह व अवरोह 3 मात्रा + 1 विराम के 6 समूह, एक-एक मात्रा के समय में

आरोह : 1 2 3 4 1 2 3 4 1 2 3 4 1 2 3 4 1 2 3 4 1 2 3 4
सा रे ग ऽ रे ग म ऽ ग म प ऽ म प ध ऽ प ध नि ऽ ध नि सां ऽ

अवरोह : 1 2 3 4 1 2 3 4 1 2 3 4 1 2 3 4 1 2 3 4 1 2 3 4
सां नि ध ऽ नि ध प ऽ ध प म ऽ प म ग ऽ म ग रे ऽ ग रे सा ऽ

अलंकार 5 : आरोह व अवरोह 4-4 मात्रा के 5 समूह, एक-एक मात्रा के समय में

आरोह : 1 2 3 4 1 2 3 4 1 2 3 4 1 2 3 4 1 2 3 4
सा रे ग म रे ग म प ग म प ध म प ध नि प ध नि सां

अवरोह : 1 2 3 4 1 2 3 4 1 2 3 4 1 2 3 4 1 2 3 4
सां नि ध प नि ध प म ध प म ग प म ग रे म ग रे सा

अलंकार 6 : आरोह व अवरोह 5-5 मात्रा + 1 विराम के 4 समूह, एक-एक मात्रा के समय में

आरोह : 1 2 3 4 5 6 । 1 2 3 4 5 6 । 1 2 3 4 5 6 । 1 2 3 4 5 6
सा रे ग म प ऽ । रे ग म प ध ऽ । ग म प ध नि ऽ । म प ध नि सां ऽ

अवरोह : 1 2 3 4 5 6 । 1 2 3 4 5 6 । 1 2 3 4 5 6 । 1 2 3 4 5 6
सां नि ध प म ऽ । नि ध प म ग ऽ । ध प म ग रे ऽ । प म ग रे सा ऽ

अलंकार 7 : आरोह व अवरोह 6-6 मात्रा के 3 समूह, एक-एक मात्रा के समय में

आरोह : 1 2 3 4 5 6 । 1 2 3 4 5 6 । 1 2 3 4 5 6
सा रे ग म प ध । रे ग म प ध नि । ग म प ध नि सां

अवरोह : 1 2 3 4 5 6 । 1 2 3 4 5 6 । 1 2 3 4 5 6
सां नि ध प म ग । नि ध प म ग रे । ध प म ग रे सा

अलंकार 8 : आरोह व अवरोह 7 मात्रा + 1 विराम के 2 समूह, एक-एक मात्रा के समय में

आरोह : 1 2 3 4 5 6 7 8 । 1 2 3 4 5 6 7 8
सा रे ग म प ध नि ऽ । रे ग म पध नि सां ऽ

अवरोह : 1 2 3 4 5 6 7 8 । 1 2 3 4 5 6 7 8
सां नि ध प म ग रे ऽ । नि ध प म ग रे सा ऽ

अलंकार 9 : आरोह व अवरोह एक-एक स्वर छोड़ कर 4-4 के समूह, 12 मात्रा, 1-1 मात्रा के समय में

आरोह : 1 2 3 4 । 5 6 7 8 । 9 10 11 12
सा ग रे म । ग प म ध । प नि ध सां

अवरोह : 1 2 3 4 । 5 6 7 8 । 9 10 11 12
सां ध नि प । ध म प ग । म रे ग सा

अलंकार 10 : आरोह व अवरोह एक-एक स्वर छोड़ कर 2-2 बार, 4-4 मात्रा के समूह, 1 मात्रा के समय में

आरोह : 1 2 3 4, 5 6 7 8, 9 10 11 12, 13 14 15 16, 17 18 19 20, 21 22 23 24
सा सा ग ग, रे रे म म, ग ग प प, म म ध ध, प प नि नि, ध ध सां सां

अवरोह : 1 2 3 4, 5 6 7 8, 9 10 11 12, 13 14 15 16, 17 18 19 20, 21 22 23 24
सां सां धध, नि नि प प, ध ध म म, प प ग ग, म म रे रे, ग ग सा सा

अलंकार 11 : आरोह व अवरोह में क्रमशः 2-2 स्वर छोड़ कर 10-10 मात्रा, एक-एक मात्रा के समय में

आरोह : 1 2 3 4 5 6 7 8 9 10
सा म रे प ग ध म नि प सां

अवरोह : 1 2 3 4 5 6 7 8 9 10
सां प नि म ध ग प रे म सा

अलंकार 12 : आरोह व अवरोह में 2-2 स्वर छोड़ कर 2-2 बार, 20-20 मात्रा, एक-एक मात्रा के समय में

आरोह : 1 2 3 4 5 6 7 8 9 10 11 12 13 14 15 16 17 18 19 20
सा सा म म रे रे प प ग ग ध ध म म नि नि प प सां सां

अवरोह : 1 2 3 4 5 6 7 8 9 10 11 12 13 14 15 16 17 18 19 20
सां सां प प नि नि म म ध ध ग ग प प रे रे म म सा सा

अलंकार 13 : आरोह व अवरोह 8-8 मात्रा 3-3 मात्रा छोड़ कर, एक-एक स्वर एक-एक मात्रा के समय में

आरोह	:	1	2	3	4	5	6	7	8
		सा	प	रे	ध	ग	नि	म	सां
अवरोह	:	1	2	3	4	5	6	7	8
		सां	म	नि	ग	ध	रे	प	सा

अलंकार 14 : आरोह व अवरोह 8-8 मात्रा के समूह 3-3 मात्रा छोड़ कर, 16 मात्रा, दो-दो मात्रा के समय में

आरोह	:	1	2	3	4	5	6	7	8	9	10	11	12	13	14	15	16
		सा	सा	प	प	रे	रे	ध	ध	ग	ग	नि	नि	म	म	सां	सां
अवरोह	:	1	2	3	4	5	6	7	8	9	10	11	12	13	14	15	16
		सां	सां	म	म	नि	नि	ग	ग	ध	ध	रे	रे	प	प	सा	सा

ताल :

ताल मूलानि गीतानां ताले सर्वं प्रतिष्ठितम् ।
तालहीनानि गानानि मंत्रहीनाऽऽहुतिर्यथा ।।

ताल या लय संगीत के हृदय की धड़कन होती है. ताल संगीत का आसन होता है. गाने-बजाने वालों के लिए तबले के बोल समयसारिणी का काम करते हैं. गायक-गायिका अपना गान तबले के सम स्थान पर आरंभ करते हैं और अपनी गायकी का प्रदर्शन करते हुए विभिन्न लयकारियों का चक्कर काट कर फिर से तबले के **सम** स्थान पर मिलते हैं.

तबले के दस ताल

1. <u>दादरा ताल – 6 मात्रा</u>

X 0
धा धि ना । धा ति ना

2. <u>रूपक ताल – 7 मात्रा</u>

X 2 3
ती ती ना । धी ना । धी ना

3. <u>तीव्र ताल – 7 मात्रा</u>

X 2 3
धा दीं ता । तिट कत् । गदी गिन

4. <u>कहरवा ताल – 8 मात्रा</u>

X 2
धा गे न तिं । न के धिं ना

5. <u>झप ताल – 10 मात्रा</u>

X 2 0 3
धि ना । धि धि ना । ति ना । धि धि ना

6. <u>एक ताल – 12 मात्रा</u>

X 0 2 0 3 4
धिं धिं । धागे तिरकिट । तू ना । कत् ता । धागे तिरकिट । धिं ना

7. <u>चौताल – 12 मात्रा</u>

X 0 2 0 3 4
धा धा । धिं ता । कित् धा । धिं ता । तिट कत् । गदि गिना

8. <u>तीन ताल – 16 मात्रा</u>

X 2 0 3
धा धिं धिं धा । धा धिं धिं धा । धा तिं तिं ता । ता धिं धिं धा

9. <u>दीपचंदी ताल – 14 मात्रा</u>

X 2 0 2
धा धिं ऽ । धा गे तिं ऽ । ता तिं ऽ । धा गे धिं ऽ

10. <u>धमार ताल – 14 मात्रा</u>

X 2 0 3
क धे ते धे ते । धा ऽ । ग ते ते । ते ते ता ऽ

तबला :

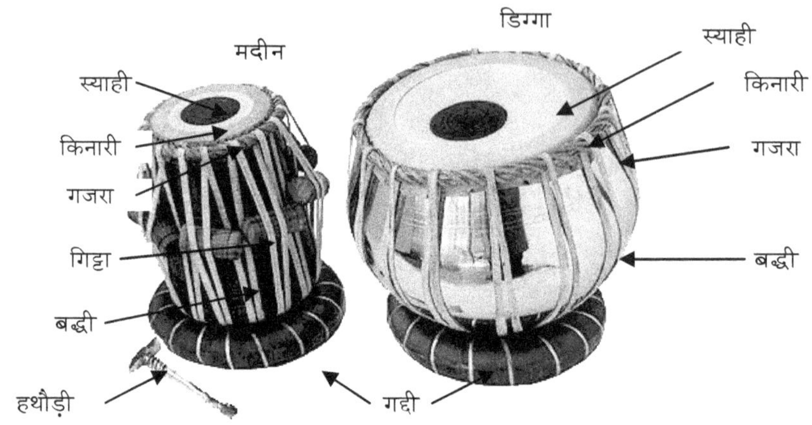

तबले के दो अंग होते हैं. दायाँ “मदीन” और बाँया “डिग्गा.” मदीन खास लकड़ी का बना होता है और भीतर से खोखला होता है जिसमें से आवाज घूम कर बहार निकलती है. इसके ऊपर चमड़ा मढ़ा होता है जिसे “पूड़ी” कहते हैं. पूड़ी के बीचों-बीच गोल काली “स्याही” लगी होती है. स्याही के बाहर, पूड़ी के ऊपर चारों ओर चमड़े की पट्टी लगी होती है जिसे “किनारी” कहते हैं. किनारी के नीचे चमड़े का घेरा होता है जिसे “गजरा” कहते हैं, इसमें “बद्धी” के पट्टे गूँथे होते हैं. बद्धियों को कसने के लिए उनके नीचे लकड़ी के “गिट्टे” लगे होते हैं. गिट्टों को छोटी हथौड़ी से धीरे-धीरे पीट कर ऊपर नीचे खिसका कर तबले के स्वर को ऊँचा नीचा किया जाता है. स्थिरता के लिए तबला “गद्दी” पर रखा जाता है.

डिग्गा धातु का बना होता है. डिग्गे पर भी चमड़े मढ़ा होता है और ऊपर गोल स्याही लगी होती है. स्याही के बाहर की खुली जगह को “मैदान” कहते हैं. डिग्गे की पूड़ी में बद्धी के पट्टों में लकड़ी के गिट्टे नही होते हैं. गजरे को हथौड़ी से धीरे धीरे पीट कर डिग्गे का स्वर ऊँचा-नीचा किया जाता है. तबले के बोल का समूह जो ताल के साथ बजाया जाता है उसे “ठेका” कहते हैं.

तबले के स्वरों को बोल (tone) कहते हैं. समान गति की के तबला वादन को लय कहते हैं. चाल अत्यंत धीमी हो उसे विलंबित लय कहते हैं. साधारण चाल, जो विलंबीत से दुगुनी होती है, उसको मध्य लय कहते हैं और साधारण से दुगुनी शीघ्र चाल को द्रुत लय कहते हैं. वादन-गायन के साधारण लय को ठाह कहते हैं. इससे दो गुना चाल को दुगुन, तीन गुना चाल को तिगुन और चार गुना चाल को चौगागुन कहते हैं. कुछ मनोरम बोल बजा कर कम समय में सम पर आने को मुखड़ा कहते हैं.

गीत :

अलंकारों के अभ्यास के सिद्धि के पश्चात गीतों का अभ्यास प्रारंभ होता है. गीत उस काव्य को कहते हैं जिसके स्वर किसी लय और ताल में बद्ध हों और जो काव्य मनोरम गाया जा सके. गीत शुद्ध राग में या मिश्र राग में लिखे-गाए-बजाए जा सकते हैं.

गायन के कतिपय प्रकार :

ध्रुपद : शारंगदेव के काल से चलता आरहा यह उच्च कोटि का गंभीर गायन प्रकार है. इसमें वीर रस, शृंगार रस और शाँत रस प्रधान होते हैं. ध्रुपद गायन में स्थायी, अंतरा, संचारी और आभोग नामक चार अंग होते हैं

खयाल : खयाल गायन के स्थायी, अंतरा और तानें ये तीन अंग होते हैं. स्थायी और अंतरे में आलापकारी करने के लिए तानों का प्रयोग होता है. खयाल दो प्रकार के होते हैं, छोटा खयाल और बड़ा खयाल. छोटा खयाल चपल गति से छोटी छोटी तानों के साथ तीन ताल में गाते हैं. तानों के साथ बोल का भी प्रयोग किया जाता है. बड़े खयाल चौताल या झूमरा ताल में भी गाया जाता है. बड़े खयाल की बड़ी तानें विलंबित लय के साथ आलाप की भाँति धीरे-धीरे आरंभ करके गति तेज की जाती है.

ठुमरी : ठुमरी एक रसीला और शृंगार प्रधान मधुर गायन है. इसमें स्थायी और अंतरा दो ही अंग होते हैं. इसमें छोटी-छोटी तानों का प्रयोग होता है.

तराना : तराना गायन में काव्य रचना के स्थान पर ना दिर् दिर् दा नित तारे दीम् समान शब्दों का प्रयोग होता है. तराना शुद्ध राग में ताल सहित गाया जाता है.

होरी : होरी गायन दीपचंदी और धमार तालों में अधिक लोकप्रिय होती है. होली के दिनों का यह गायन राधा-कृष्ण की लीलाऔं का वर्णन करने के हेतु किया जाता है.

टप्पा :टप्पा गायन में स्थायी और अंतरा दो ही भाग होते हैं. इसमें छोटी-छोटी तानें भी गाई जाती हैं.

गजल : गजल गायन अधिकतर दादरा, रूपक अथवा कहरवा ताल में गाया जाता है.

रागविस्तार : राग के स्वरूप को फैलाकर स्पष्ट करके प्रस्तुत करने को राग विस्तार कहते हैं. राग विस्तार को ताल का बंधन नहीं होता है.

लक्षण गीत : राग के गुणों को काव्य द्वारा प्रकट करने की प्रक्रिया लक्षण गीत होती है.

याद रहे कि वाद्य बजाना एक बात है, लेकिन राग और लय को समझ कर भारतीय संगीत बजाना अलग बात है.

वचसा वर्धते ज्ञानम् सर्वं शब्देन शोभते ।।

(वाणी से ज्ञान का विकास होता है और वाणी से सब कुछ सुन्दर प्रतीत होता है)

इस अद्वितीय पुस्तक की सभी 150 रचनाएँ मौलिक हैं और एक ही कवि ने रची हैं.
The unique aspect of this book is that all 150 compositions of this book are all original and written by one poet.

पाश्चात्य स्वर नामकरण पद्धति का स्वल्प परिचय

हारमोनिय (piano) के मध्य सप्तक की पहली काली चाबी को "सा" स्वर मान कर प्रस्तुति :

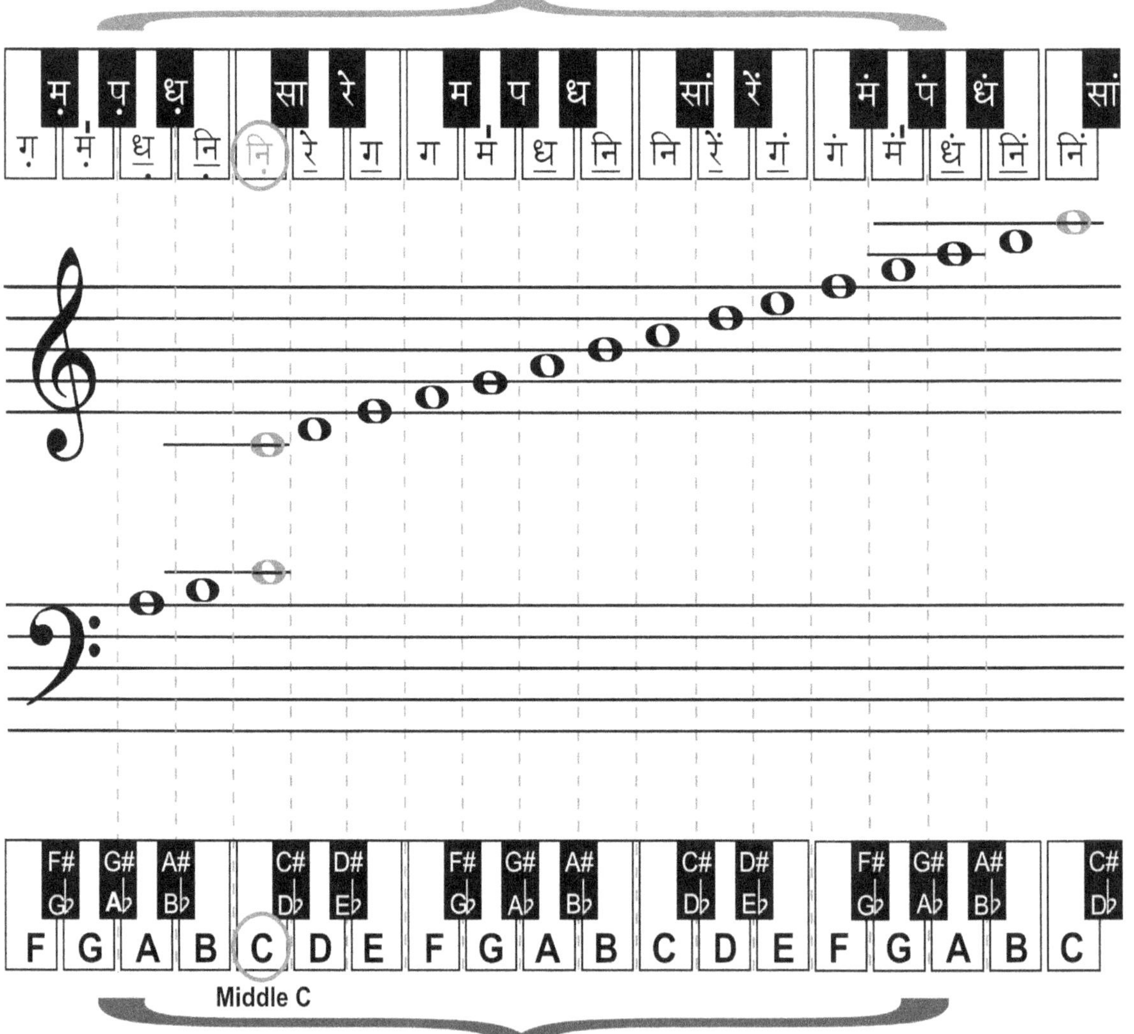

1. पाश्चात्य पद्धति में सफेद चाबियों (keys पर्दों) को शुद्ध (natural) स्वर (note) माना जाता है और काली चाबियों को फ्लैट (flat) अथवा शार्प (sharp) स्वर कहा जाता है.

2. आरोही क्रम में जिस सफेद चाबी के बार जो काली चाबी आती है उस काली चाबी के स्वर को

उस सफेद चाबी के स्वर का शार्प स्वर माना जाता है.

3. अवरोही क्रम में जिस सफेद चाबी के बार जो काली चाबी आती है उस काली चाबी के स्वर को उस सफेद चाबी के स्वर का फ्लैट स्वर माना जाता है. इस पाश्चात्य पद्धति से भिन्न, भारतीय पद्धति में शुद्ध स्वर सा रे ग म प ध नि, कोमल स्वर रे ग ध नि और तीव्र स्वर मं आदि बारह स्वरों को बारह नाम स्थायी रूप में नियुक्त हैं.

4. पाश्चात्य नामकरण (nomenclature) पद्धति से एक सप्तक (octave) में आरोही व अवरोही स्वरों के सात शुद्ध + पाँच फ्लैट + पाँच शार्प मिला कर 17 स्वर होते है, जब की भारतीय पद्धति में सात शुद्ध + 4 कोमल + 1 तीव्र मिला कर केवल बारह स्वर होते हैं, फिर वह स्वर आरोही हो या अवरोही नाम में कोई फरक नहीं पड़ता (ऊपर वाली आकृति देखिए).

5. पाश्चात्य पद्धति में मध्य सप्तक को ट्रेबल-क्लेफ या जी-क्लेफ (Treble-Cleff, G-Cleff) और मंद्र सप्तक को बास-क्लेफ या एफ-क्लेफ (Bass Cleff, F-Cleff) कहते हैं. जी क्लेफ का चिन्ह

और बास क्लेफ का चिन्ह इस प्रकार होता है.

7. मध्य सप्तक के ऩि स्वर को संगीत का मध्य-नि (Middle-C) स्वर माना जाता है. यहाँ से आगे वाली और पीछे वाली चाबियों का क्रम गिना जाता है.

8. भारतीय संगीत में हारमोनियम के मंद्र **प़** स्वर से तार सप्तक के **पं** स्वर तक मात्र 25 स्वर प्रयोग में आते हैं.

वन्दे
भारत मातरम्

१. थाट बिलावल, राग बिलावल

लक्षण दोहा, बिलावल राग

सर्व शुद्ध स्वर राग के, ध ग वादी संवाद ।
प्रात काल का राग ये, रहे "बिलावल" याद ।।
सातों शुध आरोह में, अवरोही भी सात ।
पूर्ण-पूर्ण जो जाति का, शद्ध बिलावल ज्ञात ।।

थाट	बिलावल	**वादी**	धैवत – ध
आरोह	सा रे ग म प ध नि सां	**संवादी**	गंधार – ग
अवरोह	सां नि ध प म ग रे सा	**जाति**	संपूर्ण-संपूर्ण 7/7
पकड़	ग रे, ग प, ध, नि सां	**समय**	प्रातः काल
गीतकार	रत्नाकर नराले	**नोटेशन**	देव बंसराज

भजन

थाट बिलावल, राग बिलावल

गीतकार रत्नाकर नराले, नोटेशन रत्नाकर नराले

कहरवा ताल, 8 मात्रा

१. श्री गणेश वंदना

स्थायी : श्री गणेश आदि पूज्य, लंबोदर पूजिये ।
एकदंत के सहस्त्र, शुभ नाम जपिये ।।

अंतरा : 1. पुष्प पत्र धूप तोय, मोदकों का भोग हो ।
भक्ति भाव नाम जाप, साधु संत संग हो ।
ढोल तंबूरा मृदंग, घूँधरू का साज हो ।
जै महेश जै सुरेश, जै गणेश बोलिये ।।

2. मुख में हो एक नाम, वक्रतुंड वंद्य हो ।
मन में वो सुभो-शाम, दयावंत रम्य हो ।
ज्ञान का जो सोता है, ध्यान से है गम्य जो ।
अज्ञान को धोता है, उसी के हम हो लिये ।।

1. थाट बिलावल, राग बिलावल

स्थायी

X				0				X				0			
सा	**ऩि**	**सा**	**सा**	**रे**	**रे**	**रे**	**रे**	**ग**	**म**	**ग**	**रे**	**सा**	**ऩि**	**सा**	**सा**
श्री	ग	णे	श	आ	दि	पू	ज्य	लं	बो	द	र	पू	जि	ये	ऽ
ग	**म**	**ग**	**रे**	**ग**	**रे**	**रे**	**रे**	**ग**	**म**	**ग**	**रे**	**सा**	**ऩि**	**सा**	**–**
ए	क	दं	त	के	स	ह	स्त्र	शु	भ	ना	म	ज	पि	ये	ऽ

अंतरा–1

X				0				X				0			
रे	**रे**	**म**	**म**	**म**	**प**	**प**	**प**	**म**	**प**	**ध**	**प**	**म**	**ग**	**रे**	**–**
पु	ष्प	प	त्र	धू	प	तो	य	मो	द	कों	का	भो	ग	हो	ऽ
ऩि	**सा**	**रे**	**रे**	**ग**	**रे**	**ग**	**ग**	**ग**	**म**	**ग**	**रे**	**सा**	**सा**	**सा**	**ऽ**
भ	क्ति	भा	व	ना	म	जा	प	सा	धु	सं	त	सं	ग	हो	ऽ
सा	**ऩि**	**सा**	**सा**	**रे**	**रे**	**रे**	**रे**	**ग**	**म**	**ग**	**रे**	**सा**	**ऩि**	**सा**	**सा**
ढो	ल	तं	बू	रा	मृ	दं	ग	घूँ	घ	रू	का	सा	ज	हो	ऽ
ग	**म**	**ग**	**रे**	**ग**	**रे**	**रे**	**रे**	**ग**	**म**	**ग**	**रे**	**सा**	**ऩि**	**सा**	**–**
जै	म	हे	श	जै	सु	रे	श	जै	ग	णे	श	बो	लि	ये	ऽ

थाट बिलावल, राग बिलावल

भजन

तीन ताल 16 मात्रा

गीत : रत्नाकर नराले, नोटेशन : देव बंसराज

२. श्री सरस्वती वंदना

स्थायी : **वीणावादिनी हंसगामिनी ।**
कला की देवी ज्ञानदायिनी ।।

अंतरा : 1. **सरस्वती देवी शुभ वर दे, इरा भारती तू ब्रह्माणी ।**
2. **पद्मलांछना विद्यादेवी, वागीश्वरी तू वरवर्णिनी ।**
3. **देवी शारदे हे जगमाते, हुनर बरसा दे मेधाविनी ।**

स्थायी

X				0				X				0			
सां	**–**	**ध**	**प**	**म**	**ग**	**म**	**रे**	**ग**	**म**	**प**	**ग**	**म**	**रे**	**सा**	**–**
वी	ऽ	णा	ऽ	वा	ऽ	दि	नी	हं	ऽ	स	गा	ऽ	मि	नी	ऽ
सा	**ग**	**म**	**रे**	**ग**	**प**	**नि**	**नि**	**सां**	**–**	**रें**	**सां**	**नि**	**ध**	**प**	**–**
क	ला	ऽ	की	दे	ऽ	वी	ऽ	ज्ञा	ऽ	न	दा	ऽ	यि	नी	ऽ

अंतरा–1

X				0				X				0			
प	**प**	**–**	**प**	**ध**	**–**	**नि**	**नि**	**सां**	**–**	**सां**	**सां**	**रें**	**नि**	**सां**	**–**
स	र	ऽ	स्व	ती	ऽ	दे	ऽ	वी	ऽ	शु	भ	व	र	दे	ऽ
सां	**गं**	**मं**	**ग**	**रें**	**सां**	**ध**	**प**	**ग**	**म**	**प**	**ग**	**म**	**रे**	**सा**	**ऽ**
इ	रा	ऽ	भा	ऽ	र	ती	ऽ	तू	ऽ	ब्र	ऽ	ह्मा	ऽ	णी	ऽ
सां	**–**	**ध**	**प**	**म**	**ग**	**म**	**रे**	**ग**	**म**	**प**	**ग**	**म**	**रे**	**सा**	**–**
वी	ऽ	णा	ऽ	वा	ऽ	दि	नी	हं	ऽ	स	गा	ऽ	मि	नी	ऽ

थाट बिलावल, राग बिलावल

खयाल

तीन ताल 16 मात्रा

गीत : रत्नाकर नराले, नोटेशन : देव बंसराज

३. कृष्ण के नाम

स्थायी : आज चलो हम सब मिल गाएँ,
कृष्ण के सुंदर नाम सुनाएँ ।

अंतरा : 1. केशव माधव भाते सबको,
देवकी नंदन मन भरमाए ।

2. पावन गायन गाते तुमरो,
गिरिधर हमको सब मिल जाए ।

स्थायी

0				3				X				2			
सां	**–**	**ध**	**प**	**म**	**ग**	**म**	**रे**	**ग**	**प**	**निध**	**नि**	**सां**	**–**	**सां**	**–**
आ	ऽ	ज	च	लो	ऽ	ह	म	स	ब	मिऽ	ल	गा	ऽ	एँ	ऽ
ग	**म**	**प**	**ग**	**म**	**रे**	**सा**	**सा**	**ध**	**नि**	**सां**	**रें**	**सां**	**नि**	**ध**	**प**
कृ	ष्	ण	के	सुं	ऽ	द	र	नाऽ	ऽऽ	म	सु	ना	ऽ	एँ	ऽ
सां	**–**	**ध**	**प**	**म**	**ग**	**म**	**रे**	**ग**	**प**	**निध**	**नि**	**सां**	**–**	**सां**	**–**
आ	ऽ	ज	च	लो	ऽ	ह	म	स	ब	मि	ल	गा	ऽ	एँ	ऽ

अंतरा–1

0				3				X				2			
प	**–**	**नि**	**नि**	**सां**	**–**	**सां**	**सां**	**सां**	**गं**	**गं**	**मं**	**गं**	**रें**	**सां**	**–**
के	ऽ	श	व	मा	ऽ	ध	व	भा	ऽ	ते	ऽ	स	ब	को	ऽ
सां	**गं**	**रें**	**सां**	**सां**	**नि**	**ध**	**प**	**ध**	**नि**	**सां**	**रें**	**सांरें**	**संनि**	**धप**	**मग**
दे	ऽ	व	की	नं	ऽ	द	न	म	न	भ	र	माऽ	ऽऽ	एऽ	ऽऽ
सां	**–**	**ध**	**प**	**म**	**ग**	**म**	**रे**	**ग**	**प**	**निध**	**नि**	**सां**	**–**	**सां**	**–**
आ	ऽ	ज	च	लो	ऽ	ह	म	स	ब	मि	ल	गा	ऽ	एँ	ऽ

स्थायी तान : **आज चलो हम**

1. **गप धनि सांरें सांनि । धप मग मरे सा–**

आज चलो हम

2. **सांनि धप मग मरे । गम पग मरे सा–**

आज चलो हम

3. **सांरें गंरें सांनि धप । सांनि धप मग रेसा**

अंतरा तान : **केशव माधव**

4. **सांनि धप मग रेसा । गप धनि सां– सां–**

केशव माधव भाते सबको

5. **गप धनि सांरें गंरें । सांनि धप मग मरे ।**

गप धनि सां– गप । धनि सां– गप धनि

थाट बिलावल, राग बिलावल

भजन

तीन ताल 16 मात्रा, कहरवा ताल 8 मात्रा

गीत : रत्नाकर नराले, नोटेशन : देव बंसराज

४. सियापति सुमिरण

स्थायी : राम सियापति प्राण पियारे,
अंजनी नंदन दास तिहारे ।

अंतरा : 1. राम नरोत्तम भजु रे मन में,
नाम मनोहर साँझ सकारे ।

2. करुणा किरपा कारज न्यारे,
शरण में लीजो राघव प्यारे ।

3. हरियो प्रभु जी आप हमारे,
पाप करम के अवगुन सारे ।

4. बाल्मीक तुलसी गात तिहारे,
गान अमर जों जग उजियारे ।

स्थायी

0				3				X				2			
ग	**प**	**नि**	**नि**	**सां**	**–**	**सां**	**सां**	**सां**	**नि**	**ध**	**नि**	**सांनि**	**धप**	**म**	**ग**
रा	ऽ	म	सि	या	ऽ	प	ति	प्रा	ऽ	ण	पि	याऽ	ऽऽ	रे	ऽ
ग	**म**	**प**	**ग**	**म**	**रे**	**सा**	**सा**	**सां**	**–**	**गं**	**रें**	**सां**	**नि**	**ध**	**प**
अं	ऽ	ज	नी	नं	ऽ	द	न	दा	ऽ	स	ति	हा	ऽ	रे	ऽ
ग	**प**	**नि**	**नि**	**सां**	**–**	**सां**	**सां**	**सां**	**नि**	**ध**	**नि**	**सांनि**	**धप**	**म**	**ग**
रा	ऽ	म	सि	या	ऽ	प	ति	प्रा	ऽ	ण	पि	याऽ	ऽऽ	रे	ऽ

अंतरा–1

0				3				X				2			
प	**–**	**नि**	**नि**	**सां**	**–**	**सां**	**सां**	**सां**	**सां**	**सां**	**–**	**सां**	**रें**	**सां**	**–**
रा	ऽ	म	न	रो	ऽ	त्त	म	भ	जु	रे	ऽ	म	न	में	ऽ
सां	**–**	**गं**	**गं**	**मं**	**रें**	**सां**	**सां**	**सां**	**नि**	**ध**	**नि**	**सांनि**	**धप**	**मग**	**मरे**
ना	ऽ	म	म	नो	ऽ	ह	र	साँ	ऽ	झ	स	काऽ	ऽऽ	रेऽ	ऽ
ग	**प**	**नि**	**नि**	**सां**	**–**	**सां**	**सां**	**सां**	**नि**	**ध**	**नि**	**सांनि**	**धप**	**म**	**ग**
रा	ऽ	म	सि	या	ऽ	प	ति	प्रा	ऽ	ण	पि	याऽ	ऽऽ	रे	ऽ

२. थाट बिलावल, राग अल्हैया बिलावल

लक्षण दोहा, अल्हैया बिलावल राग

वर्ज्य म आरोही रहे, अवरोही नि विशेष ।
ध-ग वादी-संवाद से, सजे "अल्हैया" श्लेष ।।
मध्यम स्वर आरोह में, किया हुआ हो वर्ज ।
खास लगा कर कोमल नि, बने अल्हैया तर्ज ।।

थाट	बिलावल	**वादी**	धैवत – ध
आरोह	सा, रे, ग रे ग प नि ध नि सां	**संवादी**	गंधार – ग
अवरोह	सां नि ध प, ध नि ध प, म ग म रे, सा	**जाति**	संपूर्ण–संपूर्ण 7/7
पकड़	ग रे, ग प, म ग म रे, ग प ध नि सां	**समय**	प्रात: काल
गीतकार	रत्नाकर नराले	**नोटेशन**	देव बंसराज

थाट बिलावल, राग अल्हैया बिलावल

खयाल

तीन ताल 16 मात्रा

५. साफ कहो तुम

स्थायी : **साफ कहो तुम दिल में क्या है,**
हँस कर बात बताओ हमको ।।

अंतरा : 1. **सच्चे बोल सुखावे रब को,**
मिल जुल कर सुख आवे सबको ।।

2. **प्यारे शब्द सुहावे मन को,**
तन से दूर भगावे गम को ।।

स्थायी

0				3				X				2			
धनि	**सांरें**	**सांनि**	**ध**	**धनि**	**प**	**म**	**ग**	**ग**	**प**	**नि**	–	**सां**	–	**सां**	–
साऽ	ऽऽ	फऽ	क	होऽ	ऽ	तु	म	दि	ल	में	ऽ	क्या	ऽ	है	ऽ
ग	**ग**	**मग**	**रे**	**ग**	**प**	**नि**	**नि**	**सां**	–	**रें**	**सां**	**ध**	**नि**	**ध**	**प**
हँ	स	क	र	बा	ऽ	त	ब	ता	ऽ	ओ	ऽ	ह	म	को	ऽ
धनि	**सांरें**	**सांनि**	**ध**	**धनि**	**प**	**म**	**ग**	**ग**	**प**	**नि**	–	**सां**	–	**सां**	–
साऽ	ऽऽ	फऽ	क	होऽ	ऽ	तु	म	दि	ल	में	ऽ	क्या	ऽ	है	ऽ

अंतरा–1

0				3				X				2			
ग	**–**	**प**	**–**	**प**	**–**	**निध**	**ध**	**सां**	**–**	**सां**	**–**	**सां**	**रें**	**सां**	**–**
स	ऽ	च्चे	ऽ	बो	ऽ	लऽ	सु	खा	ऽ	वे	ऽ	र	ब	को	ऽ
सां	**सां**	**गं**	**मं**	**रें**	**रें**	**सां**	**सां**	**धनि**	**सांरें**	**सांनि**	**सां**	**ध**	**नि**	**ध**	**प**
मि	ल	जु	ल	क	र	सु	ख	आऽ	ऽऽ	वेऽ	ऽ	स	ब	को	ऽ
धनि	**सांरें**	**सांनि**	**ध**	**धनि**	**प**	**म**	**ग**	**ग**	**प**	**नि**	**–**	**सां**	**–**	**सां**	**–**
साऽ	ऽऽ	फऽ	क	होऽ	ऽ	तु	म	दि	ल	में	ऽ	क्या	ऽ	है	ऽ

स्थायी तान : **साफ कहो तुम**

1. **सारे गरे गप धनि । सांनि धप मग रेसा**
   साफ कहो तुम
2. **गप धनि सांनि धनि । धप मग मरे सा–**
   साफ क
3. **गरे गप धनि सांरें । गंरें सांनि धप धनि ।**
   धप मग मरे सा–

अंतरा तान : **सच्चे बोल सुखावे रब को ऽ**

4. **गंरें सांनि धप धनि । धप मग मरे सा– ।**
   गप धनि सां– गप । धनि सां– गप धनि
   सच्चे बोल सुखावे रब को ऽ
5. **गप धनि सांरें सांनि । धनि धप मग मरे ।**
   धनि सां,ध निसां, निसां । धनि धप मग मरे ।
   सांनि धप मग मरे । गप धनि सां– सां– ।
   गप धनि सां– सां– । गप धनि सां– सां–

> अल्हैया बिलावल राग मे कोमल नि का प्रयोग दो ध के बीच **ध नि ध प** अथवा **धनि धप मग मरे** की तौर पर अच्छा होता है.
> इस राग में ग स्वर वक्र (zigzag) रूप में लगता है. उदा. ग प म ग म रे …आदि.

३. थाट बिलावल, राग बिहाग

लक्षण दोहा, बिहाग राग

तजे रे ध आरोह में, अवरोह में म तीव्र ।
ग-नि वादि-संवाद का, "बिहाग" गहन अतीव ।।

थाट	बिलावल	**वादी**	गंधार – ग
आरोह	नि़ सा ग, म प, नि सां	**संवादी**	निषाद – नि
अवरोह	सां नि, ध प, म॑ प ग म ग, रे सा	**जाति**	औडव/संपूर्ण 5/7
कभी-कभी	तीव्र म॑ का प्रयोग सुंदरता बढ़ाने के लिए		
पकड़	नि़ सा, ग म प, म॑ प ग म ग, रे सा	**समय**	रात्री दूसरा प्रहर
गीतकार	रत्नाकर नराले	**नोटेशन**	देव बंसराज

खयाल

तीन ताल 16 मात्रा

६. नैनन में

स्थायी : **नैनन में तुमरी मूरतिया, मन में डोले तव सूरतिया ।**
सुमिरन में बीते दिन रतिया ।।

अंतरा : 1. **कछु न शोरबा ना कटु बतिया,**
भवसागर हो अमृत पनिया ।

2. **स्नेह प्यार में गुजरें सदियाँ,**
गंगा जल सी बहती नदिया ।

स्थायी

0				3				X				2			
सा	**–**	**ग**	**म**	**प**	**–**	**नि**	**नि**	**सां**	**–**	**निध**	**नि**	**प**	**म॑**	**गम**	**ग**
नै	ऽ	न	न	में	ऽ	तु	म	री	ऽ	मूऽ	ऽ	र	ति	याऽ	ऽ
गम	**प**	**ग**	**म**	**ग**	**रे**	**सा**	**–**	**नि़**	**प़**	**नि़**	**–**	**सा**	**सा**	**सा**	**–**
मऽ	न	में	ऽ	डो	ऽ	ले	ऽ	त	व	सू	ऽ	र	ति	या	ऽ
सा	**नि़**	**सा**	**म**	**ग**	**म**	**प**	**नि**	**प**	**म॑**	**गप**	**म**	**ग**	**रे**	**सा**	**–**
सु	मि	र	न	में	ऽ	बी	ऽ	ते	ऽ	दिऽ	न	र	ति	या	ऽ
सा	**–**	**ग**	**म**	**प**	**–**	**नि**	**नि**	**सां**	**–**	**निध**	**नि**	**प**	**म॑**	**गम**	**ग**
नै	ऽ	न	न	में	ऽ	तु	म	री	ऽ	मूऽ	ऽ	र	ति	याऽ	ऽ

अंतरा–1

0				3				X				2			
म	ग	म	प	–	प	नि	–	सां	–	सां	सां	नि	रें	सां	–
क	छु	न	शो	ऽ	र	बा	ऽ	ना	ऽ	क	टु	ब	ति	या	ऽ
प	नि	सां	गं	गं	रें	सां	नि	प	मं	ग	पम	ग	रे	सा	–
भ	व	सा	ऽ	ग	र	हो	ऽ	अ	म्	रि	तऽ	प	नि	या	ऽ
सा	–	ग	म	प	–	नि	नि	सां	–	निध	नि	प	मं	गम	ग
नै	ऽ	न	न	में	ऽ	तु	म	री	ऽ	मूऽ	ऽ	र	ति	याऽ	ऽ

स्थायी तान : नयनन में तुम

1. निसा गम पनि पनि । सांनि धप मग रेसा

नयनन में तुम

2. गम पनि सांगं रेंसां । निध पम गरे सा–

नयनन में तुम

3. गम पनि सांनि धप । मंप गम गरे सासा

अंतरा तान : कछु न शो

4. पमं गम ग– रेसा । निनि धप मंप गम ।
पमं गम गरे सा–

कछु न शो

5. मग रेसा निसा गम । पनि सांरें सांनि धप ।
गम पम गरे सा–

कछु न शोरबा ऽ

6. पनि सांगं मंगं रेंसां । निध पमं गम पनि ।
सांनि धप मंप गम । पमं गम गरे सा– ।
गम पनि सां– गम । पनि सां– गम पनि

तराना

दृत लय, तीन ताल 16 मात्रा

७. ना दिर् दिर् दानि ता तारे दीम्

स्थायी : ना दिर् दिर् दानि ता तारे दीम् तन नन नन
दीम् तन देरे ना, तदारे तदारे दानि
त दीम् तनन देरे, तूम् तन नन नन
ना दिर् दिर् दानि ता तारे दीम् तन नन नन

अंतरा : दीम् दीम् तूम् तूम् तन नन नन नन
तदारे तदारे दानि, तूँम् तन नन नन
ना दिर् दानि तूँ दिर् दानि, दीम् तन नन नन नन
धा तिर कित् तक् तून कित् तक्, धा – कत् धा तिर् कित् तक् तू
न कित् तक् धा – कत् धा तिर् कित् तक् तू न कित् तक् धा –

स्थायी

0				3				X				2			
सा	**म**	**ग**	**म**	**प**	**प**	**नि**	**नि**	**सां**	–	**सां**	**नि**	**ध**	**नि**	**प**	**प**
ना	दिर्	दिर्	दा	नि	त	ता	रे	दीम्	ऽ	त	न	न	न	न	न
प	–	**ग**	**म**	**ग**	**रे**	**सा**	–	**नि़**	**प़**	**नि़**	**नि़**	**सा**	**सा**	**सा**	**सा**
दीम्	ऽ	त	न	दे	रे	ना	–	त	दा	रे	त	दा	रे	दा	नि
सा	**नि़**	**सा**	**म**	**ग**	**म**	**प**	**नि**	**प**	**म॑**	**ग**	**म**	**ग**	**रे**	**सा**	**सा**
त	दीम्	ऽ	त	न	न	दे	रे	तू	म	त	न	न	न	न	न
सा	**म**	**ग**	**म**	**प**	**प**	**नि**	**नि**	**सां**	–	**सां**	**नि**	**ध**	**नि**	**प**	**प**
ना	दिर्	दिर्	दा	नि	त	ता	रे	दीम्	ऽ	त	न	न	न	न	न

अंतरा–1

0				3				X				2			
प	–	**सां**	–	**सां**	–	**सां**	–	**सां**	**सां**	**सां**	**सां**	**नि**	**रें**	**सां**	**सां**
दीम्	ऽ	दीम्	ऽ	तूम्	ऽ	तूम्	ऽ	त	न	न	न	न	न	न	न
सां	**गं**	**गं**	**मं**	**गं**	**रें**	**नि**	**सां**	**नि**	**प**	**नि**	**नि**	**सां**	**सां**	**सां**	**सां**
त	दा	रे	त	दा	रे	दा	नि	तूँ	म्	त	न	न	न	न	न
सां	**गं**	**रें**	**सां**	**सां**	**नि**	**ध**	**प**	**ग**	**म**	**प**	**म**	**ग**	**रे**	**सा**	**सा**
ना	दिर्	दा	नि	तू	दिर्	दा	नि	दीम्	ऽ	त	न	न	न	न	न
सा	**म**	**ग**	**म**	**प**	**प**	**नि**	**नि**	**सां**	–	**सां**	**नि**	**ध**	**नि**	**प**	**प**
ना	दिर्	दिर्	दा	नि	त	ता	रे	दीम्	ऽ	त	न	न	न	न	न

थाट बिलावल, राग बिहाग

तीन ताल 16 मात्रा / कहरवा ताल 8 मात्रा

८. लक्ष्मी वंदना

स्थायी : **जय लक्ष्मी धनदायिनी जय हो,**
जन गण जीवन शुभ सुख कर हो ।
जय जननी वर दायिनी वर दो,
सत् चित से मम तन मन भर दो ।

अंतरा : 1. **कर कमलों में पद्म तिहारे, लाल कमल पर पद हैं तुम्हारे ।**
2. **केयूर कंठी मुंदरी माला, हार मुकुट नथ काजल काला ।**
3. **धन की राशी कर में तुम्हारे, भाग जगाती पल में हमारे ।**
4. **जय जय देवी जय जगदंबे, तेरी शरण में भगतन बंदे ।**

स्थायी

0				3				X				2			
ग	म	प	सां	नि	–	प	प	प	म॑	ग	म	ग	रे	सा	–
ज	य	ल	क्ष्	मी	ऽ	ध	न	दा	ऽ	यि	नि	ज	य	हो	ऽ
नि़	प़	नि़	नि़	सा	–	सा	सा	प	म॑	ग	म	ग	ग	(रे)सा	–
ज	न	ग	ण	जी	ऽ	व	न	शु	भ	सु	ख	क	र	हो	ऽ
ग	म	प	सां	नि	–	प	प	प	म॑	ग	म	ग	रे	सा	–
ज	य	ज	न	नी	ऽ	व	र	दा	ऽ	यि	नी	व	र	दो	ऽ
नि़	प़	नि़	नि़	सा	–	सा	सा	प	म॑	ग	म	ग	ग	(रे)सा	–
स	त्	चि	त	से	ऽ	म	म	त	न	म	न	भ	र	दो	ऽ
ग	म	प	सां	नि	–	प	प	प	म॑	ग	म	ग	रे	सा	–
ज	य	ल	क्ष्	मी	ऽ	ध	न	दा	ऽ	यि	नि	ज	य	हो	ऽ

अंतरा–1

0				3				X				2			
ग	म	प	नि	सां	–	सां	–	सां	सां	सां	सां	नि	रें	सां	–
क	र	क	म	लों	ऽ	में	ऽ	प	द्	म	ति	हा	ऽ	रे	ऽ
सां	–	गं	मं	गं	रें	नि	सां	ग	म	प	म	ग	रे	सा	–
ला	ऽ	ल	क	म	ल	प	र	प	द	हैं	तु	म्हा	ऽ	रे	ऽ
ग	म	प	सां	नि	–	प	प	प	म॑	ग	म	ग	रे	सा	–
ज	य	ल	क्ष्	मी	ऽ	ध	न	दा	ऽ	यि	नि	ज	य	हो	ऽ

४. थाट बिलावल, राग दुर्गा

लक्षण दोहा, दुर्गा राग

औडव-औडव जाति हो, म सा वादि संवाद ।
"दुर्गा" सुंदर राग में, ध रे स्वरों का नाद ।।
सर्व शुद्ध स्वर हों जहाँ, करके ग नि का त्याग ।
उत्तर अंग प्रधान से, सजता दुर्गा राग ।।

थाट	बिलावल	**वादी**	मध्यम – म
आरोह	सा रे म प ध सां	**संवादी**	षड्ज – सा
अवरोह	सां ध प म रे सा	**जाति**	औडव/औडव 5/5
पकड़	प, म प, ध म रे – प, प ध, म रे ध़ सा	**समय**	रात्री दूसरा प्रहर
गीतकार	रत्नाकर नराले	**नोटेशन**	देव बंसराज

थाट बिलावल, राग दुर्गा

भजन

कहरवा ताल, 8 मात्रा

९. दुर्गे माँ

जै जै माँ, दुर्गे माँ । जै जै माँ, अंबे माँ ।।

स्थायी : मोहे, भव से तारो दुर्गे माँ ।
मोरे, विघ्न उतारो अंबे माँ ।।
राह नहीं है तुम बिन जग में ।
चाह नहीं भवसागर में ।।

अंतरा : 1. माता तुम हो काली कराली, देवी भवानी शेरोंवाली ।
लीला तुमरी सब जग जानत,
नारद शारद बरनत माँ ।

2. नाता तुमरा आदि जनम का, जय जगदंबे जोताँवाली ।
दे दो दरशन सपनन आकर,
सुंदर मंगल सज धज माँ ।

3. माया तुमरी न्यारी निराली, जय जगवंदे लाटाँवाली ।
जै जै करते महिमा गाकर,
शंकर किन्नर भगतन माँ ।

		X				0				X				0			
सा	सा	रे	–	–	–	–	–	म	रे	सा	–	–	–	–	–	सा	रे
जै	जै	माँ	ऽ	ऽ	ऽ	ऽ	ऽ	दुर्	गे	माँ	ऽ	ऽ	ऽ	ऽ	ऽ	जै	जै
		प	–	–	–	–	–	म	रे	म	–	–	–	–	–	सा	सा
		माँ	ऽ	ऽ	ऽ	ऽ	ऽ	अं	बे	माँ	ऽ	ऽ	ऽ	ऽ	ऽ	जै	जै

स्थायी

		X				0				X				0			
सा	सा	–	धध	प	म	प	–	म	रे	रे	रे	प	–	प	–	म	प
मो	हे	ऽ	भव	से	ऽ	ता	ऽ	रो	ऽ	दु	र्	गे	ऽ	माँ	ऽ	मो	रे
		–	धध	प	म	प	–	म	रे	रे	–	प	म	म	–	–	–
		ऽ	विघ्	न	उ	ता	ऽ	रो	ऽ	अं	ऽ	बे	ऽ	माँ	ऽ	ऽ	ऽ
		–	म	–प	ध	सां	–	सां	ध	–	धरें	सां	ध	प	प	ध	पम
		ऽ	रा	ऽह	न	हीं	–	है	ऽ	ऽ	तुम	बि	न	ज	ग	में	ऽ
		–	ध–	प	म	प	–	म	रे	–	रे–	प	म	म	–	सा	सा
		ऽ	चाऽ	ह	न	हीं	ऽ	भ	व	ऽ	सा–	ग	र	में	ऽ	जै	जै

अंतरा–1

X				0				X				0			
–	धम	प	ध	सां	सां	सां	–	–	रें–	रें	मं	रें	–	सां	–
ऽ	माऽ	ता	ऽ	तु	म	हो	ऽ	ऽ	काऽ	ली	क	रा	ऽ	ली	ऽ
–	धरें	सां	ध	प	–	प	–	–	पप	प	सां	धप	–	म	–
ऽ	देऽ	वी	भ	वा	ऽ	नि	ऽ	ऽ	शेऽ	रों	ऽ	वा	ऽ	ली	ऽ
–	सांध	सां	–	रें	रें	रें	–	–	रें–	रें	मं	रें	–	सां	–
ऽ	लीऽ	ला	ऽ	तु	म	री	ऽ	ऽ	सब	ज	ग	जा	ऽ	न	त
–	धरें	सां	ध	प	–	प	प	–	पप	प	सां	धप	म	सा	सा
ऽ	नाऽ	र	द	शाऽ	ऽ	र	द	ऽ	बर	न	त	माँऽ	ऽ	दे	वी
–	ध–	प	म	प	–	म	रे	रे	–	प	–	प	–	म	प
ऽ	भाऽ	ग्य	ज	गा	ऽ	दो	ऽ	चं	ऽ	डी	ऽ	माँ	ऽ	मो	रे
–	धध	प	म	प	–	म	रे	रे	–	प	म	म	–	सा	सा
ऽ	विघ्	न	उ	ता	ऽ	रो	ऽ	अं	ऽ	बे	ऽ	माँ	ऽ	जै	जै

१०. राम नाम लिखो

दादरा ताल, 6 मात्रा

स्थायी : राम लिखो, नाम लिखो, राम लिखो, नाम रे ।

अंतरा : 1. शिला तरे, सेतु बने, स्वेद बिंदु ढार रे ।
राम जपो, नाम रटो, तभी बने काम रे ।।

2. जादू भरा, महा भला, राम-राम नाम रे ।
काम करो, काम करो, राम को लो थाम रे ।।

3. राह तके, सिया वहाँ, रात दिवस जाग के ।
अँगुठी को देख देख, कहे प्रभो राम रे! ।।

स्थायी

X			0			X			0		
ध	–	**ध**	**प**	**म**	–	**प**	–	**प**	**म**	**रे**	–
रा	ऽ	म	लि	खो	ऽ	ना	ऽ	म	लि	खो	ऽ
सा	–	**सा**	**सा**	**ध**	–	**प**	–	**म**	**म**	–	–
रा	ऽ	म	लि	खो	ऽ	ना	ऽ	म	रे	ऽ	ऽ
सा	**ध़**	**ध़**	**सा**	**रे**	–	**म**	–	**म**	**म**	**म**	–
रा	ऽ	म	लि	खो	ऽ	ना	ऽ	म	लि	खो	ऽ
ध	–	**प**	**ध**	**सां**	–	**धप**	–	**म**	**म**	–	–
रा	ऽ	म	लि	खो	ऽ	नाऽ	ऽ	म	रे	ऽ	ऽ

अंतरा-1

X			0			X			0		
म	–	**म**	**प**	**ध**	–	**सां**	–	**सां**	**सां**	**सां**	–
शि	ऽ	ला	त	रे	ऽ	से	ऽ	तु	ब	ने	ऽ
ध	–	**सां**	**रें**	–	**सां**	**ध**	–	**ध**	**प**	–	–
स्वे	ऽ	द	बिं	ऽ	दु	ढा	ऽ	र	रे	ऽ	ऽ
ध	–	**ध**	**प**	**म**	–	**प**	–	**प**	**म**	**रे**	–
रा	ऽ	म	ज	पो	ऽ	ना	ऽ	म	र	टो	ऽ
सा	**सा**	–	**सा**	**ध**	–	**प**	–	**म**	**म**	–	–
त	भी	ऽ	ब	ने	ऽ	का	ऽ	म	रे	ऽ	ऽ
ध	–	**ध**	**प**	**म**	–	**प**	–	**प**	**म**	**रे**	–
रा	ऽ	म	लि	खो	ऽ	ना	ऽ	म	लि	खो	ऽ
सा	–	**सा**	**सा**	**ध**	–	**प**	–	**म**	**म**	–	–
रा	ऽ	म	लि	खो	ऽ	ना	ऽ	म	रे	ऽ	ऽ

थाट बिलावल, राग दुर्गा

खयाल

तीन ताल 16 मात्रा

११. पागल नैन

स्थायी : दूँढत पागल नैन हमारे, मंदिर मंदिर इत उत तोहे ।
आन बसो मन मोरे ।।

अंतरा : 1. शिव ओम् शंकर सांब सदाशिव, हर गंगाधर प्यारे !
दिन में निश में कबहुँ बोलो, होंगे दरसन तोरे ।।

स्थायी

0				3				X				2			
सां	–	ध	प	म	रे	सा	रे	प	–	प	म	मप	धप	म	रेसा
ढूँ	ऽ	ढ	त	पा	ऽ	ग	ल	नै	ऽ	न	ह	माऽ	ऽऽ	रे	ऽऽ
म	–	प	मरे	ध़	सा	सा	सा	रे	म	प	ध	प	ध	सां	ध
मं	ऽ	दि	र	मं	ऽ	दि	र	इ	त	उ	त	तो	ऽ	हे	ऽ
रें	–	सां	ध	सां	–	ध	प	मप	धसां	धप	मप	धप	म	रे	सा
आ	ऽ	न	ब	सो	ऽ	म	न	मोऽ	ऽऽ	ऽऽ	ऽऽ	ऽऽ	रे	ऽ	ऽ
सां	–	ध	प	म	–	सा	रे	प	–	प	म	मप	धप	म	रेसा
ढूँ	ऽ	ढ	त	पा	ऽ	ग	ल	नै	ऽ	न	ह	माऽ	ऽऽ	रे	ऽऽ

अंतरा–1

0				3				X				2			
म	म	प	ध	सां	ध	सां	सां	सां	–	सां	सां	रें	ध	सां	सां
शि	व	ओ	म्	शं	ऽ	क	र	सां	ऽ	ब	स	दा	ऽ	शि	व
सां	ध	सां	–	रें	–	रें	रें	धसां	रेंम	रेंम	रेंसां	धसां	धप	म	रे
ह	र	गं	ऽ	गा	ऽ	ध	र	प्याऽ	ऽऽ	ऽऽ	ऽऽ	रेऽ	ऽऽ	ऽ	ऽ
रे	म	प	–	ध	सां	धसां	रेंसां	ध	ध	म	–	म	प	मप	ध
दि	न	में	ऽ	नि	श	मेंऽ	ऽऽ	क	ब	हुँ	ऽ	बोऽ	ऽ	लोऽ	ऽ
रें	–	सां	ध	सां	सां	ध	प	मप	धसां	धप	मप	धप	म	रे	सा
हों	ऽ	गे	ऽ	द	र	स	न	तोऽ	ऽऽ	ऽऽ	ऽऽ	ऽऽ	रे	ऽ	ऽ
सां	–	ध	प	म	–	सा	रे	प	–	प	म	मप	धप	म	रेसा
ढूँ	ऽ	ढ	त	पा	ऽ	ग	ल	नै	ऽ	न	ह	माऽ	ऽऽ	रे	ऽऽ

स्थायी तान : ढूँढत पागल

1. रेम रेसा धसां धप । मप धप मम रेसा

ढूँढत पागल

2. धप मप धसां धप । मप धप मम रेसा

ढूँढत पागल

3. मम रेसा धप मप । धसां धप मम रेसा

अंतरा तान : शिव ओम्

4. सारे मम रेसा ध़सा । सारे मप धसां धप ।
मप धप मम रेसा

शिव ओम्

5. सांसां धसां धप मप । धसां रेंसां धसां धप ।
मप धप मम रेसा

शिव ओम् शंशर सांब सदाशिव

6. रेम पध पम रेम । पध पम रेरे सा- ।
सांसां धसां रेंमं रेंसां । धसां धप मम रेसा

५. थाट बिलावल, राग भिन्न षड्ज

लक्षण दोहा, भिन्न षड्ज राग

म-सा वादि-संवाद हो, रे प स्वरों का त्याग ।
सकल शुद्ध स्वर से बना, "भिन्न-षड्ज" है राग ।।

थाट	बिलावल	**वादी**	मध्यम – म
आरोह	सा ग म ध नि सां	**संवादी**	षड्ज – सा
अवरोह	सां नि ध म ग सा	**जाति**	औडव/औडव 5/5
पकड़	ग म ध म ग सा, नि़ सा ध़ नि़ सा म, ग म ग सा	**समय**	रात्री दूसरा प्रहर
गीतकार	रत्नाकर नराले	**नोटेशन**	देव बंसराज

खयाल

तीन ताल 16 मात्रा

१२. दमक दिखावे दामनिया

स्थायी : **दमक दिखावे दामनिया । सरसर बादरिया जल बरसत,**
कड़ कड़ कड़कत बिजुरिया ।।

अंतरा : 1. **मोरनिया नाचे, मोर पपिहा । ठुमकत थिरकत नाचत थैया ।।**
2. **ठंढी फुहार दे गुदगुदिया । मन मोरा प्रणय के गीत रचैया ।।**

स्थायी

3					x				2				0			
सां	**नि**	**ध**	**ग**	**म**	**ग**	**–**	**सा**	**–**	**नि़**	**सा**	**ध़**	**नि़**	**साग**	**मध**	**निसां**	**सां**
द	म	क	ऽ	दि	खा	ऽ	वे	ऽ	दा	ऽ	म	नि	याऽ	ऽऽ	ऽऽ	द
	नि	**ध**	**ग**	**म**	**ग**	**–**	**सा**	**–**	**नि़**	**सा**	**ध़**	**नि़**	**साग**	**मध**	**निसां**	**नि**
	म	क	ऽ	दि	खा	ऽ	वे	ऽ	दा	ऽ	म	नि	याऽ	ऽऽ	ऽऽ	स
	सां	**गं**	**सां**	**सां**	**नि**	**ध**	**ध**	**ध**	**म**	**–**	**ग**	**म**	**ग**	**ग**	**सा**	**सा**
	र	स	ऽ	र	बा	ऽ	द	रि	या	ऽ	ज	ल	ब	र	स	त
	नि़	**सा**	**ध़**	**नि़**	**सा**	**ग**	**म**	**ध**	**ग**	**म**	**ध**	**नि**	**साग**	**मध**	**निसां**	**सां**
	क	ड़	क	ड़	क	ड़	क	त	बि	ऽ	जु	रि	याऽ	ऽऽ	ऽऽ	द
	नि	**ध**	**ग**	**म**	**ग**	**–**	**सा**	**–**	**नि़**	**सा**	**ध़**	**नि़**	**साग**	**मध**	**निसां**	**सां**
	म	क	ऽ	दि	खा	ऽ	वे	ऽ	दा	ऽ	म	नि	याऽ	ऽऽ	ऽऽ	द

अंतरा–1

	3				x				2				0			
ग	**म**	**ध**	**–**	**नि**	**सां**	**–**	**नि**	**–**	**सां**	**–**	**नि**	**सां**	**मं**	**गं**	**सां**	**गं**
मो	ऽ	र	ऽ	नि	या	ऽ	ना	ऽ	चे	ऽ	मो	र	प	पि	हा	ठु
	मं	**गं**	**सां**	**सां**	**नि**	**ध**	**ध**	**ध**	**म**	**–**	**ग**	**म**	**गम**	**धनि**	**सां**	**सां**
	म	क	ऽ	त	थि	र	क	त	ना	ऽ	च	त	थैऽ	ऽऽ	या	द
	नि	**ध**	**ग**	**म**	**ग**	**–**	**सा**	**–**	**नि़**	**सा**	**ध़**	**नि़**	**साग**	**मध**	**निसां**	**सां**
	म	क	ऽ	दि	खा	ऽ	वे	ऽ	दा	ऽ	म	नि	याऽ	ऽऽ	ऽऽ	द

स्थायी तान : **दमक दि**

1. **मग सानि़ ध़नि़ सनि़ । ध़नि़ ध़म़ ध़नि़ साग ।**
   मग सानि़ सा–

दमक दि

2. **सानि़ ध़नि़ साग मग । साग मध मग सानि़ ।**
   ध़नि़ सा– सा–

दमक दि

3. **सासा गम गग सासा । गम धध गम गग ।**
   सानि़ ध़नि़ सा–

अंतरा तान : **मोरनि**

4. **सासा गम गग सासा । गम धनि धध मम ।**
   गम गग सासा

मोरनि

5. **गम धनि सांनि धनि । सांनि धम गम गग ।**
   सानि़ ध़नि़ सा–

खयाल

एक ताल, 12 मात्रा

१३. नील कण्ठ भोले

स्थायी : नील कण्ठ भोले गंगाधर, हे शंभो ।
भालचंद्र शशिधारी, त्रिपुरारी शूलपाणि ।।

अंतरा : वैकुंठ बिहारी रे! रक्षा कर गौरीनाथ ।
महादेव नंदीनाथ, शिव शंकर पाहि माम् ।।

स्थायी

X		0		2		0		3		4	
सां	–	सां	नि	ध	नि	प	–	निध	सां	नि	–
नी	ऽ	ल	क	ण्	ठ	भो	ऽ	ऽऽ	ऽ	ले	ऽ
प	–	प	–	ग	प	रे	ग	रे	नि़	रे	सा
गं	ऽ	गा	ऽ	ध	र	हे	ऽ	शं	भो	ऽ	ऽ
सा	प़	प़	सा	–	सा	सा	प	ग	प	–	प
भा	ऽ	ल	चं	ऽ	द्र	श	शि	ऽ	धा	ऽ	री
प	नि	सां	रें	सां	–	नि	ध	नि	प	ग	प
त्रि	पु	रा	ऽ	री	ऽ	शू	ऽ	ल	पा	ऽ	णि
सां	–	सां	नि	ध	नि	प	–	निध	सां	नि	–
नी	ऽ	ल	क	ण्	ठ	भो	ऽ	ऽऽ	ऽ	ले	ऽ

अंतरा–1

X		0		2		0		3		4	
पग	प	सां	–	सां	सां	सां	–	सांनि	रें	सां	–
वैऽ	ऽ	कुं	ऽ	ठ	बि	हा	ऽ	रीऽ	ऽ	रे	ऽ
सां	–	गं	–	गं	पं	रें	गं	रें	नि	रें	सां
र	ऽ	क्षा	ऽ	क	र	गौ	ऽ	री	ना	ऽ	थ
सा	सा	–	प	ग	ग	प	–	प	नि	सां	सां
म	हा	ऽ	दे	ऽ	व	नं	ऽ	दी	ना	ऽ	थ
प	नि	सां	रें	सां	सां	नि	ध	नि	प	ग	प
शि	व	शं	ऽ	क	र	पा	ऽ	हि	मा	ऽ	म्
सां	–	सां	नि	ध	नि	प	–	निध	सां	नि	–
नी	ऽ	ल	क	ण्	ठ	भो	ऽ	ऽऽ	ऽ	ले	ऽ

बरहत : नील कण्ठ भोले ....

1. नि ध प - ग - प ^रेग रे सा,
भो ऽ ऽ ऽ ऽ ऽ ऽ ऽ ऽ ले,
प़ नि़सा ग - प ^रेग रे सा,
नी ऽ ऽ ऽ ऽ ल कं ऽ ठ,
सा - प ग प ^रेग रे सा
भो ऽ ऽ ऽ ऽ ऽ ऽ ले
नील कण्ठ भोले ....

2. सा - पग प नि - प प - प ग प ^रेग रे सा,
भो ऽ ऽऽ ऽ ऽ ऽ ऽ ले ऽ भो ऽ ऽ ऽ ऽ ले,
सा ग प नि - ध सां नि प ग प ^रेग - रे सा,
नी ल कं ऽ ऽ ठ भो ऽ ऽ ऽ ऽ ऽ ऽ ऽ ले,
नील कण्ठ भोले ....

3. पगपनि सां - नि रें सां -, प नि सां नि रें सां,
भोऽऽ ऽ ऽ ऽ ऽ ले ऽ, भो ऽ ऽ ऽ ऽ ले,
ग रे सा ग प नि सां नि रें सां - सांरेंनिसां नि - ध सां नि,
नी ऽ ऽ ऽ ल कं ऽ ऽ ऽ ठ ऽ भोऽऽऽ ऽ ऽ ऽ ऽ ले,
प नि सां गं - पं ^रेंगं रें सां,
भो ऽ ऽ ऽ ऽ ऽ ऽ ऽ ले,
सांरेंनिसां नि - धप ग प सां नि - धप ग -,
भोऽऽऽ ऽ ऽ ऽऽ ऽ ऽ ऽ ले ऽ ऽऽ ऽ ऽ,
ग - प ^रेग रे सा
भो ऽ ऽ ऽ ऽ ले

स्थायी तान : नील कण्ठ

1. निध पध । पप गप । गरे सासा

नील कण्ठ

2. सासा गग । पप निसां । रेंसां निसां

नील कण्ठ भोले ऽ

3. पप निसां । रेंसां निसां । निध पप । निसां रेंसां । निध पप । गरे सासा

अंतरा तान : वैकुंठ बिहारी रे ऽ

4. पप निसां । रेंसां निसां । निध पप । गप निध । पप गप । गरे सासा

वैकुंठ बिहारी रे ऽ

5. सासा गम । पप निसां । रेंसां निसां । गंरें सांसां । निध पप । गरे सासा

६. थाट बिलावल, राग शंकरा

लक्षण दोहा, शंकरा राग

म रे वर्ज आरोह में, अवरोह में म त्याग ।
ग-नि वादि-संवाद से, सजे "शंकरा" राग ।।

थाट	बिलावल	**वादी**	गंधार - ग
आरोह	सा ग, प, नि ध, सां	**संवादी**	निषाद - नि
अवरोह	सां नि प, नि ध, सां नि प, ग प, ग रे सा	**जाति**	औडव-षाडव 5/6
पकड़	नि ध सां नि प, ग प, रेग सा	**समय**	रात्री दूसरा प्रहर
गीतकार	रत्नाकर नराले	**नोटेशन**	देव बंसराज

खयाल

झपताल, 10 मात्रा

१४. माँ शारदे

स्थायी : संगीत दायिनी! भारती! वीणा वादिनी ।
सरस्वती माँ! परम वर दे ।।
अंतरा : वागेश्वरी! ज्ञान तरु को अमर कर दे ।
शारदे! तार दे, माँ! झोली भर दे ।।

स्थायी

X		2			0		3		
पनि	सां	नि	प	प	ग	प	सां	नि	-
संऽ	ऽ	गी	ऽ	त	दा	ऽ	यि	नी	ऽ
प	ग	ग	ग	प	रेग	रे	सा	-	सा
भा	ऽ	र	ती	ऽ	वीऽ	ऽ	णा	ऽ	वा
प़	प़	सा	-	सा	प	ग	प	प	प
ऽ	दि	नी	ऽ	स	र	ऽ	स्व	ती	म
पनि	सां	नि	प	प	पग	प	रेग	रे	सा
पऽ	ऽ	र	ऽ	म	वऽ	र	देऽ	ऽ	ऽ

अंतरा–1

X		2			0		3		
पग	**प**	**सां**	**–**	**सां**	**सां**	**–**	**सांनि**	**रें**	**सां**
वाऽ	ऽ	गे	ऽ	श्व	री	ऽ	ज्ञाऽ	ऽ	न
सां	**गं**	**गं**	**–**	**पं**	**गं**	**रें**	**सांरें**	**सां**	**सां**
त	रु	को	ऽ	अ	म	र	कऽ	र	दे
नि	**ध**	**नि**	**सांरें**	**निसां**	**नि**	**ध**	**नि**	**प**	**–**
शा	ऽ	र	देऽ	ऽऽ	ता	ऽ	र	दे	ऽ
सां	**नि**	**प**	**ग**	**प**	**रेग**	**रे**	**सा**	**–**	**–**
माँ	ऽ	झो	ऽ	ली	भऽ	र	दे	ऽ	ऽ
पनि	**सां**	**नि**	**प**	**प**	**ग**	**प**	**सां**	**नि**	**–**
संऽ	ऽ	गी	ऽ	त	दा	ऽ	यि	नी	ऽ

स्थायी तान : **संगीत दायिनी ऽ**

1. **सासा गग । पप निसां रेंसां ।**
निध पप । गप गरे सासा

संगीत दायिनी ऽ

2. **पग पप । निसां रेंसां निसां ।**
निध पप । गप गरे सासा

संगीत दायिनी ऽ

3. **सासा गग । पप निसां गंरें ।**
सांनि पध । पप गरे सासा

अंतरा तान : **वागेश्वरी ज्ञान**

4. **पप गप । निसां गंरें सांनि ।**
पध पप । गप गरे सासा

वागेश्व

5. **सासा गग । पप निसां रेंसां ।**
पध पप । गप निसां रेंसां
निध पध । पप गरे सासा

७. थाट बिलावल, राग देशकार

लक्षण दोहा, देशकार राग

ठाठ बिलावल से जभी, म नि स्वर का हो त्याग ।
ध-ग वादी-संवाद का, "देशकार" है राग ।।

थाट	बिलावल	**वादी**	धैवत – ध
आरोह	सा रे ग, प, ध सां	**संवादी**	गंधार – ग
अवरोह	सां ध प, ग प ध प, ग रे सा	**जाति**	औडव/औडव 5/5
पकड़	ध प, गप, गरेसा	**समय**	प्रात: काल
गीतकार	रत्नाकर नराले	**नोटेशन**	रत्नाकर नराले

खयाल, तीन ताल 16 मात्रा

१५. कृष्ण कन्हाई

स्थायी : **मधुर गीत चार-ताल, विपिन चला नंदलाल ।**
निहारे यशोमति माँ, हिरदय सुख पाई ।।

अंतरा : 1. **सिर मनहर मुकुट मोर, संग वृंद गोप बाल ।**
मोह डार गयो सखी! मोहे मेरो कृषण कन्हाई ।।

स्थायी

0		3		4		X		0		2	
सां	**ध**	**ध**	**ध**	**सां**	**ध**	**सां**	–	**सां**	**ध**	–	**प**
म	धु	र	गी	ऽ	त	चा	ऽ	र	ता	ऽ	ल
प	**ग**	**प**	**प**	**प**	**ध**	**प**	**प**	**प**	**ध**	**ध**	–
नि	हा	ऽ	रे	ऽ	य	शो	ऽ	म	ति	माँ	ऽ
गं	**रें**	**सां**	**सां**	**सां**	**ध**	**सांा**	**ध**	**प**	**ग**	**रे**	**सा**
हि	र	द	य	सु	ख	पा	ऽ	ऽ	ऽ	ऽ	ई

अंतरा-1

0		3		4		X		0		2	
						प	**ध**	**प**	**प**	**ध**	**ध**
						सि	र	म	न	ह	र
सां	**सां**	**सां**	**सां**	–	**सां**	**सांध**	**सां**	**सां**	**सां**	**रें**	**सां**
मु	कु	ट	मो	ऽ	र	सं	ऽ	ग	वृं	ऽ	द
सां	**रें**	**सां**	**ध**	–	**प**	**प**	**ध**	**ग**	**प**	**ध**	–
मो	ऽ	ह	डा	ऽ	र	ग	यो	ऽ	स	खी	ऽ
सां	**रें**	**सां**	**ध**	–	**प**	**ध**	**प**	**गप**	**ग**	**रे**	**सा**
मो	हे	मे	रो	ऽ	कृ	ष	ण	क	ना	ऽ	ई

८. थाट खमाज, राग खमाज

लक्षण दोहा, खमाज राग

आरोही रे वर्ज्य हो, वादी ग नि संवाद ।
"खमाज" के अवरोह में, कोमल रहे निषाद ।।
आरोह में नि शुद्ध हो, और रे हो निषिद्ध ।
अवरोही कोमल नि हो, तब खमाज है सिद्ध ।।
जो षाडव-संपूर्ण है, सुर शृंगारप्रधान ।
देत नाम "कांबोज" हैं, जिन्हें राग का ज्ञान ।।

थाट	खमाज	**वादी**	गंधार - ग
आरोह	सा ग म प, ध नि सां	**संवादी**	निषाद - नि
अवरोह	सां <u>नि</u> ध प, म ग, रे सा	**जाति**	षाडव-संपूर्ण 6/7
पकड़	<u>नि</u> ध, म प ध, म ग, प म ग रे सा	**समय**	रात्री का दूसरा प्रहर
गीतकार	रत्नाकर नराले	**नोटेशन**	देव बंसराज

<u>खयाल</u>

तीन ताल 16 मात्रा

१६. दीप जलाओ

स्थायी : एक से दूजा दीप जलाओ,
परंपरा की रीत चलाओ ।।

अंतरा : 1. मन अंधियारा दूर भगाओ,
चाँद जीवन में चार लगाओ ।।

2. जगमग आभा तन में जगाओ,
ज्ञान ज्योति मन से न बुझाओ ।।

<u>स्थायी</u>

0				3				X				2			
धनि	सांरें	सां	<u>नि</u>	धप	ध	म	ग	ग	म	प	ध	नि	-	सां	-
एऽ	ऽऽ	क	से	दूऽ	ऽ	जा	ऽ	दी	ऽ	प	ज	ला	ऽ	ओ	ऽ
सां	गं	-	मं	गं	रें	नि	सां	नि	-	सां	रें	नि	सां	<u>नि</u>	ध
प	रं	ऽ	प	रा	ऽ	की	ऽ	री	ऽ	त	च	ला	ऽ	ओ	ऽ
धनि	सांरें	सां	<u>नि</u>	धप	ध	म	ग	ग	म	प	ध	नि	-	सां	-
एऽ	ऽऽ	क	से	दूऽ	ऽ	जा	ऽ	दी	ऽ	प	ज	ला	ऽ	ओ	ऽ

<u>अंतरा-1</u>

0				3				X				2			
ग	**म**	**निध**	**नि**	**सां**	**–**	**सां**	**–**	**नि –**		**सां**	**सां**	**नि**	**सां**	**नि**	**ध**
म	न	अंऽ	धि	या	ऽ	रा	ऽ	दू	ऽ	र	भ	गाऽ	ऽऽ	ओ	ऽ
सां	**–**	**गं**	**मं**	**गं**	**गं**	**नि**	**सां**	**नि**	**–**	**सां**	**रें**	**नि**	**सां**	**नि**	**ध**
चाँ	ऽ	द	जी	व	न	में	ऽ	चा	ऽ	र	ल	गाऽ	ऽऽ	ओ	ऽ
धनि	**सांरें**	**सां**	**नि**	**धप**	**ध**	**म**	**ग**	**ग**	**म**	**प**	**ध**	**नि**	**–**	**सां**	**–**
एऽ	ऽऽ	क	से	दूऽ	ऽ	जा	ऽ	दी	ऽ	प	ज	ला	ऽ	ओ	ऽ

स्थायी तान : **एक से दूजा ऽ**

1. **गम पम पध निसां । निध पम गरे सा–**

एक से दूजा ऽ

2. **गम पध निसां रेंसां । निध पम गरे सा–**

एक से

3. **निसा गम पम गम । पध पम गम पध ।**
निध पम गरे सा–

अंतरा तान : **मन अंधि**

4. **गम धनि सांगं रेंसां । निध पम पध निसां ।**
निध पम गरे सा–

5. **मन अंधियारा दूर भ**
गम पध निसां धनि । सांगं मंगं रेंसां निध ।
पध पम गरे सा– । गम धनि सां– गम ।
धनि सां– गम धनि

> खमाज राग में प स्वर वक्र (zigzag) रूप में लगता है. उदा. नि ध, म प ध, मग ...आदि.

१७. महर्षि वाल्मीकि

राग : खमाज, दादरा ताल, 6 मात्रा

स्थायी : ध्यान मगन, सुमिरन रत, नयन मूँदे, भूले भान ।
जाप चलत, पाप जलत, राम राम, जपत नाम ।।

अंतरा : 1. भव विराग, वीतराग, चरम याग, परम त्याग ।
कर्म विरत, ध्यान निरत, नित्य घटत, पुण्य काम ।।

2. रव निवांत, पूर्ण शांत, मन नितांत, विगत भ्रांत ।
ध्येय अटल, हेतु सुफल, शून्य विलीन, पूज्य धाम ।।

स्थायी

X			0			X			0		
ग	सा	सा	ग	ग	म	गम	प	प	ध	म	ग
ध्या	ऽ	न	म	ग	न	सु	मि	र	न	र	त
सांनि	रेंसां	नि	ध	म	म	मप	ध	म	ग	–	ग
नऽ	यऽ	न	मूँ	ऽ	दे	भूऽ	ऽ	ले	भा	ऽ	न
नि	–	नि	नि	नि	सां	निध	नि	प	ध	नि	सां
जा	ऽ	प	च	ल	त	पाऽ	ऽ	प	ज	ल	त
सांनि	रेंसां	नि	ध	म	म	मप	ध	म	ग	–	ग
राऽ	ऽऽ	म	रा	ऽ	म	जऽ	प	त	ना	ऽ	म
ग	सा	सा	ग	ग	म	गम	प	प	ध	म	ग
ध्या	ऽ	न	म	ग	न	सु	मि	र	न	र	त

अंतरा–1

X			0			X			0		
म	ग	म	नि	ध	नि	धनि	सां	नि	सां	–	सां
भ	व	वि	रा	ऽ	ग	वीऽ	ऽ	त	रा	ऽ	ग
नि	नि	नि	नि	सां	सां	पनि	सांरें	सां	नि	ध	ध
च	र	म	या	ऽ	ग	पऽ	र	म	त्या	ऽ	ग
ग	सा	सा	ग	ग	म	गम	प	प	ध	म	ग
कर्	ऽ	म	वि	र	त	ध्या	ऽ	न	नि	र	त
सांनि	रेंसां	नि	ध	म	म	मप	ध	म	ग	–	ग
निऽ	ऽऽ	त्य	घ	ट	त	पुऽ	ऽ	ण्य	का	ऽ	म
ग	सा	सा	ग	ग	म	गम	प	प	ध	म	ग
ध्या	ऽ	न	म	ग	न	सु	मि	र	न	र	त

स्थायी तान : ध्यान मगन

1. ऩिसा गम पम । गम पध पम ।
गम पध निध । पम गरे सा–

ध्यान मगन

2. गम पम गम । पध पम गम ।
पध निसां निध । पम गरे सा–

ध्यान मगन

अंतरा तान : भव विराग

4. ऩिसा गम पध । निसां निध पम ।
गम पध निध । पम गरे सा–

5. भव विराग

गम पध निसां । रेंसां निध पम ।
गम पध निध । पम गरे सा–

उपराग : होरी खमाज

धमार ताल, 14 मात्रा

१८. होरी खेड़त है कान्हा

स्थायी : होरी खेड़त मेरो कान्हा, ब्रज में ।
रंग धमार है आज, ब्रज में ।।

अंतरा : 1. ग्वालिन राधा नाच नचत है ।
लाल गाल में लाज लजत है । पिचकारी की धार, ब्रज में ।।

2. बाल बाला झूला झुलत हैं ।
गोप नंद में गोल घुमत हैं । रंगन की बौछार, ब्रज में ।।

स्थायी

0			3				x					2	
सा	ग	म	प	ध	निरें	सां	नि	ध	प	ग	म	ग	–
हो	री	खे	ल	त	मेऽ	रो	का	ऽ	न्हा	ब्र	ज	में	ऽ
म	ग	सा	नि̣	ध̣	सा	सा	सा	ग	म	प	ध	म	ग
रं	ग	ध	मा	ऽ	र	है	आ	ऽ	ज	ब्र	ज	में	ऽ
सा	ग	म	प	ध	निरें	सां	नि	ध	प	ग	म	ग	–
हो	री	खे	ल	त	मेऽ	रो	का	ऽ	न्हा	ब्र	ज	में	ऽ

अंतरा–1

0			3				x					2	
म	निध	नि	सां	–	सां	–	नि	सां	सां	नि	सां	नि	ध
ग्वा	लिऽ	न	रा	ऽ	धा	ऽ	ना	च	न	च	त	है	ऽ
म	निध	नि	सां	–	सां	सां	नि	सां	सां	नि	सां	नि	ध
ला	ऽऽ	ल	गा	ऽ	ल	में	ला	ज	ल	ज	त	है	ऽ
ग	ग	म	प	ध	निरें	सां	नि	ध	प	ग	म	ग	–
पि	च	का	री	ऽ	कीऽ	ऽ	धा	ऽ	र	ब्र	ज	में	ऽ
म	ग	सा	नि̣	ध̣	सा	सा	सा	ग	म	प	ध	म	ग
रं	ग	ध	मा	ऽ	र	है	आ	ऽ	ज	ब्र	ज	में	ऽ
सा	ग	म	प	ध	निरें	सां	नि	ध	प	ग	म	ग	–
हो	री	खे	ल	त	मेऽ	रो	का	ऽ	न्हा	ब्र	ज	में	ऽ

१९. रामायण की अमर कहानी

स्थायी : रामायण की अमर कहानी, मुनिवर कह गये ध्यानी रे ।
राम कथा की अमृत वाणी, सुन सुन जन भये ज्ञानी रे ।।

अंतरा : 1. राम नाम का चल कर जादू, पाप ताप सब भागे रे ।
पापी लुटेरा रत्नाकर भी, बन गयो बाल्मीकि आगे रे ।।

2. वचन पिता का सिर पर धर के, त्यागा राज को हासी रे ।
सौकन माँ की तृप्ति करने, बना राम वनवासी रे ।।

3. सुख दुख दोनों समान कर के, जस कहती है गीता रे ।
साथ पति के वन को निकली, धर्मचारिणी सीता रे ।।

स्थायी

X				0				X				0			
प	ध	म	–	ग	ग	रे	सा	सा	सा	ग	ग	म	–	म	–
रा	ऽ	मा	ऽ	य	ण	की	ऽ	अ	म	र	क	हा	ऽ	नी	ऽ
ग	म	प	प	प	प	ध	सां	नि	ध	प	म	मध	पध	म	ग
मु	नि	व	र	क	ह	ग	ये	ध्या	ऽ	नी	ऽ	रेऽ	ऽऽ	ऽ	ऽ
ग	म	ध	ध	ध	–	ध	–	ध	नि	ध	नि	प	ध	प	–
रा	ऽ	म	क	था	ऽ	की	ऽ	अ	म	रि	त	वा	ऽ	णी	ऽ
ग	म	प	प	प	प	ध	सां	नि	ध	प	म	मध	पध	म	ग
सु	न	सु	न	ज	न	भ	ये	ज्ञा	ऽ	नी	ऽ	रेऽ	ऽऽ	ऽ	ऽ
प	ध	म	–	ग	ग	रे	सा	सा	सा	ग	ग	म	–	म	–
रा	ऽ	मा	ऽ	य	ण	की	ऽ	अ	म	र	क	हा	ऽ	नी	ऽ

अंतरा–1

X				0				X				0			
ग	म	ध	नि	सां	सां	सां	–	नि	नि	सां	सां	नि	सां	नि	ध
रा	ऽ	म	ना	ऽ	म	का	ऽ	च	ल	क	र	जा	ऽ	दू	ऽ
नि	–	नि	नि	सां	सां	सां	सां	प	नि	सां	रें	नि	–	ध	प
पा	ऽ	प	ता	ऽ	प	स	ब	भा	ऽ	गे	ऽ	रे	ऽ	ऽ	ऽ
म	ग	ग	म	ध	–	ध	–	ध	नि	ध	नि	प	ध	प	–
पा	ऽ	पी	लु	टे	ऽ	रा	ऽ	र	त्	ना	ऽ	क	र	भी	ऽ
ग	म	प	प	प	प	ध	सां	नि	ध	प	म	मध	पध	म	ग
ब	न	ग	यो	बा	ल्	मी	कि	आ	ऽ	गे	ऽ	रेऽ	ऽऽ	ऽ	ऽ
प	ध	म	–	ग	ग	रे	सा	सा	सा	ग	ग	म	–	म	–
रा	ऽ	मा	ऽ	य	ण	की	ऽ	अ	म	र	क	हा	ऽ	नी	ऽ

९. थाट खमाज, राग देस

लक्षण दोहा, देस राग

संवादी स्वर ऋषभ हो, वादी पंचम भोग ।
अवरोही कोमल नि से, राग "देस" संजोग ।।
प–रे वादि–संवाद में, आरोही ग ध वर्ज्य ।
अवरोही कोमल नि से, देस राग है दर्ज ।।

थाट	खमाज	**वादी**	ऋषभ – रे
आरोह	ऩि सा रे, म प, नि सां	**संवादी**	पंचम – प
अवरोह	सां नि ध प, ध म ग, रे ग, ऩि सा	**जाति**	औडव–संपूर्ण 5/7
पकड़	रे म प, नि ध प, प ध प म ग रे ग, ऩि सा	**समय**	रात्री का दूसरा प्रहर
गीतकार	रत्नाकर नराले	**नोटेशन**	देव बंसराज

खयाल

राग देस, तीन ताल 16 मात्रा

२०. विभीषण को बोली सीता

स्थायी : **विभीषण से बोली सीता,**
राघव से कहो दरशन दीजो ।

अंतरा : 1. राघव आओ मेरी नगरिया, दैया रे
दैया, रामा लीजो खबरिया ।
निश दिन मेरा सुमिरन कीजो ।।

2. याद करे है तोरी सजनिया,
राह में तेरी, रामा मोरी नज़रिया ।
वानर सेना साथ में लीजो ।।

स्थायी

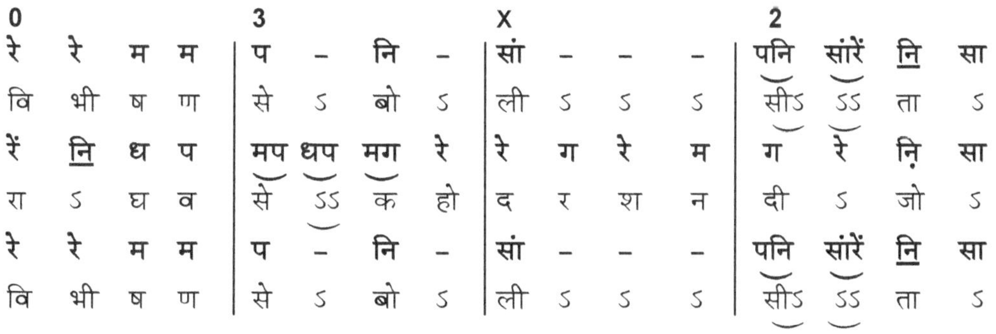

0				3				X				2			
रे	रे	म	म	प	–	नि	–	सां	–	–	–	पनि	सांरें	नि	सा
वि	भी	ष	ण	से	ऽ	बो	ऽ	ली	ऽ	ऽ	ऽ	सीऽ	ऽऽ	ता	ऽ
रें	नि	ध	प	मप	धप	मग	रे	रे	ग	रे	म	ग	रे	ऩि	सा
रा	ऽ	घ	व	से	ऽऽ	क	हो	द	र	श	न	दी	ऽ	जो	ऽ
रे	रे	म	म	प	–	नि	–	सां	–	–	–	पनि	सांरें	नि	सा
वि	भी	ष	ण	से	ऽ	बो	ऽ	ली	ऽ	ऽ	ऽ	सीऽ	ऽऽ	ता	ऽ

अंतरा–1

0				3				X				2			
म	–	म	म	प	–	नि	–	सां	–	सां	सां	रें	नि	सां	–
रा	ऽ	घ	व	आ	ऽ	ओ	ऽ	मे	ऽ	री	न	ग	रि	या	ऽ
नि	सां	रें	मं	गं	रें	सां	सां	प	नि	सां	रें	नि	ध	प	–
दै	या	रे	दै	या	ऽ	रा	मा	ली	ऽ	जो	ख	ब	रि	या	ऽ
सां	सां	नि	नि	ध	प	म	प	म	प	ध	म	गरे	ग	ऩि	सा
नि	श	दि	न	मे	ऽ	रा	ऽ	सु	मि	र	न	की	ऽ	ज्यो	ऽ
रे	रे	म	म	प	–	नि	–	सां	–	–	–	पनि	सांरें	नि	सा
वि	भी	ष	ण	से	ऽ	बो	ऽ	ली	ऽ	ऽ	ऽ	सीऽ	ऽऽ	ता	ऽ

स्थायी तान : विभीषण से बो ऽ

1. सारे मप निसां रेंसां । निध पम गरे सा–

   विभीषण से बो ऽ

2. मप निसां रेंसां निसां । निध पम गरे सा–

   विभीषण को बोली सीता ऽ

3. सांरें सांनि धप सांनि । धप मप धप निध ।

   पम गरे गसा रेरे । मम पप निनि सां–

अंतरा तान : राघव आओ मेरी नगरिया ऽ

4. ऩिसा रेग मग रेसा । निसां रेंगं मंगं रेंसां

   निध पम गरे सा– । पनि सांप निसां पनि

   राघव आओ ऽ

5. सांनि धप निध पम । गरे साऩि सा– सा– ।

   रेम पध मप निनि । सां– — रेम पध ।

   मप निनि सां– — । रेम पध मप निनि

तराना : थाट खमाज, राग देस

तीन ताल 16 मात्रा

२१. ना दिर् दिर् दा नित

स्थायी : ना दिर् दिर् दा नित तारे दीम्, तन नन नन
द्रतन द्रतन दीम्, तूम् तन नन नन

अंतरा : ऊ द तान ऊ द तान दीम् तन नन नन
त दीम् त दीम् दीम्, तूँम् तन नन नन
ध तिर कित् तक् तू न कित् तक् ध – कत –
ध तिर् कित् तक् तू न कित् तक्
धा – कत – धा तिर् कित् तक् तू न कित् तक् ।।

स्थायी

0				3			X					2			
रे	रे	म	म	प	प	नि	नि	सां	–	सां	रें	सां	नि	ध	प
ना	दिर्	दिर्	दा	नि	त	ता	रे	दीम्	ऽ	त	न	न	न	न	न
सां	रें	सां	नि	ध	प	ध	म	म	प	ध	प	म	ग	रे	सा
द्र	त	न	द्र	त	न	दीम्	ऽ	तूम्	ऽ	त	न	न	न	न	न
रे	रे	म	म	प	प	नि	नि	सां	–	सां	रें	सां	नि	ध	प
ना	दिर्	दिर्	दा	नि	त	ता	रे	दीम्	ऽ	त	न	न	न	न	न

अंतरा–1

0				3				X				2			
म	म	म	म	प	प	नि	नि	सां	–	सां	सां	सां	सां	सां	सां
दिर	दिर	ता	न	दिर	दिर	ता	न	तूम्	ऽ	त	न	न	न	न	न
नि	सां	–	मं	गं	रें	नि	सां	प	नि	सां	रें	नि	ध	प	प
त	दीम्	ऽ	त	दी	म्	दी	म्	तूँ	म्	त	न	न	न	न	न
सां–	सांसां	सांसां	रेंसां	नि	नि	धध	पप	सां	–	–	–	सां–	सांसां	सांसां	रेंसां
धऽ	तिर	कित	तक्	तू	न	कित्	तक्	ध	ऽ	ऽ	ऽ	धऽ	तिर	कित	तक्
नि	नि	धध	पप	सां	–	–	–	सां–	सांसां	सांसां	रेंसां	नि	नि	धध	पप
तू	न	कित्	तक्	धा	ऽ	ऽ	ऽ	धऽ	तिर	कित	तक्	तू	न	कित्	तक्
रे	रे	म	म	प	प	नि	नि	सां	–	सां	रें	सां	नि	ध	प
ना	दिर्	दिर्	दा	नि	त	ता	रे	दीम्	ऽ	त	न	न	न	न	न

कहरवा ताल 8 मात्रा

२२. सरस्वती वंदना

स्थायी : झनन झन वीणा की झनकार, हटाए भगतन का मन भार ।।

अंतरा : 1. मंगल सुंदर गान तिहारे, आकर दो दीदार ।
नयनन प्यासे प्यास बुझावे, पावन रूप तिहार ।।

2. ज्ञान की देवी दान कला का, परम तेरा उपकार ।
रूप सलोना हाथ में वीणा, शारद नाम तिहार ।।

3. जीवन ये संगीत सुहाना, गीत करो साकार ।
माँ ममता का दीप जगाके, दूर करो अंधकार ।।

स्थायी

	0				X				0				X			
प	मग	रे	ग	सा	–	मरे	–	म	प	–	ध	नि	ध	प	प	प
झ	नऽ	न	झ	न	ऽ	वीऽ	ऽ	णा	की	ऽ	झ	न	का	ऽ	र	ह
	मग	रे	ग	सा	–	मरे	म	म	प	–	ध	नि	ध	प	प	प
	टाऽ	ऽ	ए	ऽ	ऽ	भग	त	न	का	ऽ	म	न	भा	ऽ	र	झ
	मग	रे	ग	सा	–	मरे	–	म	प	–	ध	नि	ध	प	प	प
	नऽ	न	झ	न	ऽ	वीऽ	ऽ	णा	की	ऽ	झ	न	का	ऽ	र	झ

अंतरा–1

X				0				X				0			
–	निध	प	म	प	–	प	प	–	निध	प	म	प	–	प	–
ऽ	मंऽ	ग	ल	सुं	ऽ	द	र	ऽ	गाऽ	न	ति	हा	ऽ	रे	ऽ
–	मप	नि	नि	नि	सां	रें	नि	सां	–	–	प	नि	–	म	प
ऽ	आऽ	क	र	दो	ऽ	दी	ऽ	दा	ऽ	ऽ	ऽ	ऽ	ऽ	ऽ	र
–	मप	नि	नि	नि	सां	रें	नि	सां	–	–	–	–	–	–	सां
ऽ	आऽ	क	र	दो	ऽ	दी	ऽ	दा	ऽ	ऽ	ऽ	ऽ	ऽ	ऽ	र
–	पप	नि	सां	रें	–	रें	–	–	सां	रें	गं	नि	–	सां	–
ऽ	नय	न	न	प्या	ऽ	से	ऽ	ऽ	प्या	स	बु	झा	ऽ	वे	ऽ
–	नि	नि	नि	नि	–	सां	रें	सां	–	–	प	नि	–	म	प
ऽ	पा	व	न	रू	ऽ	प	ति	हा	ऽ	ऽ	ऽ	ऽ	ऽ	ऽ	र
–	नि	नि	नि	नि	–	सां	रें	नि	ध	प	ध	मग	रे	ग	सा
ऽ	पा	व	न	रू	ऽ	प	ति	हा	ऽ	र	झ	नऽ	न	झ	न

१०. थाट खमाज, राग तिलंग

लक्षण दोहा, तिलंग राग

आरोही कोमल नि हो, रे ध स्वरों का त्याग ।
ग-नि वादी-संवाद से, सजता राग "तिलंग" ।।

थाट	खमाज	**वादी**	गंधार - ग
आरोह	सा ग म प नि सां	**संवादी**	निषाद - नि
अवरोह	सां नि प म ग सा	**जाति**	औडव-औडव 5/5
पकड़	नि, प, ग म ग, सा	**समय**	रात्री का दूसरा प्रहर
गीतकार	रत्नाकर नराले	**नोटेशन**	देव बंसराज

खयाल

राग तिलंग, तीन ताल 16 मात्रा

२३. संग ले चलो

स्थायी : **सैंया मोहे संग ले चलो दैया,**
अकेली छोड़ नहीं जैंया ।।

अंतरा : 1. **विष का प्याला पीके मरूँगी,**
पड़ूँगी तोहरे पैंया ।।

2. **तन मन सब बलिहारी जाऊँ,**
सुनो रे राम रमैया ।।

स्थायी

X				2				0				3			
सां	-	नि	सां	नि	प	ग	म	ग	-	-	सा	ग	म	पनि	मप
सैं	ऽ	या	मो	हे	ऽ	सं	ग	ले	ऽ	ऽ	च	लो	दै	याऽ	ऽऽ
पनि	सां	नि	सां	नि	प	ग	म	ग	-	-	सा	ग	म	पनि	मप
सैंऽ	ऽ	या	मो	हे	ऽ	सं	ग	ले	ऽ	ऽ	च	लो	दै	याऽ	ऽऽ
सा	सा	ग	म	प	प	नि	सां	पनि	सांगं	सांगं	सांनि	पनि	पम	गम	ग-
अ	के	ली	छो	ऽ	ड़	न	हीं	जैंऽ	ऽऽ	ऽऽ	ऽऽ	याऽ	ऽऽ	ऽऽ	ऽऽ
सां	-	प	सां	नि	प	ग	म	ग	-	-	सा	ग	म	पनि	मप
सैं	ऽ	या	मो	हे	ऽ	सं	ग	ले	ऽ	ऽ	च	लो	दै	याऽ	ऽऽ

अंतरा–1

X				2				0				3			
ग	म	प	नि	सां	–	सां	–	प	नि	सां	सां	नि	सां	नि	प
वि	ष	का	ऽ	प्या	ऽ	ला	ऽ	पी	ऽ	के	म	रूँ	ऽ	गी	ऽ
ग	म	प	नि	सां	–	सां	–	प	नि	सां	सां	सांरें	निसां	नि	प
वि	ष	का	ऽ	प्या	ऽ	ला	ऽ	पी	ऽ	के	म	रूँ	ऽऽ	गी	ऽ
सा	ग	–	म	प	प	नि	सां	पनि	सांगं	सांगं	सांनि	पनि	पम	गम	ग–
प	डूँ	ऽ	गी	तो	ह	रे	ऽ	पैंऽ	ऽऽ	ऽऽ	ऽऽ	याऽ	ऽऽ	ऽऽ	ऽऽ
सां	–	प	सां	नि	प	ग	म	ग	–	–	सा	ग	म	पनि	मप
सैं	ऽ	या	मो	हे	ऽ	सं	ग	ले	ऽ	ऽ	च	लो	दै	याऽ	ऽऽ

स्थायी तान : **सैंया मोहे संग**

1. **गम पनि पनि पम । गम पम गम गसा**

सैंया मोहे संग

2. **सांनि पम गम पनि । सांनि पम गम गसा**

सैंया मो

3. **साग मप गम पग । मप निसां पनि सांगं । सांनि पम गम गसा**

अंतरा तान : **विष का प्याला ऽ**

4. **साग मम गम पप । मप निनि पनि सांसां**

विष का प्याला पीके मरूँगी ऽ

5. **पम गम ग– सा– । सांनि पम गम गसा । गम पम पनि सांगं ।**
सांनि पम गम गसा ।

विष का ऽ

6. **सांनि पम गम गसा । गंगं सांसां निनि पम ।**
पनि सांनि पम गम । पनि पम गम गसा ।
सांनि पम गम गसा । गम पनि सां– गम । पनि सां– गम पनि

> तिलंग राग में शुद्ध नि और कोमल नि दोनों लगातार आ सकते हैं. उदा. ग म प नि नि प म ग म गग प म ग म रे ...आदि.

भजन : थाट खमाज, राग तिलंग

कहरवा ताल 8 मात्रा

२४. भज ले सांब शिवम्

स्थायी : मन भज ले सांब शिवम्, मनवा मंगल गान तू गा रे ।
वंदे शिवं सुंदरम् ।।

अंतरा : 1. गा कर प्यारा नाम शिवा का, करले तरास तू कम ।
साँस साँस में गौरीनाथ को, निश दिन अरु हर दम ।।

2. पा कर न्यारा प्यार शिवा का, हरले दरद सितम ।
बार बार नित वंदना करो, भोले नाथ शुभम् ।।

स्थायी

2				0				3				X			
ग	म	प	प	पनि	सां	नि	सां	–	निप	ग	म	ग	–	सा	–
म	न	भ	ज	लेऽ	ऽ	ऽ	ऽ	ऽ	सांऽ	ब	शि	वं	ऽ	ऽ	ऽ
–	नि़	नि़	नि़	सा	–	सा	सा	–	गम	प	म	ग	–	सा	–
ऽ	म	न	वा	मं	ऽ	ग	ल	ऽ	गाऽ	न	तू	गा	ऽ	रे	ऽ
–	नि	–नि	नि	नि	प	–नि	नि	सां	–	–	–	नि	प	म	ग
ऽ	वं	ऽदे	शि	वं	ऽ	ऽसुं	द	रं	ऽ	ऽ	ऽ	ऽ	ऽ	ऽ	ऽ
ग	म	प	प	पनि	सां	नि	सां	–	निप	ग	म	ग	–	सा	–
म	न	भ	ज	ले	ऽ	ऽ	ऽ	ऽ	सांऽ	ब	शि	वं	ऽ	ऽ	ऽ

अंतरा–1

2				0				3				X			
–	निप	ग	म	प	–	नि	–	सां	–	सां	सां	सां	–	सां	–
ऽ	गाऽ	क	र	प्या	ऽ	रा	ऽ	ना	ऽ	म	शि	वा	ऽ	का	ऽ
नि	नि	नि	नि	नि	–	सां	गं	सां	–	नि	–	प	–	म	ग
क	र	ले	त	रा	ऽ	स	तू	कम	ऽ	ऽ	ऽ	ऽ	ऽ	ऽ	ऽ
सां	–	गं	गं	मं	गं	नि	सां	प	नि	सां	रें	नि	सां	नि	प
साँ	ऽ	स	साँ	ऽ	स	में	ऽ	गौ	ऽ	री	ना	ऽ	थ	को	ऽ
–	निनि़	नि	नि	नि	प	–नि	नि	सां	–	–	–	नि	प	म	ग
ऽ	निश	दि	न	अ	रु	ऽह	र	दम	ऽ	ऽ	ऽ	ऽ	ऽ	ऽ	ऽ
ग	म	प	प	पनि	सां	नि	सां	–	निप	ग	म	ग	–	सा	–
म	न	भ	ज	ले	ऽ	ऽ	ऽ	ऽ	सांऽ	ब	शि	वं	ऽ	ऽ	ऽ

११. थाट खमाज, राग गौड़ मल्हार

लक्षण दोहा, गौड़ मल्हार राग

म सा वादि संवाद में, संपूरण विस्तार ।

मृदु निषाद अवरोह से, राग "गौड़ मल्हार" ।।

थाट	खमाज	**वादी**	मध्यम – म
आरोह	सा, रे ग रे म ग रे सा, रे प, म प, ध नि सां	**संवादी**	षड्ज – सा
अवरोह	सां, ध नि प म, ग रे ग (रे) सा	**जाति**	संपूर्ण–संपूर्ण 7/7
पकड़	रे ग रे म ग रे सा, रे प, म प ध सां ध प म	**समय**	रात्री का दूसरा प्रहर
गीतकार	रत्नाकर नराले	**नोटेशन**	देव बंसराज

खयाल

राग गौड़ मल्हार, तीन ताल 16 मात्रा

२५. कारी बादरिया

स्थायी : **कारी बादरिया भीगी चादरिया,**
चादरिया मोरी भीगी साँवरीया ।।

अंतरा : 1. **पल छिन तड़पत मोरा मनवा,**
गरजत बरसत कारो बदरवा ।
अधीर भई मैं बाँवरिया ।।

2. **कड़कत चमकत बैरी बिजुरिया,**
आजा बलमवा मोरी डगरिया ।
हार गई मैं साँवरिया ।।

स्थायी

0				3				X				2			
–	ग	रे	म	ग	रे	सा	–	गरे	ग	म	प	ग	प	म	ग
ऽ	का	री	बा	द	रि	या	ऽ	भीऽ	ऽ	गी	चा	द	रि	या	ऽ
–	गरे	प	प	प	–	प	प	धनि	सां	ध	प	ग	प	म	ग
ऽ	चाऽ	द	रि	या	ऽ	मो	री	भीऽ	ऽ	नी	साँ	व	री	या	ऽ
–	गरे	प	प	प	–	प	प	धनि	सांरें	सांनि	धप	ग	प	म	ग
ऽ	चाऽ	द	रि	या	ऽ	मो	री	भीऽ	ऽऽ	नीऽ	साँऽ	व	री	या	ऽ
–	ग	रे	म	ग	रे	सा	–	गरे	ग	म	प	ग	प	म	ग
ऽ	का	री	बा	द	रि	या	ऽ	भीऽ	ऽ	गी	चा	द	रि	या	ऽ

अंतरा–1

0				3				X				2			
–	पग	प	प	नि	ध	नि	नि	सां	–	सां	–	नि	रें	सां	–
ऽ	पल	छि	न	त	ड़	प	त	मो	ऽ	रा	ऽ	म	न	वा	ऽ
–	निनि	नि	नि	नि	नि	नि	नि	धनि	सां	नि	सां	ध	नि	ध	प
ऽ	गर	ज	त	ब	र	स	त	काऽ	ऽ	रो	ब	द	र	वा	ऽ
–	मरे	प	प	प	ध	प	–	धनि	सां	ध	प	ग	प	म	ग
ऽ	अधी	र	भ	ई	ऽ	मैं	ऽ	बाँऽ	ऽ	व	रि	या	ऽ	ऽ	ऽ
–	मरे	प	प	प	ध	प	–	धनि	सांरें	सांनि	धप	ग	प	म	ग
ऽ	अधी	र	भ	ई	ऽ	मैं	ऽ	बाँऽ	ऽऽ	वऽ	रिऽ	या	ऽ	ऽ	ऽ
–	ग	रे	म	ग	रे	सा	–	गरे	ग	म	प	ग	प	म	ग
ऽ	का	री	बा	द	रि	या	ऽ	भीऽ	ऽ	गी	चा	द	रि	या	ऽ

स्थायी तान : कारी बादरिया ऽ

1. निसा रेग मप मग । रेग मप मग रेसा
   कारी बादरिया ऽ
2. रेग मप मग रेग । मप धप मग रेसा
   कारी बादरिया ऽ
3. पप धप मग रेग । मप धप मग रेसा

अंतरा तान : पल छिन तड़प

4. मग रेरे पप धनि । सांसां धनि पप मग । रेसा
   पल छिन तड़पत मोरा मनवा ऽ
5. मग रेरे पप धनि । पप धनि सांरें सांसां ।
   पप धनि सांरें गरें । सांसां धप मग रेसा

१२. थाट खमाज, राग तिलक कामोद

लक्षण दोहा, तिलक कामोद राग

रे–प वादि-संवाद में, आरोह में ध वर्ज्य ।
राग "तिलक कामोद" में, उभय नि स्वर की तर्ज ।।

थाट	खमाज	**वादी**	ऋषभ – रे
आरोह	सा रे ग सा, रे म प ध, म प, सां	**संवादी**	पंचम – प
अवरोह	सां प, ध म ग, सा रे ग, सा नि़	**जाति**	षाडव-संपूर्ण 6/7
पकड़	प़ नि़ सा रे ग, सा, रे प म ग, सा नि़	**समय**	रात्री का दूसरा प्रहर
गीतकार	रत्नाकर नराले	**नोटेशन**	देव बंसराज

ध्रुपद

राग तिलक कामोद, चौताल 12 मात्रा

२६. श्री गोपाल

स्थायी : रास रचत श्री गोपाल, राधा रमण नंदलाल ।
बंसी मधुर मंद चाल, संग गोप सारे ।।

अंतरा : 1. गीत ललित सुगम ताल, तिलक भाल रंग लाल ।
मोर मुकुट पुष्प माल, गोल नयन कारे ।।

2\. नाच करत ठुमक ठुमक, चारु नाद छंद साथ ।
करत नमन जोड़ हाथ, कृष्ण भजन प्यारे ।।

स्थायी

X		0		2		0		3		4	
ग	**रे**	**म**	**ग**	**सा**	**सा**	**सा**	**रे**	**ग**	**नि़**	**सा**	**सा**
रा	ऽ	स	र	च	त	श्री	ऽ	गो	पा	ऽ	ल
नि़	**प़**	**नि़**	**सा**	**सा**	**सा**	**रे**	**प**	**म**	**गरे**	**ग**	**सा**
रा	ऽ	धा	र	म	ण	नं	ऽ	द	लाऽ	ऽ	ल
सा	**–**	**सा**	**रे**	**ग**	**सा**	**मरे**	**म**	**म**	**प**	**–**	**प**
बं	ऽ	सी	म	धु	र	मंऽ	ऽ	द	चा	ऽ	ल
म	**रे**	**रे**	**म**	**प**	**प**	**मप**	**धप**	**म**	**–**	**ग**	**रे**
सं	ऽ	ग	गो	ऽ	प	साऽ	ऽऽ	रे	ऽ	ऽ	ऽ
ग	**रे**	**म**	**ग**	**सा**	**सा**	**सा**	**रे**	**ग**	**नि़**	**सा**	**सा**
रा	ऽ	स	र	च	त	श्री	ऽ	गो	पा	ऽ	ल

अंतरा–1

X		0		2		0		3		4	
म	**प**	**नि**	**नि**	**नि**	**नि**	**सां**	**सां**	**सां**	**रेंनि**	**सां**	**सां**
गी	ऽ	त	ल	लि	त	सु	ग	म	ताऽ	ऽ	ल
प	**नि**	**नि**	**नि**	**सां**	**सां**	**पनि**	**सांरें**	**सां**	**नि**	**ध**	**प**
ति	ल	क	भा	ऽ	ल	रंऽ	ऽऽ	ग	ला	ऽ	ल
प	**–**	**रें**	**रें**	**रें**	**रें**	**नि**	**सां**	**रें**	**नि**	**ध**	**प**
मो	ऽ	र	मु	कु	ट	पु	ऽ	ष्प	मा	ऽ	ल
म	**रे**	**रे**	**पम**	**प**	**प**	**मप**	**धप**	**म**	**–**	**ग**	**रे**
गो	ऽ	ल	न	य	न	काऽ	ऽऽ	रे	ऽ	ऽ	ऽ
ग	**रे**	**म**	**ग**	**सा**	**सा**	**सा**	**रे**	**ग**	**नि़**	**सा**	**सा**
रा	ऽ	स	र	च	त	श्री	ऽ	गो	पा	ऽ	ल

तिलक कामोद राग के अवरोह में सा नि ध प एक साथ लगातार नहीं आने चाहिए.
स रे ग, रे प, म प सां, प ध म ग स्वर समूह बार-बार अच्छे लगते हैं

भजन : राग तिलक कामोद

तीन ताल 16 मात्रा / कहरवा ताल 8 मात्रा

२७. कित गयी सीता

स्थायी : कित गयी सीता प्राण पियारी,
दूँढत दूँढत अखियाँ हारी ।।

अंतरा : 1. बोलो लछिमन मोरे भाई,
कहाँ है तोरी भौजाई ।
श्वापद कोई उसको खाई,
छुपी तो नहीं वो बैठी ।
या है उसको असुर उठाई, कित गयी .. ।।

2. कमल कुसुम सम कोमल काया,
कहाँ गयी मोरी जाया ।
ठगी असुरों ने रच कर माया,
कहाँ से संकट आया ।
खो गयी रे मोरी सीता प्यारी, कित गयी .. ।।

3. सुंदरतर रमणी अभिरामा,
अनूप शुभ रूप ललामा ।
कहाँ गयी है तू बिन रामा,
तज अपनी कुटिया धामा ।
खोजी हमने भूमि सारी, कित गयी .. ।।

स्थायी

0				3				X				2			
नि़	सा	रे	प	म	ग	सा	नि़	नि़	प़	नि़	सा	नि़सा	रेग	नि़	सा
कि	त	ग	यी	सी	ऽ	ता	ऽ	प्रा	ऽ	ण	पि	याऽ	ऽऽ	री	ऽ
रे	–	म	प	सां	–	सां	सां	प	ध	म	–	गरे	ग	नि़	सा
ढूँ	ऽ	ढ	त	ढूँ	ऽ	ढ	त	अ	खि	याँ	ऽ	हाऽ	ऽ	री	ऽ
रे	–	म	प	सां	–	सां	सां	प	ध	म	–	पध	पम	गरे	नि़सा
ढूँ	ऽ	ढ	त	ढूँ	ऽ	ढ	त	अ	खि	याँ	ऽ	हाऽ	ऽऽ	री	ऽऽ
नि़	सा	रे	प	म	ग	सा	नि़	नि़	प़	नि़	सा	नि़सा	रेग	नि़	सा
कि	त	ग	यी	सी	ऽ	ता	ऽ	प्रा	ऽ	ण	पि	याऽ	ऽऽ	री	ऽ

अंतरा–1

12. थाट खमाज, राग तिलक कामोद

0				3				X				2			
म	**रे**	**म**	**प**	**नि**	**नि**	**नि**	**नि**	**सां**	–	**सां**	–	**नि**	–	**सां**	–
बो	ऽ	लो	ऽ	ल	छि	म	न	मो	ऽ	रे	ऽ	भा	ऽ	ई	ऽ
प	**नि**	–	**सां**	**रें**	–	**रें**	–	**सां**	–	**रें**	**गं**	**नि**	–	**सां**	–
क	हाँ	ऽ	है	तो	ऽ	री	ऽ	भौ	ऽ	जा	ऽ	ई	ऽ	ऽ	ऽ
म	**रे**	**म**	**प**	**नि**	–	**नि**	–	**सां**	**सां**	**सां**	–	**रें**	**गं**	**सां**	–
श्वा	ऽ	प	द	को	ऽ	ई	ऽ	उ	स	को	ऽ	खा	ऽ	ई	ऽ
प	**नि**	–	**सां**	**रें**	–	**रें**	**रें**	**सां**	–	**रें**	**गं**	**नि**	–	**सां**	–
छु	पी	ऽ	ऽ	तो	ऽ	न	ही	वो	ऽ	बै	ऽ	ठी	ऽ	ऽ	ऽ
प	**नि**	**सां**	**रें**	**नि**	**सां**	**प**	–	**प**	**ध**	**म**	**म**	**पध**	**मग**	**रेग**	**ऩिसा**
या	ऽ	है	ऽ	उ	स	को	ऽ	अ	सु	र	उ	ठाऽ	ऽऽ	ईऽ	ऽऽ
ऩि	**सा**	**रे**	**प**	**म**	**ग**	**सा**	**ऩि**	**ऩि**	**प़**	**ऩि**	**सा**	**ऩिसा**	**रेग**	**ऩि**	**सा**
कि	त	ग	यी	सी	ऽ	ता	ऽ	प्रा	ऽ	ण	पि	याऽ	ऽऽ	री	ऽ

१३. थाट खमाज, राग कलावती

लक्षण दोहा, कलावती राग

कोमल स्वर नि रहे सदा, रे म स्वर न लें भाग ।
प-सा वाद-संवाद में, "कलावती" वह राग ।।

थाट	खमाज	**वादी**	प
आरोह	सा ग, प, ध नि सां	**संवादी**	सा
अवरोह	सां नि ध प, ग, सा	**जाति**	औडव-औडव 5/5
पकड़	ग प ध नि ध प, ग प ग सा	**समय**	रात्री 8-10
गीतकार	रत्नाकर नराले	**नोटेशन**	देव बंसराज

खयाल

राग कलावती, तीन ताल 16 मात्रा, मध्य लय

२८. चिंतन निशदिन

स्थायी : **चिंतन निशदिन कीजो, रे मन में ।**
पावन माता गुरु संतन के,
मंगल आशिष लीजो ।।
अंतरा : 1. **प्रेम ज्योति का दीप जगा के,**
जग को आनँद दीजो ।।

स्थायी

0				3				x				2			
ग	-	प	ध	सांनि	-	ध	ध	सां	-सां	-	सां	ध	नि	ध	प
चिं	ऽ	त	न	निश	ऽ	दि	न	की	ऽजो	ऽ	रे	म	न	में	ऽ
प	ग	-सा	नि़	सा	-	सा	-	ग	ग	प	ध	नि	नि	ध	प
पा	ऽ	ऽव	न	मा	ऽ	ता	ऽ	गु	रु	सं	ऽ	त	न	के	ऽ
सां	-	गं	सां	नि	-	ध	प	पध	नि	धनि	सां	सांनि	धप	गसा	नि़सा
मं	ऽ	ग	ल	आ	ऽ	शि	ष	लीऽ	ऽ	ऽऽ	ऽ	जोऽ	ऽऽ	ऽऽ	ऽऽ
ग	-	प	ध	सांनि	-	ध	ध	सां	-सां	-	सां	ध	नि	ध	प
चिं	ऽ	त	न	निश	ऽ	दि	न	की	ऽजो	ऽ	रे	म	न	में	ऽ

अंतरा–1

0				3				X				2			
ग	–	प	ध	नि	नि	ध	–	सां	–	सां	सां	नि	–	सां	–
प्रे	ऽ	म	ज्यो	ऽ	ति	का	ऽ	दी	ऽ	प	ज	गा	ऽ	के	ऽ
सां	सां	गं	सां	नि	–	ध	प	पध	नि	ध	प	ग	प	ग	सा
ज	ग	को	ऽ	आ	ऽ	नँ	द	दीऽ	ऽ	जो	ऽ	म	न	में	ऽ
सां	सां	गं	सां	नि	–	ध	प	धप	नि	धनि	सां	सांनि	धप	गसा	निसा
ज	ग	को	ऽ	आ	ऽ	नँ	द	दीऽ	ऽ	ऽऽ	ऽ	जोऽ	ऽऽ	ऽऽ	ऽऽ
ग	–	प	ध	सांनि	–	ध	ध	सां	–सां	–	सां	ध	नि	ध	प
चिं	ऽ	त	न	निश	ऽ	दि	न	की	ऽजो	ऽ	रे	म	न	में	ऽऽ

स्थायी तान : चिंतन निशदिन

1. सासा गप धप गप । धनि धप गप गसा

चिंतन निशदिन

2. सासा गप धनि सांनि । धनि धप गप गसा

चिंतन निशदिन

3. सांनि धप गप धनि । धप गप गसा निसा

अंतरा तान : प्रेम ज्योति का–

4. पग धप निध सांनि । गंसां नि नि धप गसा

प्रेम ज्योति का–

5. सां– गंसां नि नि धप । गप धप गप गसा

प्रेम ज्योति का दीप जगा के–

6. सासा गप धप गप । धनि धप गप गसा
   नि नि धप गप धनि । सांनि धप गप गसा

प्रेम ज्योति का दीप जगा के–

7. साग सासा गप गग । पध पप धनि धध
   सांगं सांसां निसां नि नि । धनि धप गप गसा
   सांनि धप गप गसा । गप धनि सां– सां–
   गप धनि सां– सां– । गप धनि सां सां–

१४. थाट खमाज, राग जयजयवंती

लक्षण दोहा, जयजयवंती राग

स्वर ग नि कोमल शुद्ध भी, किसी न स्वर का त्याग ।
आरोह में नि शुद्ध से, "जयजयवंती" राग ।।

थाट	खमाज	**वादी**	ऋषभ – रे
आरोह	सा, ध़ नि़ रे, रे ग म म प नि सां	**संवादी**	पंचम – प
अवरोह	सां नि ध प, ध ग म, रे ग रे सा	**जाति**	संपूर्ण–संपूर्ण 7/7
पकड़	रे ग रे सा, नि़ ध़ प़ – रे – सा –	**समय**	रात्री का दूसरा प्रहर
गीतकार	रत्नाकर नराले	**नोटेशन**	रत्नाकर नराले

खयाल

तीन ताल 16 मात्रा

२९. गिरिधर नागर

स्थायी : **रूप चतुर्भुज मंगल न्यारा, रवि–शशि मंडल तेज तिहारा ।**
शीश किरीट है, गल बन माला ।।

अंतरा : 1. **गिरिधर नागर श्यामल काला, राधा मोहन बाँसुरी वाला ।**
देवकी नंदन हरि गोपाला ।।

स्थायी

0				3				X				2			
रे	**ग**	**रे**	**सा**	**नि**	**सा**	**ध़**	**नि़**	**रे**	**–**	**ग**	**म**	**रे**	**ग**	**रे**	**सां**
रू	ऽ	प	च	तु	र	भु	ज	मं	ऽ	ग	ल	न्या	ऽ	रा	ऽ
प	**प**	**रे**	**रे**	**रे**	**ग**	**म**	**प**	**ग**	**म**	**ग**	**म**	**रे**	**ग**	**म**	**प**
र	वि	श	शि	मं	ऽ	ड	ल	ते	ऽ	ज	ति	हा	ऽ	रा	ऽ
ग	**ग**	**ग**	**ग**	**रे**	**ग**	**म**	**प**	**ग**	**म**	**रे**	**ग**	**रे**	**सा**	**नि़**	**सा**
शी	ऽ	श	कि	री	ऽ	ट	है	ग	ल	ब	न	मा	ऽ	ला	ऽ

अंतरा–1

0				3				X				2			
म	**प**	**नि**	**नि**	**सां**	**नि**	**सां**	**सां**	**रें**	**गं**	**मं**	**गं**	**रें**	**गं**	**रें**	**सां**
गि	रि	ध	र	ना	ऽ	ग	र	श्या	ऽ	म	ल	का	ऽ	ला	ऽ
सां	**नि**	**ध**	**प**	**ध**	**म**	**ग**	**म**	**रे**	**ग**	**म**	**प**	**नि**	**नि**	**सां**	**सां**
रा	ऽ	धा	ऽ	मो	ऽ	ह	न	बाँ	ऽ	सु	री	वा	ऽ	ला	ऽ
ध	**ध**	**ध**	**नि**	**ध**	**म**	**ग**	**म**	**रे**	**ग**	**म**	**ग**	**रे**	**ग**	**रे**	**सा**
दे	ऽ	व	की	नं	ऽ	द	न	ह	रि	गो	ऽ	पा	ऽ	ला	ऽ

१५. थाट खमाज, राग रागेश्री

लक्षण दोहा, रागेश्री राग

पंचम स्वर जब वर्ज्य हो, आरोही रे त्याग ।
उभय नि स्वर लगते जहाँ, वह "रागेश्री" राग ।।

थाट	खमाज	**वादी**	गंधार – ग
आरोह	सा ग म ध नि सां	**संवादी**	धैवत – ध
अवरोह	सां नि ध म, ग म ग रे सा	**जाति**	औडव-षाडव 5/6
पकड़	ग म ध नि ध म, ग म ग रे सा	**समय**	रात्री का दूसरा प्रहर
गीतकार	रत्नाकर नराले	**नोटेशन**	रत्नाकर नराले

खयाल

तीन ताल 16 मात्रा

३०. गिरिधर नागर

स्थायी : **ऋद्धि सिद्धि चमर डुलावे,**
ऋषि मुनि सारे दास तिहारे ।
अंतरा : 1. पावन कीर्तन गायन प्यारे,
भगतन गाते साँझ-सकारे ।।

स्थायी

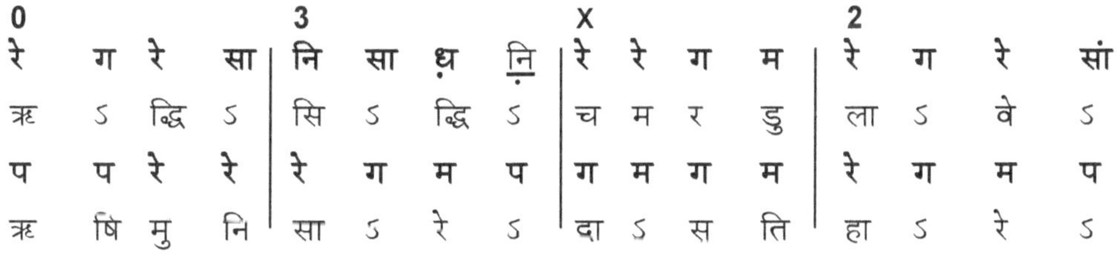

0				3				X				2			
रे	**ग**	**रे**	**सा**	**नि**	**सा**	**ध़**	**नि़**	**रे**	**रे**	**ग**	**म**	**रे**	**ग**	**रे**	**सां**
ऋ	ऽ	द्धि	ऽ	सि	ऽ	द्धि	ऽ	च	म	र	डु	ला	ऽ	वे	ऽ
प	**प**	**रे**	**रे**	**रे**	**ग**	**म**	**प**	**ग**	**म**	**ग**	**म**	**रे**	**ग**	**म**	**प**
ऋ	षि	मु	नि	सा	ऽ	रे	ऽ	दा	ऽ	स	ति	हा	ऽ	रे	ऽ

अंतरा-1

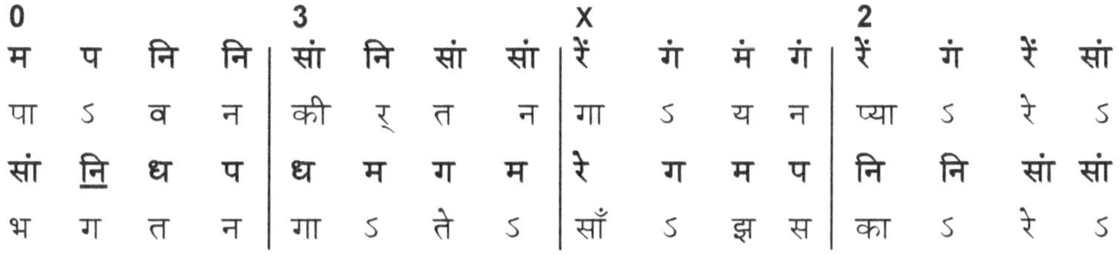

0				3				X				2			
म	**प**	**नि**	**नि**	**सां**	**नि**	**सां**	**सां**	**रें**	**गं**	**मं**	**गं**	**रें**	**गं**	**रें**	**सां**
पा	ऽ	व	न	की	र्	त	न	गा	ऽ	य	न	प्या	ऽ	रे	ऽ
सां	**नि**	**ध**	**प**	**ध**	**म**	**ग**	**म**	**रे**	**ग**	**म**	**प**	**नि**	**नि**	**सां**	**सां**
भ	ग	त	न	गा	ऽ	ते	ऽ	साँ	ऽ	झ	स	का	ऽ	रे	ऽ

१६. थाट काफी, राग काफी

लक्षण दोहा, काफी राग

वादी-संवादी प-सा, मृदु गंधार-निषाद ।
शुद्ध ग नि स्वर मिलाइके, सुंदर "काफी" स्वाद ।।
सात स्वरों का राग ये, कोमल ग नि संजोग ।
प स वादी संवाद का, "काफी" जानत लोग ।।

थाट	काफी	**वादी**	पंचम – प
आरोह	सा रे ग म प ध नि सां	**संवादी**	षड्ज – सा
अवरोह	सां नि ध प म ग रे सा	**जाति**	संपूर्ण–संपूर्ण 7/7
पकड़	सा सा, रे रे, ग ग, म म, प	**समय**	मध्य रात्री
गीतकार	रत्नाकर नराले	**नोटेशन**	देव बंसराज

खयाल

राग काफी, तीन ताल 16 मात्रा

३१. प्रभु मिलोगे कबहूँ

स्थायी : **प्रभु मिलोगे अब कबहूँ,**
कहो मिलोगे अब कबहूँ ।
बिरहन अँसुअन कैसे सहूँ ।।

अंतरा : 1. निश दिन तरसत बरसत नैना,
हाल मैं मन का कासे कहूँ । कहो मिलोगे ...
2. मन बेचैना मुश्किल रैना,
तुम बिन सजना कैसे रहूँ । कहो मिलोगे ...

स्थायी

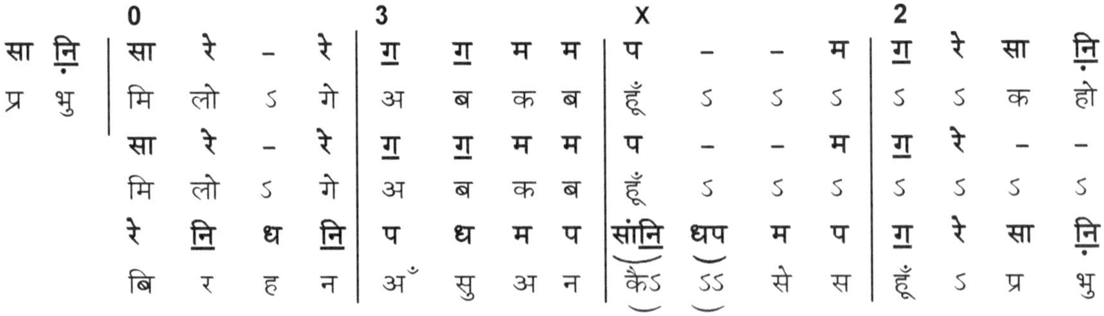

		0				3				X				2			
सा	नि़	सा	रे	–	रे	ग	ग	म	म	प	–	–	म	ग	रे	सा	नि़
प्र	भु	मि	लो	ऽ	गे	अ	ब	क	ब	हूँ	ऽ	ऽ	ऽ	ऽ	ऽ	क	हो
		सा	रे	–	रे	ग	ग	म	म	प	–	–	म	ग	रे	–	–
		मि	लो	ऽ	गे	अ	ब	क	ब	हूँ	ऽ	ऽ	ऽ	ऽ	ऽ	ऽ	ऽ
		रे	नि	ध	नि	प	ध	म	प	सांनि	धप	म	प	ग	रे	सा	नि़
		बि	र	ह	न	अँ	सु	अ	न	कैऽ	ऽऽ	से	स	हूँ	ऽ	प्र	भु

अंतरा–1

0				3				X				2			
ध	म	प	ध	निध	पध	सां	सां	सांरें	गं	रें	सां	नि	ध	सां	–
नि	श	दि	न	तऽ	रऽ	स	त	बऽ	र	स	त	नै	ऽ	ना	ऽ
नि	–	नि	नि	ध	नि	प	ध	नि	रें	सां	रें	नि	–	ध	प
हा	ऽ	ल	मैं	म	न	का	ऽ	का	ऽ	से	क	हूँ	ऽ	क	हो
प	नि	ध	नि	प	ध	म	प	पध	निसां	निसां	निध	पम	गरे	सा	नि
मि	लो	ऽ	गे	अ	ब	क	ब	हूँऽ	ऽऽ	ऽऽ	ऽऽ	ऽऽ	ऽऽ	प्र	भु

स्थायी तान : **प्रभु मिलोगे अब**

1. **सारे गम गरे सारे । गम पम गरे सा–**

प्रभु मिलोगे अब

2. **सारे गम पध निसां । निध पम गरे सा–**

प्रभु मिलोगे अब

3. **पध निसां धनि सां– । निध पम गरे सा–**

अंतरा तान : **निश दिन**

4. **रेग मप धनि सांनि । धप धनि सांरें गंरें ।**
सांनि धप मग रेसा

निश दिन तरसत बरसत नैना ऽ

5. **पम गम गरे सानि । सा– निध पध पम ।**
गरे धनि सांरें गंरें । सांनि धप मग रेसा

> काफी राग में शुद्ध ग और शुद्ध नि का प्रयोग विशेष तौर पर किया जा सकता है. कभी कभी कोमल ध भी लगाया जा सकता है.

भजन : राग काफी

कहरवा ताल 8 मात्रा

३२. कृष्ण जनमदिन

स्थायी : झनक झनक झन्, रैना सारी बाजे,
पायल की झनकार री ।
सखी राधा के मन प्यार री ।।

अंतरा : 1. जनम दिन है आज हरि का,
वृंदावन त्यौहार री ।
गल फूलन के हार हैं डारे,
लाल पीले रंग दार री ।
सारी कुंज गलिन में,
हरि की जै जै कार री ।।

2. मोर मुकुट है शीश पे धारे,
बंसीधर गोपाल री ।
कर में मुरली नैन हैं कारे,
तिलक चंदन लाल री ।
आज राधा से मिलने,
मनवा है बेकरार री ।।

स्थायी

X				0				X				0			
नि	ध	प	नि	ध	प	प	–	म	–	नि	प	ग	रे	सा	नि़
झ	न	क	झ	न	क	झन्	ऽ	रै	ऽ	ना	ऽ	सा	री	बा	जे
सा	–	रे	रे	ग	–	म	म	प	–	–	म	ग	रे	सा	नि़
पा	ऽ	य	ल	की	ऽ	झ	न	का	ऽ	ऽ	र	री	ऽ	स	खी
सा	–	रे	–	ग	–	म	म	पध	नि	–	प	ग	रे	सा	नि़
रा	ऽ	धा	ऽ	के	ऽ	म	न	प्याऽ	ऽ	ऽ	र	री	ऽ	बा	जे
सा	–	रे	रे	ग	–	म	म	प	–	–	प	–	–	–	–
पा	ऽ	य	ल	की	ऽ	झ	न	का	ऽ	ऽ	र	ऽ	ऽ	ऽ	ऽ
नि	ध	प	नि	ध	प	प	–	म	–	नि	प	ग	रे	सा	नि़
झ	न	क	झ	न	क	झन्	ऽ	रै	ऽ	ना	ऽ	सा	री	बा	जे

अंतरा–1

X				0				X				0			
–	म	म	म	प	प	नि	–	नि	सां	नि	प	निसां	रें	रें	–
ऽ	ज	न	म	दि	न	है	ऽ	आ	ऽ	ज	ह	रिऽ	ऽ	का	ऽ
–	सां	रें	[सां]नि	ध	ध	म	प	नि	–	–	नि	सां	–	–	–
ऽ	वृं	ऽ	दा	व	न	त्यौ	ऽ	हा	ऽ	ऽ	र	री	ऽ	ऽ	ऽ
–	सांनि	ध	प	ध	ध	ध	–	–	ध	–नि	सां	रें	नि	ध	प
ऽ	गल	फू	ऽ	ल	न	के	ऽ	ऽ	हा	ऽर	हैं	डा	ऽ	रे	ऽ
–	नि	नि	नि	नि	–	सां	रें	सां	–	–	प	प	–	प	प
ऽ	ला	ल	पी	ले	ऽ	रं	ग	दा	ऽ	ऽ	र	री	ऽ	सा	री
म	–	नि	प	ग	रे	सा	–	–	सासा	रे	–	ग	–	म	–
कुं	ऽ	ज	ग	लि	न	में	ऽ	ऽ	हरि	की	ऽ	जै	ऽ	जै	ऽ
प	–	–	म	ग	रे	सा	नि़	सा	–	रे	रे	ग	–	म	म
का	ऽ	ऽ	र	री	ऽ	बा	जे	पा	ऽ	य	ल	की	ऽ	झ	न
पध	नि	–	प	ग	रे	सा	नि़	सा	–	रे	रे	ग	–	म	म
काऽ	ऽ	ऽ	र	री	ऽ	बा	जे	पा	ऽ	य	ल	की	ऽ	झ	न
प	–	–	प	–	–	–	–								
का	ऽ	ऽ	र	ऽ	ऽ	ऽ	ऽ								

१७. थाट काफी, वृंदावनी सारंग

लक्षण दोहा, वृंदावनी सारंग राग

ग ध स्वर जिसमें वर्ज्य हों, उभय नि स्वर का रंग ।
अवरोही कोमल नि से, "वृंदावन सारंग" ।।
जहाँ वर्ज स्वर ग ध किए, उभय निषाद प्रयोग ।
अवरोही कोमल नि से, वृदावनी सुयोग ।।

थाट	काफी	**वादी**	ऋषभ – रे
आरोह	ऩि सा रे म प नि सां	**संवादी**	पंचम – प
अवरोह	सां <u>नि</u> प म रे सा	**जाति**	औडव–औडव 5/5
पकड़	ऩि सा रे, म रे, प म रे, ऩि सा	**समय**	दिन का तीसरा प्रहर
गीतकार	रत्नाकर नराले	**नोटेशन**	देव बंसराज

खयाल

राग वृंदावनी सारंग, तीन ताल 16 मात्रा

३३. कंगन खन खन

स्थायी : **कंगन खन खन गूँज रचायो,**
सुन धुन मेरो जीया हरषायो ।।

अंतरा : 1. **घूँघर बोलत कुंडल डोलत,**
पायल छम छम धूम मचायो ।।

2. **सुंदर सूरत मंगल मूरत,**
झाँझन झन झन धुन बजायो ।।

स्थायी

0				3				X				2			
पनि	**सां**	**<u>नि</u>**	**प**	**म**	**प**	**नि**	**नि**	**सां**	–	**<u>नि</u>**	**प**	**रेम**	**पम**	**रे**	**सा**
कंऽ	ऽ	ग	न	ख	न	ख	न	गूँ	ऽ	ज	र	चाऽ	ऽ	यो	ऽ
ऩि	**ऩि**	**सा**	**सा**	**रे**	–	**सा**	–	**रे**	**म**	**<u>नि</u>**	**पम**	**रे**	–	**सा**	–
सु	न	धु	न	मे	ऽ	रो	ऽ	जी	या	ह	रऽ	षा	ऽ	यो	ऽ
पनि	**सां**	**<u>नि</u>**	**प**	**म**	**प**	**नि**	**नि**	**सां**	–	**<u>नि</u>**	**प**	**रेम**	**पम**	**रे**	**सा**
कंऽ	ऽ	ग	न	ख	न	ख	न	गूँ	ऽ	ज	र	चा	ऽऽ	यो	ऽ

अंतरा–1

0				3				X				2			
म	–	प	प	नि	प	नि	नि	सां	–	सां	सां	रें	–	सां	सां
घूँ	ऽ	घ	र	बो	ऽ	ल	त	कुं	ऽ	ड	ल	डो	ऽ	ल	त
नि	सां	रें	मं	पं	मं	रें	सां	पनि	सांरें	सां	रें	नि	सां	नि	प
पा	ऽ	य	ल	छ	म	छ	म	धूऽ	ऽऽ	म	म	चा	ऽ	यो	ऽ
पनि	सां	नि	प	म	प	नि	नि	सां	–	नि	प	रेम	पम	रे	सा
कंऽ	ऽ	ग	न	ख	न	ख	न	गूँ	ऽ	ज	र	चा	ऽऽ	यो	ऽ

स्थायी तान : **कंगन खन खन**

1. निसा रेम पनि सां– । पनि पम रेसा निसा

कंगन

2. निसा रेम रेसा निसा । निसां रेंमं रेंसां निसां ।
निनि पम रेसा निसा

कंगन खन खन गूँज रचायो ऽ

3. रेंरें सांसां निनि पप। निनि पम रेरे सा–।
निसा रेम पनि सां–। पनि सां– पनि सां– ।

अंतरा तान : **घूँघर बोलत कुंडल डोलत**

4. रेम पनि सांनि पम । पनि पम रेसा निसा ।
निसां रेंमं रेंसां निसां । पनि पम रेसा निसा

घूँघर बोलत

5. सारे मम रेम पप । मप निनि पनि सांसां ।
निसां रेंरें मंमं रेंसां । रेंरें सांनि सांसां निप ।
निनि पम पप मरे । मम रेसा निसा रेम ।
पनि सां– निनि सां– । निसां रेम पनि सां– ।
निनि सां– निसा रेम । पनि सां– निनि सां–

खयाल

राग वृंदावनी सारंग

तीन ताल 16 मात्रा

३४. छम छम घुँघरू

स्थायी : छम छम घुँघरू पायल बाजे,
बंसी सुंदर संग में साजे ।

अंतरा : 1. नंद का नंदन रास रचावे,
राधा दीवानी ठुमक ठुमक कर नाचे ।

2. वृंदावन की कुंज गलिन को,
चाँद चाँदनी चमक चमक चमकावे ।

स्थायी

0				3				X				2			
सां	नि	सांरें	सांनि	पनि	पम	रे	सा	म	रे	प	म	प	–	मप	निसां
छ	म	छऽ	मऽ	घुँऽ	ऽऽ	घ	रू	पा	ऽ	य	ल	बा	ऽ	जेऽ	ऽऽ
सां	नि	सांरें	सांनि	पनि	पम	रे	सा	रे	–	प	म	प	–	प	–
छ	म	छऽ	मऽ	घुँऽ	ऽऽ	घ	रू	पा	ऽ	य	ल	बा	ऽ	जे	ऽ
म	प	निसां	रें	रें	सां	नि	प	रे	म	नि	पम	रे	–	सा	–
बं	ऽ	सीऽ	ऽऽ	सुं	ऽ	दऽ	र	सं	ऽ	ग	मेंऽ	सा	ऽ	जे	ऽ
सां	नि	सांरें	सांनि	पनि	पम	रे	सा	म	रे	प	म	प	–	मप	निसां
छ	म	छऽ	मऽ	घुँऽ	ऽऽ	घ	रू	पा	ऽ	य	ल	बा	ऽ	जेऽ	ऽऽ

अंतरा–1

X				2				0				3			
म	–	म	प	नि	प	नि	नि	सां	–	सां	सां	निं	–	सां	–
नं	ऽ	द	का	नं	ऽ	द	न	रा	ऽ	स	र	चा	ऽ	वे	ऽ
नि	सां	रें	रें	मं	–	रें	सां	रें	मं	रें	सां	नि	सां	नि	प
रा	ऽ	धा	दी	वा	ऽ	नी	ऽ	ठु	म	क	ठु	म	क	क	र
मप	निसां	रेंमं	रेंमं	रेंसां	निसां	निप	मप	सां	नि	सांरें	सांनि	पनि	पम	रे	सा
नाऽ	ऽऽ	ऽऽ	ऽऽ	ऽऽ	ऽऽ	चेऽ	ऽऽ	छ	म	छऽ	मऽ	घुँऽ	ऽऽ	घ	रू

भजन

राग वृंदावनी सारंग

तीन ताल 16 मात्रा

३५. नंद किशोर

स्थायी : नंद किशोर को याद करले ।
सुख दुख चिंता उस पर छोड़ दे ।।

अंतरा : 1. प्रभु बिन अब तेरा, कौन है कौन है ।
जरा दिल की सुन, हरि बिन दुखियारा ।।

2. अरज बिना प्रभु, मौन है मौन है ।
याद करे तो, जीवन उजियारा ।।

3. हरि बिन क्या कुछ, और है और है ।
अरु कछु हो न हो, उस बिन नहीं चारा ।।

स्थायी

0				3				X				2			
रेम	पनि	प	म	पनि	पम	रे	सा	रे	–	–	रे	म	रे	सा	–
नंऽ	ऽऽ	द	कि	शोऽ	ऽऽ	र	को	या	ऽ	ऽ	द	क	र	ले	ऽ
नि़	प	नि़	नि़	सा	–	सा	–	रे	म	नि	पम	रे	–	सा	सा
सु	ख	दु	ख	चिं	ऽ	ता	ऽ	उ	स	प	रऽ	छो	ऽ	ड़	दे
रेम	पनि	प	म	पनि	पम	रे	सा	रे	–	–	रे	म	रे	सा	–
नंऽ	ऽऽ	द	कि	शोऽ	ऽऽ	र	को	या	ऽ	ऽ	द	क	र	ले	ऽ

अंतरा–1

0				3				X				2			
म	म	म	म	प	प	नि	नि	सां	–	सां	सां	रें	ऽ	सां	सां
प्र	भु	बि	न	अ	ब	ते	रा	कौ	ऽ	न	है	कौ	ऽ	न	है
नि	सां	रें	–	मं	–	रें	सां	नि	सां	नि	प	रेम	पम	रे	सा
ज	रा	दिल	ऽ	की	ऽ	सु	न	ह	रि	बि	न	दुऽ	खिऽ	या	रा
रेम	पनि	प	म	पनि	पम	रे	सा	रे	–	–	रे	म	रे	सा	–
नंऽ	ऽऽ	द	कि	शोऽ	ऽऽ	र	को	या	ऽ	ऽ	द	क	र	ले	ऽ

१८. थाट काफी, भीमपलासी

लक्षण दोहा, भीमपलासी राग

वादी मध्यम हो जहाँ, आरोही रे त्याग ।
कोमल ग-नि स्वर हों वहाँ, "भीमपलासी" राग ।।
वर्ज्य रे ध आरोह में, ग-नि कोमल का नाद ।
भीमपलासी राग में, सा-म वाद-संवाद ।।

थाट	काफी	**वादी**	मध्यम - म
आरोह	नि़ सा ग म, प नि सां	**संवादी**	षड्ज - सा
अवरोह	सां नि ध प, म ग रे सा	**जाति**	औडव-संपूर्ण 5/7
पकड़	नि़ सा म, म प ग म, ग रे सा	**समय**	दिन का तीसरा प्रहर
गीतकार	रत्नाकर नराले	**नोटेशन**	देव बंसराज

खयाल

भीमपलासी राग, तीन ताल 16 मात्रा

३६. सावन आयो

स्थायी : **गरजत बरसत सावन आयो,**
प्यासन दुखियन के मन भायो ।

अंतरा : 1. सब के मन में जोश जगायो,
बन में पपीहा बहु हरषायो ।
मोर कोयलिया नाच नचायो ।।

2. तरु बेली पर फूल खिलायो,
हरी हरियाली अनूप बिछायो ।
दुखी नैनन की आस बुझायो ।।

स्थायी

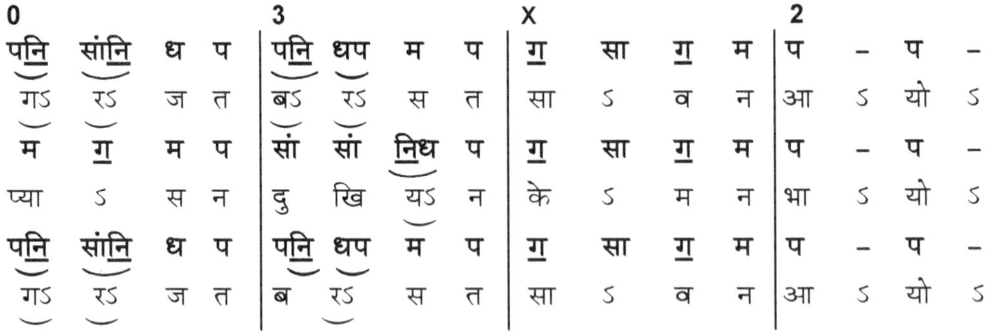

0				3				X				2			
पनि	सांनि	ध	प	पनि	धप	म	प	ग	सा	ग	म	प	-	प	-
गऽ	रऽ	ज	त	बऽ	रऽ	स	त	सा	ऽ	व	न	आ	ऽ	यो	ऽ
म	ग	म	प	सां	सां	निध	प	ग	सा	ग	म	प	-	प	-
प्या	ऽ	स	न	दु	खि	यऽ	न	के	ऽ	म	न	भा	ऽ	यो	ऽ
पनि	सांनि	ध	प	पनि	धप	म	प	ग	सा	ग	म	प	-	प	-
गऽ	रऽ	ज	त	ब	रऽ	स	त	सा	ऽ	व	न	आ	ऽ	यो	ऽ

अंतरा–1

0				3				X				2			
प	प	प	–	म	निप	ग	म	प	–	नि	नि	सां	–	सां	–
स	ब	के	ऽ	म	नऽ	में	ऽ	जो	ऽ	श	ज	गा	ऽ	यो	ऽ
नि	नि	सां	गं	रें	–	सां	–	प	नि	सां	नि	ध	–	प	–
ब	न	में	प	पी	ऽ	हा	ऽ	ब	हु	ह	र	षा	ऽ	यो	ऽ
प	सां	नि	सां	प	नि	ध	प	ग	सा	ग	म	प	–	प	–
मो	ऽ	र	को	य	लि	या	ऽ	ना	ऽ	च	न	चा	ऽ	यो	ऽ
पनि	सांनि	ध	प	पनि	धप	म	प	ग	सा	ग	म	प	–	प	–
गऽ	रऽ	ज	त	ब	रऽ	स	त	सा	ऽ	व	न	आ	ऽ	यो	ऽ

स्थायी तान : गरजत बरसत

1. निसा गम पनि सां– । निध पम गरे सा–

गरजत बरसत

2. गम पम पनि सां– । सांनि धप मग रेसा

गरजत

3. पम गम गरे सा– । गम पनि सांनि धप ।
मप गम गरे सा–

अंतरा तान : सब के ऽ

4. मग रेसा निसा गम । पनि पनि सांनि धप ।
मप गम गरे सा–

सब के ऽ

5. निसा गम पम गम । पनि धप मप गम ।
पनि पनि सां– सां–

सब के मन में जोश ज

6. निसा गम पनि धप । मप गम पनि सांगं ।
रेंसां निध पम गम । पनि सां– गम पनि ।
सां– गम पनि सां–

भजन : राग भीमपलासी

कहरवा ताल 8 मात्रा

३७. मत जा कन्हैया

स्थायी : जाने दे मोहे मथुरा मैया, संग मेरे बलदाऊ भैया ।

अंतरा : 1. वृंदावन है स्वर्ग समाना,
मथुरा मरघट बनी है दैया ।
मत जा कंस के पास कन्हैया ।।

2. दही माखन है वृंदावन में,
गोप गोपिका ग्वाले गैया ।
मत जा मत जा पड़ूँ मैं पैंया ।।

3. सत् चित् आनंद अपने मन में,
मथुरा बनी है मौत की शैया ।
जमुना के तू पार न जैंया ।।

स्थायी

X				0				X				0			
गम	पनि	ध	प	–	ग	–म	प	ग	रे	–नि़	–	सा	–	सा	–
जाऽ	नेऽ	दे	ऽ	ऽ	मो	ऽहे	ऽ	म	थु	ऽरा	ऽ	मै	ऽ	या	ऽ
–	प़नि़	सा	ग	रे	–	सा	सा	–	प	–	गम	ग	रे	सा	–
ऽ	संऽ	ग	मे	रे	ऽ	ब	ल	ऽ	दा	ऽ	ऊऽ	भै	ऽ	या	ऽ
गम	पनि	ध	प	–	ग	–म	प	ग	रे	–नि़	–	सा	–	सा	–
जाऽ	नेऽ	दे	ऽ	ऽ	मो	ऽहे	ऽ	म	थु	ऽरा	ऽ	मै	ऽ	या	ऽ

अंतरा–1

X				0				X				0			
–	गम	प	नि	सां	सां	सां	–	–	पनि	सां	गं	रें	–	सां	–
ऽ	वृंऽ	दा	ऽ	व	न	है	ऽ	ऽ	स्वर्	ग	स	मा	ऽ	ना	ऽ
–	निनि	सां	गं	रें	रें	सां	सां	–	नि	नि	नि	ध	–	प	–
ऽ	मथु	रा	ऽ	म	र	घ	ट	ऽ	ब	नी	है	दै	ऽ	या	ऽ
–	पप	गं	–	रें	–	सां	सां	–	पनि	सां	नि	ध	–	प	ग
ऽ	मत	जा	ऽ	कं	ऽ	स	के	ऽ	पाऽ	स	क	न्है	ऽ	या	ऽ
गम	पनि	ध	प	–	ग	–म	प	ग	रे	–नि़	–	सा	–	सा	–
जाऽ	नेऽ	दे	ऽ	ऽ	मो	ऽहे	ऽ	म	थु	ऽरा	ऽ	मै	ऽ	या	ऽ

१९. थाट काफी, बागेश्री

लक्षण दोहा, बागेश्री राग

कोमल स्वर ग नि हैं जहाँ, म सा वादि संवाद ।
स्वर औडव-संपूर्ण से, "बागेश्री" आह्लाद ।।
वर्ज्य रे प आरोह में, कछु अवरोह न त्याग ।
मध्य रात्र के समय का, बागेश्री है राग ।।

थाट	काफी	**वादी**	मध्यम - म
आरोह	नि़ सा ग म, ध नि सां	**संवादी**	षड्ज - सा
अवरोह	सां नि ध, म प ध ग, म ग रे सा	**जाति**	औडव-संपूर्ण 5/7
पकड़	सा, नि़ ध़ सा, म ध नि ध, म, ग रे, सा	**समय**	मध्य रात्री
गीतकार	रत्नाकर नराले	**नोटेशन**	देव बंसराज

खयाल

बागेश्री राग, तीन ताल 16 मात्रा

३८. रात सुहानी सुहाग की

स्थायी : **रात सुहानी सुहागी । रे सजनवा! मधुर सुखारी ।।**
अंतरा : 1. **सुमन की सेज सजी, मोतियन माला ।**
शोभिवंत झूला है, चंदन वाला ।।
2. **रेशम की चदरिया, जरी बूटी बेला ।**
सज धज आयी मैं, काजल काला ।।

स्थायी

	3				X				2				0			
ग	म	ध	-	ध	नि	ध	ध	म	म	ग	म	ग	रे	-	सा	ग
रा	ऽ	त	ऽ	सु	हा	ऽ	नी	ऽ	सु	ऽ	ऽ	ऽ	हा	ऽ	नी	रा
	म	ध	-	ध	नि	ध	ध	म	म	ग	म	ग	रे	-	सा	-
	ऽ	त	ऽ	सु	हा	ऽ	नी	ऽ	सु	हा	नी	सु	हा	ऽ	गी	ऽ
	ग	म	ध	नि	धनि	सां	-	-	-	मग	म	ग	रे	-	सा	ग
	रे	स	ज	न	वाऽ	ऽ	ऽ	ऽ	ऽ	मधु	र	सु	खा	ऽ	री	रा
	म	ध	-	ध	नि	ध	ध	म	म	ग	म	ग	रे	-	सा	ग
	ऽ	त	ऽ	सु	हा	ऽ	नी	ऽ	सु	ऽ	ऽ	ऽ	हा	ऽ	नी	रा

अंतरा–1

2				0				3				X			
ग	म	ध	निध	सां	सां	सां	सां	ध	नि	सां	मं	गं	रें	सां	–
सु	म	न	कीऽ	से	ज	स	जी	मो	ति	य	न	मा	ऽ	ला	ऽ
ध	ध	पध	निध	म	ग	म	ग	रे	–	सा	–	म	ध	नि	सां
शो	भि	वंऽ	ऽत	झू	ऽ	ऽ	ऽ	ला	ऽ	है	ऽ	चं	ऽ	द	न
म	ग	म	ग	रे	–	सा	ग	म	ध	–	ध	नि	ध	ध	म
वा	ऽ	ऽ	ऽ	ला	ऽ	ऽ	रा	ऽ	त	ऽ	सु	हा	ऽ	नी	ऽ

स्थायी तान : रात सुहानी

1. सानि धनि सागु मध । निसां निध मग रेसा
   रात सुहानी
2. गम धनि सांरें सांनि । धम गम गरे सा–
   रात सुहानी
3. गम धनि सांरें गंरें । सांनि धम गरे सा–

अंतरा तान : सुमन की सेज सजी

4. मध निसां धनि सां– । धनि धम गरे सा–
   सुमन की
5. सानि धनि साग मग । मध मध निध निसां ।
   निध मग मग रेसा
   सुमन की सेज सजी, मोतियन
6. मग मग रेसा निसा । मग मग रेसा गम ।
   गम ध– मध मध । नि– धनि धनि सां– ।
   मंगं मंगं रेंसां निसां । धनि सांध निसां धनि ।
   सांनि धम गरे सा– । गम धनि सां– गम ।
   धनि सां– गम धनि

गीत : कहरवा ताल 8 मात्रा

३९. पंचवटी के द्वारे

स्थायी : निश दिन संग में, नाथ हमारे! पीछे पीछे साथ तिहारे ।
पग पग चलूँ मैं, पंथ निहारे ।।

अंतरा : 1. राहों में काँटे हैं बिखरे, पशु बेशुमार डोरे डारे ।
धोखा पल छिन असुर जनन से, डगमग हैं अब भाग हमारे ।।

2. चल कर जोजन साँझ सकारे, अवध नगर को पीछे छोरे ।
आये पंचवटी के द्वारे, मनहर स्थान जो भान को हारे ।।

3. इस थल को आवास बनाएँ, वन तापोभूमि जाना जाए ।
रामायण की नींव सजाएँ, जन हित का इतिहास रचाएँ ।।

स्थायी

X				0				X				0			
सा	ग	म	ध	पध	सांनि	ध	म	–	ग	रे	रे	सा	–	सा	–
नि	श	दि	न	संऽ	ऽऽ	ग	में	ऽ	ना	थ	ह	मा	ऽ	रे	ऽ
–	मग	रे	सा	रे	–	रे	–	–	रेग	म	ध	प	–	म	–
ऽ	पीऽ	छे	ऽ	पी	ऽ	छे	ऽ	ऽ	साऽ	थ	ति	हा	ऽ	रे	ऽ
–	मम	ध	ध	ध	ध	नि	ध	सां	–	नि	ध	म	ग	रे	सा
ऽ	पग	प	ग	च	लूँ	मैं	ऽ	पं	ऽ	थ	नि	हा	ऽ	रे	ऽ
सा	ग	म	ध	पध	सांनि	ध	म	–	ग	रे	रे	सा	–	सा	–
नि	श	दि	न	संऽ	ऽऽ	ग	में	ऽ	ना	थ	ह	मा	ऽ	रे	ऽ

अंतरा–1

X				0				X				0			
–	म	ग	म	ध	–	नि	ध	सां	–	सां	–	रें	नि	सां	–
ऽ	रा	ऽ	हों	में	ऽ	काँ	ऽ	टे	ऽ	हैं	ऽ	बि	ख	रे	ऽ
–	निनि	सां	गं	रें	सां	सां	–	नि	–	सां	–	नि	–	ध	–
ऽ	पशु	बे	शु	मा	ऽ	र	ऽ	डो	ऽ	रे	ऽ	डा	ऽ	रे	ऽ
–	ध	–	ध	पध	नि	ध	ध	म	ग	म	ग	रे	रे	सा	–
ऽ	धो	ऽ	खा	पऽ	ल	छि	न	अ	सु	र	ज	न	न	से	ऽ
–	निसा	म	म	ध	–	नि	ध	सां	–	नि	ध	म	ग	रे	सा
ऽ	डग	म	ग	हैं	ऽ	अ	ब	भा	ऽ	ग	ह	मा	ऽ	रे	ऽ
सा	ग	म	ध	पध	सांनि	ध	म	–	ग	रे	रे	सा	–	सा	–
नि	श	दि	न	संऽ	ऽऽ	ग	में	ऽ	ना	थ	ह	मा	ऽ	रे	ऽ

२०. थाट काफी, राग बहार

लक्षण दोहा, बहार राग

वर्जित रे आरोह में, अवरोह में ध टार ।
म–सा वाद–संवाद से, मृदु ग नि राग "बहार" ।।
बहार सुंदर राग है, कहते ज्ञाता लोग ।
जिसे प्राप्त है शांत वो, मध्य रात्र का योग ।।

थाट	काफी	**वादी**	मध्यम – म
आरोह	सा म, म प ग म, ध नि सां	**संवादी**	षड्ज – सा
अवरोह	सां, नि प म प, ग म, रे सा	**जाति**	षाडव–षाडव 6/6
पकड़	सा म, म प ग म, नि ध नि सां	**समय**	मध्य रात्री
गीतकार	रत्नाकर नराले	**नोटेशन**	देव बंसराज

खयाल

बहार राग, एकताल 12 मात्रा

४०. ऋतु बसंत

स्थायी : बिंदु बिंदु नीर झरत, ऋतु बसंत आयी ।
शीतल पवन पुरवाई, मन में उमँग है लायी ।।
अंतरा : रंग रंग मंजरियाँ, फूल फूल चंचरीक ।
पपैया की मधुर तान, मोरे मन भायी ।।

स्थायी

X		0		2		0		3		4	
नि	**सां**	**रें**	**सां**	**नि**	**सां**	**नि**	**प**	**प**	**प**	**प**	**प**
बिं	ऽ	दु	बिं	ऽ	दु	नी	ऽ	र	झ	र	त
म	**प**	**निप**	**ग**	**–**	**म**	**म**	**नि**	**ध**	**नि**	**–**	**सां**
ऋ	तु	बऽ	सं	ऽ	त	आ	ऽ	ऽ	यी	ऽ	ऽ
नि	**प**	**प**	**प**	**म**	**प**	**ग**	**ग**	**म**	**रे**	**–**	**सा**
शी	ऽ	त	ल	प	व	न	पु	र	वा	ऽ	ई
सा	**म**	**म**	**प**	**ग**	**म**	**नि**	**ध**	**नि**	**–**	**सां**	**–**
म	न	में	उ	मँ	ऽ	ग	है	ला	ऽ	यी	ऽ

अंतरा–1

X		0		2		0		3		4	
म	**ग**	**म**	**नि**	**ध**	**नि**	**सां**	**–**	**सां**	**नि**	**सां**	**–**
रं	ऽ	ग	रं	ऽ	ग	मं	ऽ	ज	रि	याँ	ऽ
नि	**–**	**नि**	**नि**	**सां**	**सां**	**नि**	**सां**	**रें**	**नि**	**ध**	**ध**
फू	ऽ	ल	फू	ऽ	ल	चं	ऽ	च	री	ऽ	क
सां	**मंगं**	**मं**	**रें**	**गं**	**रें**	**नि**	**सां**	**रें**	**नि**	**ध**	**ध**
प	पैऽ	ऽ	या	ऽ	की	म	धु	र	ता	ऽ	न
धनि	**सांसां**	**निसां**	**धनि**	**सांसां**	**निप**	**मप**	**निनि**	**पम**	**गम**	**रेसा**	**निसा**
मोऽ	ऽऽ	ऽऽ	रेऽ	ऽऽ	ऽऽ	मऽ	ऽऽ	नऽ	भाऽ	ऽऽ	यीऽ

बढ़हत : **बिंदु बिंदु अंबु झरत, ऋतु बसंत आयी ।**

1. **सांरें सांसां नि – ध – नि – – सां,**
   आऽ ऽऽ ऽ ऽ ऽ ऽ यी ऽ ऽ ऽ,
   ग – म – नि – ध – नि – – सां,
   आ ऽ ऽ ऽ ऽ ऽ ऽ ऽ यी ऽ ऽ ऽ,
   नि प – प नि म प – ग – – म म,
   ऋ तु ऽ ब ऽ सं ऽ ऽ ऽ ऽ ऽ ऽ ऽ त,
   सा म – – प ग – म – म,
   ब सं ऽ ऽ ऽ ऽ ऽ ऽ ऽ त,
   म नि – ध – नि – – सां
   आ ऽ ऽ ऽ ऽ यी ऽ ऽ ऽ

बिंदु बिंदु अंबु झरत, ऋतु बसंत आयी ।

2. **सांरें निसां नि – ध नि – – सां,**
   आऽ ऽऽ ऽ ऽ ऽ ऽ ऽ ऽ यी,
   धनि सांरें – रेंगं रेंगं रेंसां नि सां,
   आऽ ऽऽ ऽ ऽऽ ऽऽ ऽऽ ऽ ऽ,
   सांरें निसां नि – ध – नि – सां,
   ऽऽ ऽऽ ऽ ऽ ऽ ऽ यी ऽ ऽ,
   ध – नि – सां – [मं]गं – [मं]गं – मं रें सां,
   आ ऽ ऽ ऽ ऽ ऽ ऽ ऽ ऽ ऽ ऽ ऽ ऽ,
   सांरें निसां नि ध – नि – सां

ऽऽ ऽऽ ऽ ऽ ऽ यी ऽ ऽ

स्थायी तान : **बिंदु बिंदु**

1. निध निसां । निप मप । गम रेसा

बिंदु बिंदु

2. निसां रेंसां । निप मप । गम रेसा

बिंदु बिंदु

3. सासा मम । पम गम । निध निसां

अंतरा तान : रंग रंग

4. धनि सांध । निसां धनि। सांरें सांसां ।
गंमं रेंसां । निसां गंमं । रेंसां निसां ।
निध निसां । निप मप । गम रेसा

रंग रंगमं जरियाँ ऽ

5. धनि सांनि । सांसां धनि । सांसां निप ।
मप निनि । पम गम । रेसा ऩिसा ।
सासा मम । पम गम । निनि धनि ।
सां- निनि । धनि सां- । निनि धनि ।

भजन : राग बहार

तिन ताल 16 मात्रा / कहरवा ताल 8 मात्रा

४१. हरि दर्शन

स्थायी : मोहे हरि दरशन की आस लगी,
मोहे चातक जैसी प्यास लगी ।।

अंतरा : 1. राम चंद्र मोहे दरस दिलादो,
किरपा का मोहे पयस पिलादो ।
राघव जी मोसे नैन मिलादो, पल भर ही सही, कोई बात नहीं ।।

2. नंद लाल हरि राह दिखादो,
जीवन की मोहे चाह दिलादो ।
माधव मोहे चैन दिलादो, छन भर ही सही, कोई बात नहीं ।।

3. नाम मनोहर मन में बसादो,
प्रीय सखे मोरा काज करादो ।
बाँसुरी की मोहे बैन सुनादो, एक सुर ही सही, कोई बात नहीं ।।

स्थायी

		0				3				X				2			
नि	सां	सां	सां	नि	प	म	प	ग	म	म	नि	ध	नि	सां	–	नि	सां
मो	हे	ह	रि	द	र	श	न	की	ऽ	आ	ऽ	स	ल	गी	ऽ	मो	हे
		सां	रें	सां	रें	नि	सां	नि	प	ग	–	ग	म	रे	सा	नि	सां
		चा	ऽ	त	क	जै	ऽ	सी	ऽ	प्या	ऽ	स	ल	गी	ऽ	मो	हे

अंतरा–1

0				3				X				2			
प	–	प	प	म	प	ग	म	म	नि	ध	नि	सां	–	सां	–
रा	–	म	चं	ऽ	द्र	गो	हे	द	र	स	दि	ला	ऽ	दो	ऽ
नि	–	नि	नि	सां	–	सां	–	नि	सां	रें	सां	नि	सां	नि	प
किर	ऽ	पा	का	मो	ऽ	हे	ऽ	प	य	स	पि	ला	ऽ	दो	ऽ
गं	–	गं	मं	रें	–	सां	सां	नि	–	ध	ध	नि	–	सां	–
रा	–	घ	व	जी	ऽ	मो	से	नै	ऽ	न	मि	ला	ऽ	दो	ऽ
सां	सां	नि	प	म	प	ग	मम	म	नि	ध	नि	सां	–	नि	सां
प	ल	भ	र	ही	स	ही	कोई	बा	ऽ	त	न	हीं	ऽ	मो	हे

२१. थाट काफी, राग पटदीप

लक्षण दोहा, पटदीप राग

कोमल स्वर गंधार हो, बाकी शुद्ध प्रदीप ।
रे ध त्याग आरोह में, तभी राग "पटदीप" ।।

थाट	काफी	**वादी**	पंचम - प
आरोह	ऩि सा ग॒ म प नि सां	**संवादी**	षड्ज - सा
अवरोह	सां नि ध प म ग॒ रे सा ऩि, सा ग॒ रे सा	**जाति**	औडव-संपूर्ण 5/7
पकड़	ग॒ म प नि, ध प, म प ग, रे सा	**समय**	मध्य रात्री
गीतकार	रत्नाकर नराले	**नोटेशन**	रत्नाकर नराले

खयाल

पटदीप राग, झपताल 10 मात्रा

४२. चरण कमल

स्थायी : **हरि चरण कमल में, शुचि फूल कमल के ।**
चुन कर लाओ, सखी! सब रंग धवल के ।।
अंतरा : 1. **तीरथ निरमल लो, प्रभु चरण विमल हैं ।**
मन ताप मिटावत, माया शीतल है ।।

स्थायी

X		2			0		3		
नि	**ध**	**प**	**ग॒**	**सा**	**ग॒**	**म**	**ग॒**	**रे**	**सा**
ह	रि	च	र	ण	क	म	ल	में	ऽ
रे	**ऩि**	**सा**	**म**	**ग॒**	**प**	**म**	**प**	**ध**	**प**
शु	चि	फू	ऽ	ल	क	म	ल	के	ऽ
ग॒	**म**	**प**	**नि**	**नि**	**सां**	**नि**	**ध**	**प**	**म**
चु	न	क	र	ला	ओ	ऽ	स	खीं	ऽ
ग॒	**म**	**प**	**नि**	**ध**	**म**	**प**	**ग॒**	**रे**	**सा**
स	ब	रं	ऽ	ग	ध	व	ल	कें	ऽ

<u>अंतरा–1</u>

X		2			0		3		
प	**–**	**ग**	**म**	**प**	**नि**	**नि**	**प**	**नि**	**सां**
ती	ऽ	र	थ	नि	र	म	ल	लों	ऽ
नि	**सां**	**गं**	**रें**	**सां**	**नि**	**ध**	**म**	**ध**	**प**
प्र	भु	च	र	ण	वि	म	ल	हैं	ऽ
प	**प**	**म**	**ध**	**प**	**ग**	**ग**	**रे**	**ऩि**	**सा**
म	न	ता	ऽ	प	मि	टा	ऽ	व	तं
नि	**सा**	**ग**	**मं**	**प**	**ग**	**म**	**प**	**नि**	**सां**
मा	ऽ	या	ऽ	शी	ऽ	त	ल	हैं	ऽ

२२. थाट काफी, राग मालगुंजी

लक्षण दोहा, मालगुंजी राग

दोनों ही गंधार हों, कोमल शुद्ध निषाद ।
"मालगुंजी" राग जहाँ, म-सा वाद-संवाद ।।

थाट	काफी	**वादी**	मध्यम – म
आरोह	ध नि सा रे ग ध नि सां	**संवादी**	षड्ज – सा
अवरोह	सां नि ध प म ग, म ग रे सा	**जाति**	औडव-संपूर्ण 5/7
पकड़	ध नि सा रे ग म, ग म ग रे सा	**समय**	मध्य रात्री
गीतकार	रत्नाकर नराले	**नोटेशन**	रत्नाकर नराले

खयाल

मालगुंजी राग, धमार ताल 14 मात्रा

४३. शिवनंदना !

स्थायी : **लंबोदरा! शिवनंदना !**
नत शीर्ष तुमको वंदना ।
अंतरा : 1. **भाग्यविधाता देवता,**
तुम जानो हृदय स्पंदना ।

स्थायी

X					2		0			3			
ग	**ग**	**म**	**ग**	**रे**	**सा**	**सा**	**ध**	**नि**	**सा**	**रे**	**ग**	**म**	**म**
लं	ऽ	बो	ऽ	द	रा	ऽ	शि	व	नं	ऽ	द	ना	ऽ
ग	**म**	**ध**	**नि**	**नि**	**ध**	**प**	**म**	**ग**	**म**	**ग**	**रे**	**सा**	**सा**
न	त	शी	ऽ	र्ष	तु	म	को	ऽ	वं	ऽ	द	ना	ऽ

अंतरा-1

X					2		0			3			
ग	**म**	**ध**	**नि**	**ध**	**नि**	**सां**	**ध**	**नि**	**सां**	**रें**	**सां**	**नि**	**सां**
लं	ऽ	बो	ऽ	द	रा	ऽ	शि	व	नं	ऽ	द	ना	ऽ
सां	**गं**	**मं**	**गं**	**रें**	**सां**	**सां**	**नि**	**ध**	**प**	**म**	**ग**	**रे**	**सा**
न	त	शी	ऽ	र्ष	तु	म	को	ऽ	वं	ऽ	द	ना	ऽ

२३. थाट काफी, राग मियाँ मल्हार

लक्षण दोहा, मियाँ मल्हार राग

प्रयोग दोनों स्वे नि का, कोमल स्वर गंधार ।
वर्ज्य ध सुर अवरोह में, राग "मियाँ मल्हार" ।।

थाट	काफी	**वादी**	मध्यम – म
आरोह	सा रे म रे, म प, नि ध नि सां	**संवादी**	षड्ज – सा
अवरोह	सां नि ध प म प, ग म रे सा	**जाति**	षाडव-संपूर्ण 6/7
पकड़	रे म रे सा, नि़ प़ म़ प़ नि़ ध़ नि़ सा, प ग म रे सा	**समय**	मध्य रात्री
गीतकार	रत्नाकर नराले	**नोटेशन**	रत्नाकर नराले

खयाल

मियाँ मल्हार राग, धमार ताल 14 मात्रा

४४. कुहू कोयलिया

स्थायी : **अंबुवा पर कोयलिया कारी,**
मैना का कलरव बारी बारी ।

अंतरा : 1. **सुन कर मधुर रव सावन भादो का,**
मगन आनंद में हुए सब नर नारी ।

स्थायी

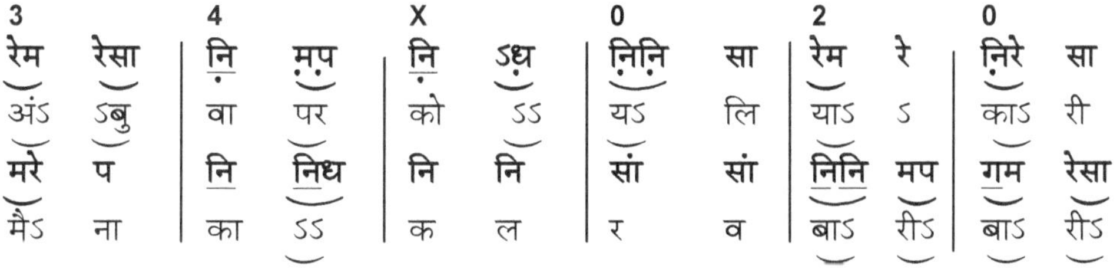

3		4		X		0		2		0	
रेम	**रेसा**	**नि़**	**म़प़**	**नि़**	**ऽध़**	**नि़नि़**	**सा**	**रेम**	**रे**	**नि़रे**	**सा**
अंऽ	ऽबु	वा	पर	को	ऽऽ	यऽ	लि	याऽ	ऽ	काऽ	री
मरे	**प**	**नि**	**निध**	**नि**	**नि**	**सां**	**सां**	**निनि**	**मप**	**गम**	**रेसा**
मैऽ	ना	का	ऽऽ	क	ल	र	व	बाऽ	रीऽ	बाऽ	रीऽ

अंतरा–1

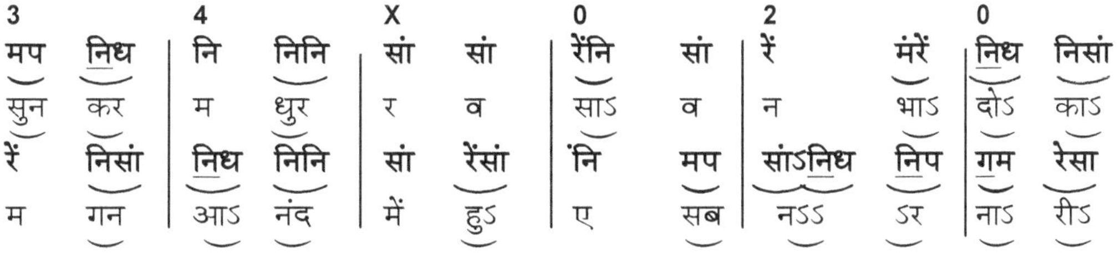

3		4		X		0		2		0	
मप	**निध**	**नि**	**निनि**	**सां**	**सां**	**रेंनि**	**सां**	**रें**	**मरें**	**निध**	**निसां**
सुन	कर	म	धुर	र	व	साऽ	व	न	भाऽ	दोऽ	काऽ
रें	**निसां**	**निध**	**निनि**	**सां**	**रेंसां**	**ंनि**	**मप**	**सांऽनिध**	**निप**	**गम**	**रेसा**
म	गन	आऽ	नंद	में	हुऽ	ए	सब	नऽऽ	ऽर	नाऽ	रीऽ

२४. थाट आसावरी, राग आसावरी

लक्षण दोहा, आसावरी राग

कोमल मृदु सुर ग ध नि हों, अन्य सभी स्वर शुद्ध ।
आरोही ग नि त्याग कर, "आसावरी" विशुद्ध ।।
वर्जित ग नि आरोह में, वादी ग ध संवाद ।
मधु सुर कोमल ग ध नि से, आसावरी निनाद ।।

थाट	आसावरी	**वादी**	धैवत – ध
आरोह	सा रे म प, ध सां	**संवादी**	गंधार – ग
अवरोह	सां नि ध प म ग, रे सा	**जाति**	औडव-संपूर्ण 5/7
पकड़	रे म प ध, म प ग, रे सा	**समय**	दिन का दूसरा प्रहर
गीतकार	रत्नाकर नराले	**नोटेशन**	देव बंसराज

खयाल

आसावरी राग, तीन ताल 16 मात्रा

४५. अँखियन में

स्थायी : **अँखियन में जो अँसुअन आये,**
सावन के बादल बरसाये ।

अंतरा : 1. तिल काजल का जल में पिघला,
गाल पे काली घटा उमड़ाये ।
2. गाल पे काली घटा सिया के,
देख पिया का दिल कलपाये ।

स्थायी

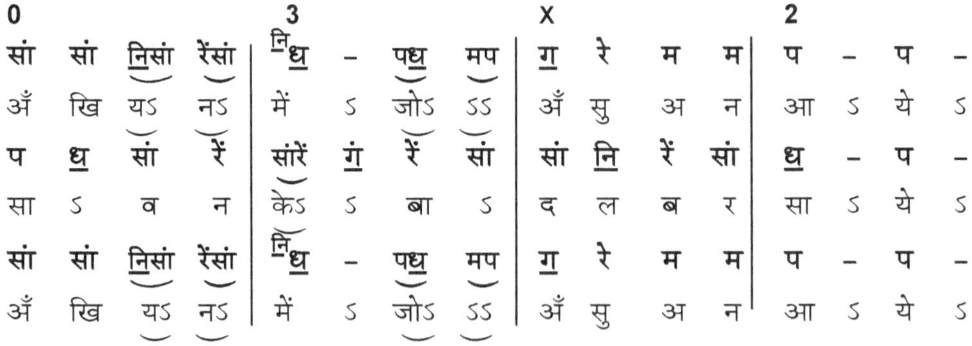

0				3				X				2			
सां	सां	निसां	रेंसां	(नि)ध	–	पध	मप	ग	रे	म	म	प	–	प	–
अँ	खि	यऽ	नऽ	में	ऽ	जोऽ	ऽऽ	अँ	सु	अ	न	आ	ऽ	ये	ऽ
प	ध	सां	रें	सांरें	गं	रें	सां	सां	नि	रें	सां	ध	–	प	–
सा	ऽ	व	न	केऽ	ऽ	बा	ऽ	द	ल	ब	र	सा	ऽ	ये	ऽ
सां	सां	निसां	रेंसां	(नि)ध	–	पध	मप	ग	रे	म	म	प	–	प	–
अँ	खि	यऽ	नऽ	में	ऽ	जोऽ	ऽऽ	अँ	सु	अ	न	आ	ऽ	ये	ऽ

अंतरा–1

0				3				X				2			
म	म	प	–	ध	ध	प	ध	सां	सां	सां	–	रें	नि	सां	–
ति	ल	का	ऽ	ज	ल	का	ऽ	ज	ल	में	ऽ	पि	घ	ला	ऽ
प	–	प	ध	सां	–	सां	रें	सांरें	गं	रें	सां	ध	–	प	–
गा	ऽ	ल	पे	का	ऽ	ली	घ	टाऽ	ऽ	उ	म	ड़ा	ऽ	ये	ऽ
प	–	प	ध	सां	–	सां	रें	सांरें	गं	रें	सां	सांरें	सांनि	ध	प
गा	ऽ	ल	पे	का	ऽ	ली	घ	टाऽ	ऽ	उ	म	ड़ाऽ	ऽऽ	ये	ऽ
सां	सां	निसां	रेंसां	(नि)ध	–	पध	मप	ग	रे	म	म	प	–	प	–
अँ	खि	यऽ	नऽ	में	ऽ	जोऽ	ऽऽ	अँ	सु	अ	न	आ	ऽ	ये	ऽ

स्थायी तान : अँखियन में जो ऽ

1. सारे मप निनि धप । मप धप गग रेसा

अँखियन में जो ऽ

2. रेम पनि धप मप । निनि धप मग रेसा

अँखियन में जो ऽ

3. मप धसां रेंसां धप । सांनि धप मग रेसा

अंतरा तान : तिल का ऽ

4. मप धप मप धसां । गंगं रेंरें सांसां निध ।
मप धप गग रेसा

तिल काजल का जल में पिघला ऽ

5. सारे मप धध सां– । धसां रेंसां धप मप
गंगं रेंसां रेंसां धप । सांनि धप मग रेसा

तिल काजल का ऽ

6. सारे मम रेम पप । निनि धप मप धप ।
धसां रेंसां गंगं रेंसां । निध पम गरे सा– ।
मप धध सां– मप । धध सां– मप धध

भजन : राग आसावरी

कहरवा ताल 8 मात्रा

४६. बलराम सुदामा

स्थायी : नंद बलरामा संग सुदामा,
देवकी नंदन हरि घनश्यामा ।
ग्वालिन राधा, मैया यशोदा,
गोपी गोपाला, गोकुल धामा ।।

अंतरा : 1. मेरी जीवन सागर नैया, कृष्ण कन्हैया, कहत सुदामा ।
नंद के घर से माखन छुपके,
लात दमोदर, खात सुदामा ।।

2. मधुबन में हरि धेनु चरावत, संग गवन के जात सुदामा ।
जमुना तट पर फोरत मटकी,
नंद लाल के, साथ सुदामा ।।

3. पनघट पर जब बांसुरी बाजे, सुध बुध खो कर, गात सुदामा ।
जल क्रीडा से वस्त्र गोपि के,
श्याम चुरावत, लजत सुदामा ।।

4. कंस मिलन जब जात मुकुंदा, राधा यशोदा रोत सुदामा ।
द्वारिका नगरी राज महल में,
कृष्ण से करता, बात सुदामा ।।

स्थायी

X				0				X				0			
–	पध	म	प	ग	–	रे	सा	–	रेम	प	सां	ध	–	प	–
ऽ	नंद	ब	ल	रा	ऽ	मा	ऽ	ऽ	संऽ	ग	सु	दा	ऽ	मा	ऽ
–	पध	सां	रें	सांरें	गं	रें	सां	–	सांनि	रें	सां	ध	–	प	–
ऽ	देऽ	व	की	नंऽ	ऽ	द	न	ऽ	हरि	घ	न	श्या	ऽ	मा	ऽ
–	पध	म	प	ग	–	रे	सा	–	रेम	प	सां	ध	–	प	–
ऽ	ग्वाऽ	लि	न	रा	ऽ	धा	ऽ	ऽ	मैऽ	या	य	शो	ऽ	दा	ऽ
–	पध	सां	रें	सांरें	गं	रें	सां	–	सांनि	रें	सां	ध	–	प	–
ऽ	गोऽ	पी	गो	पाऽ	ऽ	ला	ऽ	ऽ	गोऽ	कु	ल	धा	ऽ	मा	ऽ
–	पध	म	प	ग	–	रे	सा	–	रेम	प	सां	ध	–	प	–
ऽ	नंद	ब	ल	रा	ऽ	मा	ऽ	ऽ	संऽ	ग	सु	दा	ऽ	मा	ऽ

अंतरा–1

X				0				X				0			
–	म	–	प	ध	–	ध	ध	–	सां–	सां	सां	सां	–	सां	–
ऽ	मे	ऽ	री	जी	ऽ	व	न	ऽ	साऽ	ग	र	नै	ऽ	या	ऽ
–	पप	प	ध	सां	–	सां	–	–	सांगं	रें	सां	ध	–	प	–
ऽ	कृष्	ष्ण	क	न्है	ऽ	या	ऽ	ऽ	कह	त	सु	दा	ऽ	मा	ऽ
–	पध	म	प	ग	ग	रे	सा	–	रेम	प	सां	ध	ध	प	–
ऽ	नंऽ	द	के	घ	र	से	ऽ	ऽ	माऽ	ख	न	छु	प	के	ऽ
–	पध	सां	रें	सांरें	गं	रें	सां	–	सांनि	रें	सां	ध	–	प	–
ऽ	लाऽ	त	द	मोऽ	ऽ	द	र	ऽ	खाऽ	त	सु	दा	ऽ	मा	ऽ
–	पध	म	प	ग	–	रे	सा	–	रेम	प	सां	ध	–	प	–
ऽ	नंद	ब	ल	रा	ऽ	मा	ऽ	ऽ	संऽ	ग	सु	दा	ऽ	मा	ऽ

भजन

राग आसावरी

कहरवा ताल 8 मात्रा

४७. गुरु नानक अमृत वाणी

स्थायी : अमृत वाणी, देन सबद की, आदिगुरु को,
वाहेगुरु की ।।

अंतरा : 1. "दीपा मेरा एकु नामु," सीख ले बंदे,
बात शुरू की ।।

2. "ऐहु मेरा एकु आधारु," पीयूश बानी,
बाबेगुरु की ।।

3. "अंजन माही निरंजन रहिये, ऐहु जोगु,"
बोले गुरु जी ।।

4. "नानक दुखिया सब संसारु," सुनो भई साधो,
बात गुरु की ।।

स्थायी

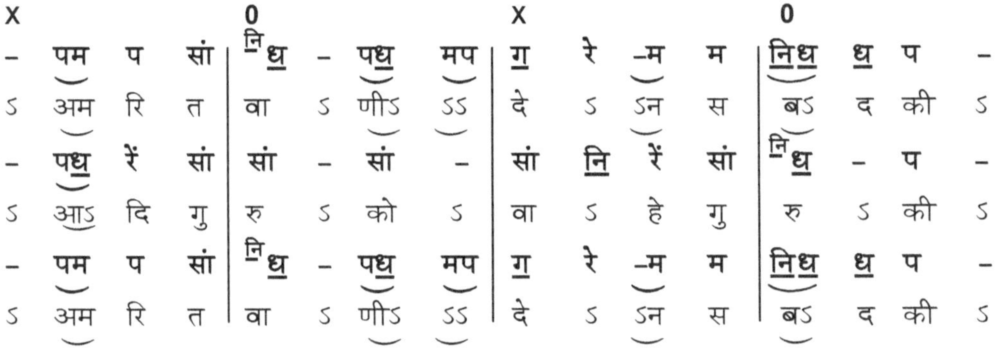

X				0				X				0			
–	पम	प	सां	(नि)ध	–	पध	मप	ग	रे	–म	म	निध	ध	प	–
ऽ	अम	रि	त	वा	ऽ	णीऽ	ऽऽ	दे	ऽ	ऽन	स	बऽ	द	की	ऽ
–	पध	रें	सां	सां	–	सां	–	सां	नि	रें	सां	(नि)ध	–	प	–
ऽ	आऽ	दि	गु	रु	ऽ	को	ऽ	वा	ऽ	हे	गु	रु	ऽ	की	ऽ
–	पम	प	सां	(नि)ध	–	पध	मप	ग	रे	–म	म	निध	ध	प	–
ऽ	अम	रि	त	वा	ऽ	णीऽ	ऽऽ	दे	ऽ	ऽन	स	बऽ	द	की	ऽ

अंतरा–1

X				0				X				0			
–	पम	प	–	(नि)ध	–	प	ध	सां	–	सां	–	रें	नि	सां	–
ऽ	दीऽ	पा	ऽ	मे	ऽ	रा	ऽ	ए	ऽ	कु	ऽ	ना	ऽ	मु	ऽ
–	प–	प	ध	सां	–	सां	–	सांरें	गं	रें	सां	(नि)ध	–	प	–
ऽ	सीऽ	ख	ले	बं	ऽ	दे	ऽ	बाऽ	ऽ	त	शु	रू	ऽ	की	ऽ
–	पम	प	सां	(नि)ध	–	पध	मप	ग	रे	–म	म	निध	ध	प	–
ऽ	अम	रि	त	वा	ऽ	णीऽ	ऽऽ	दे	ऽ	ऽन	स	बऽ	द	की	ऽ

२५. थाट आसावरी, राग जौनपुरी

लक्षण दोहा, जौनपुरी राग

कोमल स्वर जब ग ध नि हों, आरोह में ग त्याग ।
ध-ग वादी-संवाद का, "जौनपुरी" है राग ।।

थाट	आसावरी	**वादी**	धैवत - ध
आरोह	सा रे म प, ध, नि सां	**संवादी**	गंधार - ग
अवरोह	सां नि ध प, म ग, रे सा	**जाति**	षड्ज-संपूर्ण 6/7
पकड़	म प, नि ध प, ध म प ग, रे म प	**समय**	दिन का दूसरा प्रहर
गीतकार	रत्नाकर नराले	**नोटेशन**	देव बंसराज

खयाल

जौनपुरी राग, तीन ताल 16 मात्रा

४८. सुवर्ण मृग

स्थायी : **मन रिझावे सुनहरा हिरन रंग । बगिया में मोरी क्रीडत कूदत ।**
मृग लसित, करत मोरा मनवा दंग ।।

अंतरा : 1. **ठुमकत फुदकत नाच नचावे, मृदु छाला मोरा चित्त लुभावे ।**
चंचल नैनन मन भरमाये, ताहि चाह करत मोहे तंग ।।

2. **मृग की माया सिय नहीं जानी, मारिची को वो मृग मानी ।**
दृष्टि सिय की भयी दीवानी, तिन ललचावत कंज अंग ।।

स्थायी

		0				3				X				2			
प	म	प	सां	ध	प	ग	रे	सा	रे	रे	म	म	प	–	प	प	म
म	न	रि	झा	वे	सु	न	ह	रा	ऽ	हि	ऽ	न	रं	ऽ	ग	म	न
		प	सां	ध	प	ग	रे	सा	रे	रे	म	म	प	–	प	प	ध
		रि	झा	वे	सु	न	ह	रा	ऽ	हि	र	न	रं	ऽ	ग	ब	गि
		सां	–	सां	निसां	रें	सां	ध	प	ग	ग	रे	म	ग	रे	सा	सा
		या	ऽ	में	मोऽ	ऽ	री	क्री	ऽ	ड	त	कू	ऽ	द	त	मृ	ग
		सा	रे	म	म	प	प	प	ध	नि	सां	रें	गं	सां	ध	प	म
		ल	सि	त	क	र	त	मो	रा	म	न	वा	दं	ऽ	ग	म	न

अंतरा–1

0				3				X				2			
म	म	प	प	ध	ध	नि	नि	सां	–	सां	सां	रें	नि	सां	–
ठु	म	क	त	फु	द	क	त	ना	ऽ	च	न	चा	ऽ	वे	ऽ
प	प	प	ध	सां	–	सां	रें	सांरें	गं	रें	सां	नि	सां	ध	प
मृ	दु	छा	ऽ	ला	ऽ	मो	रा	चिऽ	ऽ	त्त	लु	भा	ऽ	वे	ऽ
सां	–	सां	सां	ध	–	म	प	ग	ग	रे	म	ग	रे	सा	–
चं	ऽ	च	ल	नै	ऽ	न	न	म	न	भ	र	मा	ऽ	ये	ऽ
सा	रे	म	–	प	प	प	ध	नि	सां	रें	गं	सां	ध	प	म
ता	हि	चा	ऽ	ह	क	र	त	मो	ऽ	हे	तं	ऽ	ग	म	न

स्थायी तान : मन रिझावे सुनह

1. पध पम पध निसां । निध पम गरे सासा

मन रिझावे सुनह

2. निध पम पध निसां । निध पम गरे सासा

मन रिझावे सुनह

3. मग रेसा रेम पनि । सांनि धप मग रेसा

अंतरा तान : ठुमकत फुदकत

4. सारे मप धनि सांरें । सांनि धप मग रेसा

ठुमकत फुदकत

5. पध निसां रेंगं रेंसां । निध पम गरे सासा

ठुमकत फुदकत नाच नचावे ऽ

6. सारे गरे सारे मप । धप मप धनि सांरें ।
सांनि धप धनि सांरें । सांनि धप मग रेसा

<u>तराना</u> : राग जौनपुरी

४९. दिर् दिर् त न न न न न

तीन ताल 16 मात्रा

स्थायी : दिर् दिर् त न न न न न तूम् तन न न न न
नि ता ऽ न दे रे ना ऽ तदारे दानि
तूम् ऽ त न न न न दीम् ता न न न न
तदारे तदारे दानी, तदारे तदारे दानी

अंतरा : दिर दिर ता ना दिर दिर त न तूम् त न न न न न
ता दीम् तन न न न तूम् त न न न न न ना
ना दिर् दा नि तूँ दिर दा नी तदारे तदारे दानी

स्थायी

0				3				X				2			
सा	सा	रे	रे	म	म	प	प	नि	ध	ध	प	प	प	प	प
दिर्	दिर्	त	न	न	न	न	न	तू	म्	त	न	न	न	न	न
प	सां	–	सां	सां	नि	ध	प	ग	रे	–	म	ग	रे	सा	–
नि	ता	ऽ	न	दे	रे	ना	ऽ	त	दा	ऽ	रे	दा	ऽ	नि	ऽ
सा	सां	–	सां	सां	सां	सां	सां	नि	सां	नि	रें	सां	नि	ध	प
तू	म्	ऽ	त	न	न	न	न	दी	ऽ	म्	त	न	न	न	न
प	सां	नि	सां	प	ध	म	प	ग	ग	रे	म	ग	रे	सा	सा
त	दा	रे	त	दा	रे	दाा	नी	त	दा	रे	त	दा	रे	दा	नी
सा	सा	रे	रे	म	म	प	प	नि	ध	ध	प	प	प	प	प
दिर्	दिर्	त	न	न	न	न	न	तू	म्	त	न	न	न	न	न

अंतरा–1

0				3				X				2			
म	म	प	प	ध	ध	नि	नि	सां	सां	सां	सां	रें	नि	सां	सां
दिर्	दिर्	त	न	दिर्	दिर्	त	न	तू	म्	त	न	न	न	न	न
नि	नि	–	नि	सां	सां	सां	रें	सां	गं	रें	सां	नि	सां	ध	प
ता	दीम	ऽ	त	न	न	न	न	तू	म्	त	न	न	न	न	न
प	सां	नि	सां	प	ध	म	प	ग	ग	रे	म	ग	रे	सा	सा
ना	दिर्	दा	नि	तूँ	दिर्	दा	नि	त	दा	रे	त	दा	रे	दा	नि
सा	सा	रे	रे	म	म	प	प	नि	ध	ध	प	प	प	प	प
दिर्	दिर्	त	न	न	न	न	न	तो	म्	त	न	न	न	न	न

२६. थाट आसावरी, दरबारी कानड़ा

लक्षण दोहा, दरबारी कानड़ा राग

कोमल जिसमें ग ध नि हों, रे-प वाद-संवाद ।
वह "दरबारी कान्हड़ा," गहन देत है नाद ।।

थाट	आसावरी	**वादी**	ऋषभ – रे
आरोह	नि सा रे ^{म}ग – म रे सा, म प, ध, नि सां	**संवादी**	पंचम – प
अवरोह	सां, ध – नि प, म प ग म रे सा	**जाति**	संपूर्ण–संपूर्ण 7/7
पकड़	सा रे ग, रे रे सा, ध, नि रे सा	**समय**	मध्य रात्री
गीतकार	रत्नाकर नराले	**नोटेशन**	देव बंसराज

खयाल

दरबारी कानड़ा राग, तीन ताल 16 मात्रा

५०. छम छम पायल

स्थायी : **छम छम पायल घुंघरू बाजे, साथ में डम डम डमरू बोले ।**
गौरी शंकर तांडव नाचे ।।

अंतरा : 1. गल में माला सर्प बिराजे, कटि पर हिरन की छाला साजे ।
शंख फूँकते बम् बम् भोले, धरती अंबर संग में डोले ।।

2. सिर पे गंगा, चंद्र जटा में, तन पर भसम बिभूति शिवा के ।
आँख तीसरी शंकर खोले, डम् डम डम् डम डमरू बोले ।।

स्थायी

		0				3				x				2			
म	म	रे	रे	–	सा	नि	सा	रे	प	ग	–	ग	म	रे	सा	म	म
छ	म	छ	म	ऽ	पा	य	ल	घुँ	घ	रू	ऽ	बा	ऽ	जे	ऽ	छ	म
		रे	रे	–	सा	नि	सा	रे	प	ग	–	ग	म	रे	–	सा	–
		छ	म	ऽ	पा	य	ल	घुँ	घ	रू	ऽ	बा	ऽ	जे	ऽ	ऽ	ऽ
		–	म	–म	म	प	प	प	प	म	प	सां	–	निध	–	नि	प
		ऽ	सा	ऽथ	में	ड	म	ड	म	ड	म	रू	ऽ	बोऽ	ऽ	ले	ऽ
		–	सां	–	सां	नि	प	म	प	ग	–	ग	म	रे	सा	म	म
		ऽ	गौ	ऽ	री	शं	ऽ	क	र	तां	ऽ	ड	व	ना	चे	छ	म

अंतरा–1

0				3				X				2			
म	म	प	–	निध	–	नि	–	सां	–	सां	सां	रें	नि	सां	–
ग	ल	में	ऽ	माऽ	ऽ	ला	ऽ	स	ऽ	र्प	बि	रा	ऽ	जे	ऽ
नि	सां	रें	रें	रें	सां	सां	सां	नि	सां	रें	सां	निध	–	नि	प
क	टि	प	र	हि	र	न	की	छा	ऽ	ला	ऽ	सा	ऽ	जे	ऽ
प	रें	रें	रें	–	रें	सां	रें	गं	–	गं	मं	रें	–	सां	–
शं	ऽ	ख	फूँ	ऽ	क	ते	ऽ	बम्	ऽ	बम्	ऽ	भो	ऽ	ले	ऽ
म	प	सां	–	नि	प	म	प	ग	–	ग	म	रे	सा	म	म
ध	र	ती	ऽ	अं	ऽ	ब	र	सं	ऽ	ग	में	डो	ले	छ	म

स्थायी तान : छम छम पायल

1. मप निध निनि पप । सासा रेरे सानि सासा

छम छम पायल

2. मप निध निनि सासा । निसा रेरे सानि सासा

छम छम पायल

3. सासा रेरे सानि सासा । मग रेरे सानि सासा

अंतरा तान : गल में माला सर्प बिराजे ऽ

4. सासा रेरे सानि सासा । मग मम रेरे सासा ।
मप निध निनि पप । मग मम रेरे सासा

गल में माला सर्प बिराजे ऽ

5. मप निध निनि सांसां । निध निनि रेंरें सांसां ।
मंगं मंमं रेंरें सांसां । निध निनि रेंरें सांसां ।
सांसां रेंरें सांनि सांसां । निध निनि पम पप ।
मप निध निनि पप । मग मम रेरे सासा

भजन : राग दरबारी कानड़ा, कहरवा ताल 8 मात्रा

५१. प्रणव आनंद

स्थायी : मेरे गुरु श्री प्रणवानंदा, कृपा तेरी शुभ सच्चिदानंदा ।।

अंतरा : 1. रूप सुमंगल त्रिशूल धारी, छवि निरंजन सुंदर सारी ।
उबारियो, बचाइयो, दुआ दीजो, शिव जगदानंदा ।।

2. अरुण वसन तव शुचि नारंगी, गल माला रुद्राक्ष की लंबी ।
उबारियो, बचाइयो, दुआ दीजो, गुरु परमानंदा ।।

3. मृग छाला पर बैठा जोगी, राह दिखावे जग उपयोगी ।
उबारियो, बचाइयो, दुआ दीजो, प्रभु आनंदकंदा ।।

स्थायी

X				0				X				0			
सा	निसा	रे	सा	निध	–	ध	नि	नि	रे	रे	सा	सा	–	सा	–
मे	रेऽ	ऽ	गु	रु	ऽ	श्री	ऽ	प्र	ण	वा	ऽ	नं	ऽ	दा	ऽ
म	म	–	म	प	–	प	प	प	म	पनि	प	ग	म	रे	सा
कृ	पा	ऽ	ते	री	ऽ	शु	भ	स	च्चि	दाऽ	ऽ	नं	ऽ	दा	ऽ
सा	निसा	रे	सा	निध	–	ध	नि	नि	रे	रे	सा	सा	–	सा	–
मे	रेऽ	ऽ	गु	रु	ऽ	श्री	ऽ	प्र	ण	वा	ऽ	नं	ऽ	दा	ऽ

अंतरा–1

X				0				X				0			
म	–	प	प	निध	–	नि	नि	सां	सां	–	सां	रें	नि	सां	–
रू	ऽ	प	सु	मंऽ	ऽ	ग	ल	त्रि	शू	ऽ	ल	धा	ऽ	री	ऽ
नि	निसां	रें	रें	रें	–	सां	सां	सां	नि	रें	सां	निध	–	नि	प
छ	विऽ	ऽ	नि	रं	ऽ	ज	न	सुं	ऽ	द	र	सा	ऽ	री	ऽ
प	रें	–	रें	रें	–	–	–	रें	रें	सां	रें	मंगं	–	–	–
उ	बा	ऽ	रि	यो	ऽ	ऽ	ऽ	ब	चा	ऽ	इ	योऽ	ऽ	ऽ	ऽ
गं	गं	–	गं	मं	रें	रें	सां	सां	नि	रें	सां	निध	–	नि	प
दु	आ	ऽ	दी	ज्यो	ऽ	शि	व	ज	ग	दा	ऽ	नं	ऽ	दा	ऽ
म	प	सां	सां	सां	–	प	प	प	म	पनि	प	मग	म	रे	सा
दु	आ	ऽ	दी	जो	ऽ	शि	व	ज	ग	दाऽ	ऽ	नं	ऽ	दा	ऽ
सा	निसा	रे	सा	निध	–	ध	नि	नि	रे	रे	सा	सा	–	सा	–
मे	रेऽ	ऽ	गु	रु	ऽ	श्री	ऽ	प्र	ण	वा	ऽ	नं	ऽ	दा	ऽ

भजन

राग दरबारी कानड़ा

तीन ताल 16 मात्रा / कहरवा ताल 8 मात्रा

५२. हरि पियारा

स्थायी : जगत माही, हरि के बिना सुख नाही ।
राम, भगत के, पितु और माई, और न दाता कोई ।।

अंतरा : 1. राम पिता अरु राम ही माता, राम ही है सुखदाई ।
2. राम हमारा एक सहारा, राम! हमें तू त्राहि ।
3. राम नियारा, राम पियारा, राम! हमे पाहि पाही!

स्थायी

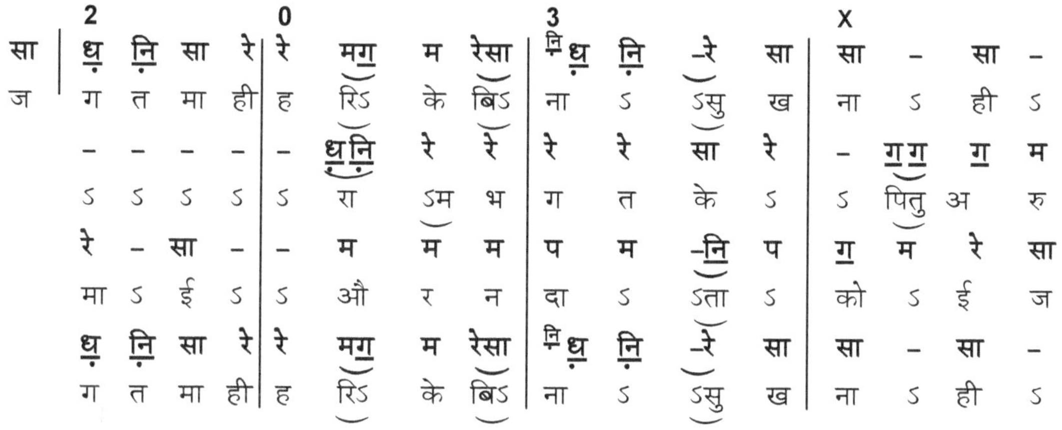

	2				0				3				X			
सा	ध़	नि़	सा	रे	रे	मग	म	रेसा	निध़	नि़	–रे	सा	सा	–	सा	–
ज	ग	त	मा	ही	ह	रिऽ	के	बिऽ	ना	ऽ	ऽसु	ख	ना	ऽ	ही	ऽ
	–	–	–	–	–	ध़नि़	रे	रे	रे	रे	सा	रे	–	गग	ग	म
	ऽ	ऽ	ऽ	ऽ	ऽ	रा	ऽम	भ	ग	त	के	ऽ	ऽ	पितु	अ	रु
	रे	–	सा	–	–	म	म	म	प	म	–नि	प	ग	म	रे	सा
	मा	ऽ	ई	ऽ	ऽ	औ	र	न	दा	ऽ	ऽता	ऽ	को	ऽ	ई	ज
	ध़	नि़	सा	रे	रे	मग	म	रेसा	निध़	नि़	–रे	सा	सा	–	सा	–
	ग	त	मा	ही	ह	रिऽ	के	बिऽ	ना	ऽ	ऽसु	ख	ना	ऽ	ही	ऽ

अंतरा

0				3				X				2			
–	म	–प	प	निध	–	नि	नि	–	सां	–सां	सां	रें	नि	सां	–
ऽ	रा	ऽम	पि	ता	ऽ	अ	रु	ऽ	रा	ऽम	ही	मा	ऽ	ता	ऽ
–	नि	–नि	नि	सां	नि	–रें	सां	ध	–	–	–	नि	–	प	–
ऽ	रा	ऽम	ही	है	ऽ	ऽसु	ख	दा	ऽ	ऽ	ऽ	यी	ऽ	ऽ	ऽ
–	म	म	म	प	म	–नि	प	ग	म	रे	सा	ध़	नि़	सा	रे
ऽ	रा	म	ही	है	ऽ	ऽसु	ख	दा	ऽ	यी	ज	ग	त	मा	ही
रे	मग	म	रेसा	निध़	नि़	–रे	सा	सा	–	सा	–	–	–	–	–
ह	रिऽ	के	बिऽ	ना	ऽ	ऽसु	ख	ना	ऽ	ही	ऽ	ऽ	ऽ	ऽ	ऽ

२७. थाट आसावरी, अड़ाना

लक्षण दोहा, अड़ाना राग

कोमल ग नि अवरोह में, आरोह में ग वर्ज्य ।
सां-प वादि-संवाद से, सजे "अड़ाना" तर्ज ।।
ग ध नि स्वर कोमल जहाँ, आरोह में ग त्याग ।
लगे नि कोमल शुद्ध भी, वहाँ अड़ाना राग ।।

थाट	आसावरी	**वादी**	षड्ज – सां
आरोह	सा रे म प, ध नि सां	**संवादी**	पंचम – प
अवरोह	सां ध नि प, म प ग म रे सा	**जाति**	औडव-षाडव 6/7
पकड़	सां, ध नि सां, ध नि प, म प ग म रे सा	**समय**	मध्य रात्री
गीतकार	रत्नाकर नराले	**नोटेशन**	रत्नाकर नराले

खयाल

थाट आसावरी, राग अड़ाना

५३. भरत का शोक

तीन ताल 16 मात्रा

स्थायी

जननी मोरी करत अंऽधेऽ ऽ ऽ ऽ ऽ र ऽ ।
राऽमचंद्र भयोऽ ऽ ऽ बनबासीऽ ऽ ।।
♫ रेंसारें निसां पनिम पसांसां-निधनि-प- ।
म-पपनि निम-गम रेसारेसारेसा ।।

अंतरा-1

जिन बिऽगाऽड़ीऽ मंऽथर दाऽसीऽ ।
भरत कहेऽ माँ! तूऽ कुल नासीऽ ऽ ।।
♫ मप धधनिसांसां- निसांरें- सांनिधनिप
मपनि सांगंमं रेंसां! निसां रेंसां निपरेंसां ।।

२८. थाट भैरव, राग भैरव

लक्षण दोहा, भैरव राग

स्वर दो कोमल रे ध हों, किसी न स्वर का त्याग ।
वादी–संवादी ध–रे, जानो "भैरव" राग ।।

थाट	भैरव	**वादी**	धैवत – ध
आरोह	सा रे ग म प ध नि सां	**संवादी**	ऋषभ – रे
अवरोह	सां नि ध प म ग रे सा	**जाति**	संपूर्ण–संपूर्ण 7/7
पकड़	ग म ध, ध, प, ग म रे, रे सा	**समय**	प्रातः काल
गीतकार	रत्नाकर नराले	**नोटेशन**	देव बंसराज

बड़ा खयाल

भैरव राग, तीन ताल 16 मात्रा

५४. सिया अवध में आयी

स्थायी : **सिया अवध में आयी सखी, सिया अवध में आयी, एरी ।**
आशाएँ मन में लायी, चित में आस जगायी, सखी ।।

अंतरा : 1. मगर उजड़ता घर सिय पायी, दुखी भयी सीता माई, सखी ।
2. अब तो उसका एक सहाई, राम सखा सुखदाई, सखी ।

स्थायी

0				3				X				2			
ग	म	ध	ध	प	प	ध	प	धप	मप	म	–	ग	–	म	ग
सि	या	ऽ	अ	व	ध	में	ऽ	आऽ	ऽ	यी	ऽ	ऽ	ऽ	स	खी
ग	म	ध	ध	प	प	ध	प	धप	मप	म	–	ग	–	गम	पम
सि	या	ऽ	अ	व	ध	में	ऽ	आऽ	ऽ	यी	ऽ	ऽ	ऽ	एऽ	ऽरी
ग	रे	गम	प	मग	रे	–	सा	ध़	ध़	नि़	सा	रे	–	सा	–
आ	ऽ	ऽऽ	ऽ	शाऽ	ऽ	ऽ	एँ	म	न	में	ऽ	ला	ऽ	यी	ऽ
नि़	सा	ग	म	प	–	ग	म	पध	निसां	नि	धप	म	प	म	ग
चि	त	में	ऽ	आ	ऽ	स	ज	गाऽ	ऽऽ	ऽ	ऽऽ	ऽ	यी	स	खी
ग	म	ध	ध	प	प	ध	प	धप	मप	म	–	ग	–	म	ग
सि	या	ऽ	अ	व	ध	में	ऽ	आऽ	ऽ	यी	ऽ	ऽ	ऽ	स	खी

अंतरा–1

0				3				X				2			
म	**म**	**म**	**म**	**ध**	**ध**	**नि**	**–**	**सां**	**सां**	**सां**	**सां**	**नि**	**रें**	**सां**	**–**
म	ग	र	उ	ज	ड़	ता	ऽ	घ	र	सि	य	पा	ऽ	यी	ऽ
सां	**रें**	**गं**	**मं**	**गं**	**रें**	**सां**	**–**	**धनि**	**सां**	**नि**	**धप**	**म**	**प**	**म**	**ग**
दु	खी	भ	यी	सी	ऽ	ता	ऽ	माऽ	ऽ	ऽ	ऽऽ	ऽ	ई	स	खी
ग	**म**	**ध**	**ध**	**प**	**प**	**ध**	**प**	**धप**	**मप**	**म**	**–**	**ग**	**–**	**म**	**ग**
सि	या	ऽ	अ	व	ध	में	ऽ	आऽ	ऽऽ	यी	ऽ	ऽ	ऽ	स	खी

स्थायी तान : **सियाअवध में ऽ**

1. **गम पध निसां रेंसां । निधपम गरे सा–**

सिया अवध में ऽ

2. **मग रेसा ऩिसा गम । पम गम गरे सासा**

सिया अवध में ऽ

3. **धऩि सा– गम धनि । सांनि धप मग रेसा**

अंतरा तान : **मगर उजड़ता ऽ**

4. **ऩिसा गम धनि सांरें । सांनि धप मप गम ।**
पम गम गरे सा–

मगर उ

5. **गम धनि सांरें गंरें । सांनि धप मग रेसा**

मगर उजड़ता घर सिय

6. **गम पध निसां रेंरें । सांसां गंगं रेंरें सांसां ।**
निसां रेंरें सांसां निध । पम गरे सा– गम ।
पध निसां धनि सां–

भैरव राग में म और म ग न्यास स्वर (closing note) नहीं होने चाहिये.

खयाल : राग भैरव, तीन ताल 16 मात्रा

९९. जै महेश

स्थायी : जै महेश, निर्गम तेरी माया, लीला से जग तू भरमाया ।
धूप कहीं पर है कहीं छाया ।।

अंतरा : 1. साँप गले में डाला तूने, गंगा मैया तेरी जटा में ।
आँख तीसरी विनाश लाने, नारी नटेश्वर अनुपम काया ।।

2. छाला हिरन की तेरी कटी पे, चंदा साजे तेरी जटा में ।
पाहि पाहि रे कृपालु प्यारे, दास तुम्हारी शरण में आया ।।

स्थायी

0				3				X				2			
ध	–	प	म	प	ग	म	म	ग	ग	प	ग	रे	–	सा	–
जै	ऽ	म	हे	ऽ	श	नि	र्	ग	म	ते	री	मा	ऽ	या	ऽ
नि़	ध़	नि़	सा	रे	–	सा	सा	ग	–	प	ग	रे	–	सा	–
ली	ऽ	ला	ऽ	से	ऽ	ज	ग	तू	ऽ	भ	र	मा	ऽ	या	ऽ
सा	–	ग	म	ध	–	प	प	म	ध	सां	नि	धनि	धप	मप	गम
धू	ऽ	प	क	हीं	ऽ	प	र	है	ऽ	क	हीं	छाऽ	ऽऽ	याऽ	ऽऽ
ध	–	प	म	प	ग	म	म	ग	ग	प	ग	रे	–	सा	–
जै	ऽ	म	हे	ऽ	श	नि	र्	ग	म	ते	री	मा	ऽ	या	ऽ

अंतरा–1

0				3				X				2			
म	–	म	म	प	–	ध	–	धनि	सां	सां	–	नि	रें	सां	–
साँ	ऽ	प	ग	ले	ऽ	में	ऽ	डाऽ	ऽ	ला	ऽ	तू	ऽ	ने	ऽ
नि	ध	ध	–	नि	सां	सां	–	रें	–	सां	सां	नि	सां	ध	प
गं	ऽ	गा	ऽ	मै	ऽ	या	ऽ	ते	ऽ	री	ज	टा	ऽ	में	ऽ
ग	म	प	ध	सां	नि	ध	प	म	ग	प	ग	(ग)रे	–	सा	–
आँ	ऽ	ख	ती	ऽ	स	री	ऽ	वि	ना	ऽ	श	ला	ऽ	ने	ऽ
सा	–	ग	म	ध	–	प	प	म	ध	सां	नि	धनि	धप	मप	गम
ना	ऽ	री	न	टे	ऽ	श्व	र	अ	नु	प	म	काऽ	ऽऽ	याऽ	ऽऽ
मप	ध	प	मप	ध	प	म	म	(म)ग	ग	म	म	रे	–	सा	–
जैऽ	ऽ	म	हेऽ	ऽ	श	नि	र्	ग	म	ते	री	मा	ऽ	ऽ	या
ध	–	प	म	प	ग	म	म	ग	ग	प	ग	रे	–	सा	–
जै	ऽ	म	हे	ऽ	श	नि	र्	ग	म	ते	री	मा	ऽ	या	ऽ

२९. थाट भैरव, राग अहीर भैरव

लक्षण दोहा, अहीर भैरव राग

म-सा वाद-संवाद हों, किसी न स्वर का त्याग ।
जिसमें कोमल स्वर नि रे, "अहीर भैरव" राग ।।

थाट	भैरव	**वादी**	मध्यम- म
आरोह	सा रे ग म प ध ध नि सां	**संवादी**	षड्ज- सा
अवरोह	सां नि ध प म ग म रे सा	**जाति**	संपूर्ण-संपूर्ण 7/7
पकड़	ग म ध ध प, म ग रे रे सा नि सा	**समय**	दिन का प्रथम प्रहर
गीतकार	रत्नाकर नराले	**नोटेशन**	देव बंसराज

बड़ा खयाल

अहीर भैरव राग

कहरवा ताल 8 मात्रा

५६. उमापति

स्थायी : अर्पण है अहिधारी,
उमापति! दर्शन दो त्रिपुरारि ।
नाथ हमारे भोले भाले,
हम हैं तेरी बलिहारी ।।

अंतरा : 1. आस लगाये साँझ सकारे,
दया दिखा दो शेखर प्यारे ।
शिव शंकर जी लीला दिखा दो,
भाल चंद्र शशिधारी ।।

2. सांब सदाशिव खेवन हारे,
तुम्हें मनाते भगतन सारे ।
भव सागर को पार कराओ,
गंगाधर हितकारी ।।

स्थायी

X				0				X				0			
–	मग	रे	सा	नि	प	–नि	रे	सा	–	सा	सा	नि	प	रे	रे
ऽ	अर्	प	ण	है	ऽ	ऽअ	हि	धा	ऽ	री	उ	मा	ऽ	प	ति
–	मग	रे	सा	नि	प	–नि	रे	सा	–	सा	–	–	–	–	–
ऽ	दर्	श	न	दो	ऽ	ऽत्रि	पु	रा	ऽ	रि	ऽ	ऽ	ऽ	ऽ	ऽ
–	मग	रे	नि	रे	–	रे	–	–	सारे	म	ग	म	–	म	–
ऽ	नाऽ	थ	ह	मा	ऽ	रे	ऽ	ऽ	भोऽ	ले	ऽ	भा	ऽ	ले	ऽ
–	मध	ध	ध	ध	नि	–सां	रें	सां	–	सां	–	–	–	ध	म
ऽ	हम	हैं	ते	री	ऽ	ऽब	लि	हा	ऽ	री	ऽ	ऽ	ऽ	ऽ	ऽ
–	मध	ध	ध	ध	नि	–सां	रें	सां	–	सां	–	नि	ध	प	म
ऽ	हम	हैं	ते	री	ऽ	ऽब	लि	हा	ऽ	री	ऽ	ऽ	ऽ	ऽ	ऽ
–	गप	ग	रे	सा	नि	–नि	रे	सा	–	सा	सा	नि	प	रे	रे
ऽ	हम	हैं	ते	री	ऽ	ऽब	लि	हा	ऽ	री	उ	मा	ऽ	प	ति
–	मग	रे	सा	नि	प	–नि	रे	सा	–	सा	सा	–	–	–	–
ऽ	अर्	प	ण	है	ऽ	ऽअ	हि	धा	ऽ	रि	ऽ	ऽ	ऽ	ऽ	ऽ

अंतरा–1

X				0				X				0			
–	म	ध	नि	सां	–	सां	नि	–	रें	–रें	सां	नि	रें	सां	–
ऽ	आ	स	ल	गा	ऽ	ये	ऽ	ऽ	साँ	ऽझ	स	का	ऽ	रे	ऽ
–	म	ध	नि	सां	–	सां	नि	–	रें	–रें	सां	नि	रें	सां	–
ऽ	द	या	दि	खा	ऽ	दो	ऽ	ऽ	शे	ऽख	र	प्या	ऽ	रे	ऽ
–	सांरें	गं	रें	सां	सां	निध	पध	–	निध	प	म	म	–	प	ग
ऽ	शिव	शं	ऽ	क	र	जीऽ	ऽऽ	ऽ	लीऽ	ला	दि	खा	ऽ	दो	ऽ
–	गप	ग	रे	सा	नि	नि	रे	सा	–	सा	सा	नि	प	रे	रे
ऽ	भाऽ	ल	चं	ऽ	द्र	श	शि	धा	ऽ	री	उ	मा	ऽ	प	ति
–	मग	रे	सा	नि	प	–नि	रे	सा	–	सा	–	–	–	–	–
ऽ	अर्	प	ण	है	ऽ	ऽअ	हि	धा	ऽ	री	ऽ	ऽ	ऽ	ऽ	ऽ

३०. थाट भैरव, राग जोगिया

लक्षण दोहा, जोगिया भैरव राग

म-सा वाद-संवाद हों, किसी न स्वर का त्याग ।
जिसमें कोमल स्वर नि रे, "अहीर भैरव" राग ।।

थाट	भैरव	**वादी**	गंधार – म
आरोह	सा रे म प ध सां	**संवादी**	निषाद – सा
अवरोह	सां नि, ध प, ध म रे सा	**जाति**	औडव/स्षाड्व 5/6
पकड़	रे म म म प ध प ध नि ध प प ध म रे सा	**समय**	प्रात: काल
गीतकार	रत्नाकर नराले	**नोटेशन**	रत्नाकर नराले

खयाल

जोगिया राग

तीन ताल 16 मात्रा

५७. दरशन दीजो हरि।

स्थायी : दरशन दीजो हरि मेरे सपनन मे ।
चरणों की दासी मैं उदासी मेरे मन में ।।

अंतरा : 1. आकर कान्हा बंसी सुनाना ।
जौनसा सुर कहेगी बाँसुरिया ।
आन पडूँ मैं तुमरी शरणा ।
तन मन अरपण तुझे साँवरिया ।।

2. ना तुम शामा देर लगाना ।
मैं तुमरे दरस बिन बाँवरिया ।
जाऊँ जब मैं जल को जमुना ।
आना फोड़न मेरी घगरिया ।।

3. पाकर तेरा नेहा सुदामा ।
राधा गोप करे तेरी चाकरिया ।
गाते सुनते तुमरे भजना ।
भगतन चाहत तेरी चदरिया ।।

स्थायी

0	3	X	2
प नि ध प	म ध प म	ग प म ग	रे रे सा –
द र श न	दी जो ह रि	मे रे स प	न न में ऽ
प नि ध प	म ध प म	ग प म ग	रे रे सा –
च र णों की	दा सी मैं उ	दा सी मे रे	म न में ऽ

अंतरा–1

0	3	X	2
सा – सा रे	म – म –	म प ग ग	म प प –
आ ऽ क र	का ऽ न्हा ऽ	बं – सी सु	ना ऽ ना ऽ
म ध ध ध	– ध ध प	म म ध प	म म ग –
जौ ऽ न सा	ऽ सु र क	हे गी बाँ ऽ	सु रि या ऽ
म – प ध	सां – सां –	नि सां नि –	ध ध प –
आ ऽ न प	डूँ ऽ मैं ऽ	तु म री ऽ	श र णा ऽ
प नि ध प	म ध प म	म प म ग	रे रे सा –
त न म न	अ र प ण	तु झे साँ ऽ	व रि या ऽ

३१. थाट भैरव, राग कलिंगड़ा

लक्षण दोहा, भैरव राग

कोमल स्वर जब रे ध हों, किसी न स्वर का त्याग ।
ध-ग वादी-संवाद का, "कलिंगड़ा" है राग ।।

थाट	भैरव	**वादी**	धैवत – ध
आरोह	सा रे ग म प ध नि सां –	**संवादी**	गंधार – ग
अवरोह	सां नि ध प, म प ध प म ग, म ग रे सा –	**जाति**	संपूर्ण-संपूर्ण 7/7
पकड़	प ध म प, ग म ग, म प ध प	**समय**	प्रात: काल
गीतकार	रत्नाकर नराले	**नोटेशन**	रत्नाकर नराले

खयाल

कलिंगड़ा राग, तीन ताल 16 मात्रा

५८. सावन-भादो

स्थायी : **सावन भादो मेह बरसते,**
नीर सरों में, फूल कमल के ।
अंतरा : 1. भृंग मधुर रव, गुंजर करते,
हिरदय हारी मंजुल हलके ।

स्थायी

0				3				X				2			
प	**सां**	**ध**	**प**	**म**	**प**	**ग**	**म**	**म**	**ग**	**ग**	**म**	**ग**	**रे**	**सा**	**सा**
सा	ऽ	व	न	भा	ऽ	दो	ऽ	मे	ऽ	ह	ब	र	स	ते	ऽ
ऩि	**सा**	**ग**	**म**	**प**	**म**	**ग**	**म**	**प**	**ध**	**नि**	**सा**	**रे**	**सां**	**नि**	**ध**
नी	ऽ	र	स	रों	ऽ	में	ऽ	फू	ऽ	ल	क	म	ल	के	ऽ

अंतरा-1

0				3				X				2			
सा	**–**	**सा**	**रे**	**म**	**–**	**म**	**–**	**म**	**प**	**ग**	**ग**	**म**	**प**	**प**	**–**
भृं	ऽ	ग	म	धु	र	र	व	गुं	ऽ	ज	र	क	र	ते	ऽ
सा	**–**	**सा**	**रे**	**म**	**–**	**म**	**–**	**म**	**प**	**ग**	**ग**	**म**	**प**	**प**	**–**
हि	र	द	य	हा	ऽ	री	ऽ	मं	–	जु	ल	ह	ल	के	ऽ

३२. थाट भैरव, राग विभास

लक्षण दोहा, भैरव राग

कोमल धैवत-ऋषभ हों, मध्यम-निषाद त्याग ।
वादी-संवादी ध-रे, जाना "विभास" राग ।।

थाट	भैरव	**वादी**	धैवत – ध
आरोह	सा रे ग प ध सां –	**संवादी**	गंधार – रे
अवरोह	सां ध प, ग प ध प, ग रे सा –	**जाति**	औडव-औडव 5/5
पकड़	सां ध प, प ध प ग, प ग रे सा	**समय**	प्रातः काल
गीतकार	रत्नाकर नराले	**नोटेशन**	रत्नाकर नराले

खयाल

विभास राग, तीन ताल 16 मात्रा

५९. सावन-भादो

स्थायी : **रात बिताऊँ तारे गिन गिन,**
मेरा जीवन नीरस तुम बिन ।
अंतरा : 1. **एक सहारा मंगल पलछिन,**
नाम श्याम का मुख में गुनगुन ।

स्थायी

0				3				X				2			
ध	–	प	ग	प	ग	रे	सा	प	–	ध	प	ग	प	ध	प
रा	ऽ	त	बि	ता	ऽ	ऊँ	ऽ	ता	ऽ	रे	ऽ	गि	न	गि	न
प	ध	सां	सां	रें	रें	सां	सां	सां	सां	ध	प	ग	प	ध	प
मे	ऽ	रा	ऽ	जी	ऽ	व	न	नी	ऽ	र	स	तु	म	बि	न

अंतरा-1

0				3				X				2			
प	प	ग	प	ध	–	प	ध	सां	–	सां	सां	ध	रें	सां	सां
ए	ऽ	क	स	हा	ऽ	रा	ऽ	मं	ऽ	ग	ल	प	ल	छि	न
सां	–	ध	पं	ध	ध	प	ग	ध	प	ग	रे	ग	प	ध	प
ना	ऽ	म	श्या	ऽ	म	का	ऽ	मु	ख	में	ऽ	गु	न	गु	न

३३. थाट भैरवी, राग भैरवी

लक्षण दोहा, भैरवी राग

कोमल सुर जिसमें सभी, किसी न स्वर का त्याग ।
म-सा वाद-संवाद का, चारु "भैरवी" राग ।।

थाट	भैरवी	**वादी**	मध्यम - म
आरोह	सा रे ग म प ध नि सां	**संवादी**	षड्ज - सा
अवरोह	सां नि ध प म ग रे सा	**जाति**	संपूर्ण-संपूर्ण 7/7
पकड़	म ग, रे ग, सा रे सा, ध़ ऩि सा	**समय**	प्रात: काल
गीतकार	रत्नाकर नराले	**नोटेशन**	देव बंसराज

खयाल

भैरवी राग, तीन ताल 16 मात्रा

६०. मार कंकरिया

स्थायी : **मार कंकरिया फोरी गगरिया ।**
भीग गयी रे कान्हा, मोरी चुनरिया ।।

अंतरा : 1. जमुना से मैं सखी, अपनी डगरिया ।
नीर नयन की न, लीनी खबरिया ।।

2. जमुना का नीर न, मोरी गगरिया ।
कैसी अब जाऊँ सखी, अपनी अटरिया ।।

स्थायी

0				3				X				2			
ऩि	सा	ग	म	ध	ध	प	–	ग	–	प	म	रे	रे	सा	–
मा	ऽ	र	कं	क	रि	या	ऽ	फो	ऽ	री	ग	ग	रि	या	ऽ
प	–	प	प	प	नि	ध	प	ग	–	प	म	रे	रे	सा	–
भी	ऽ	ग	ग	यी	रे	का	न्हा	मो	ऽ	री	चु	न	रि	या	ऽ
ऩि	सा	ग	म	ध	ध	प	–	ग	–	प	म	रे	रे	सा	–
मा	ऽ	र	कं	क	रि	या	ऽ	फो	ऽ	री	ग	ग	रि	या	ऽ

अंतरा–1

0				3				X				2			
ध	म	ध	नि	सां	–	सां	नि	सांरें	गं	रें	गं	सां	रें	सां	–
ज	मु	ना	से	मैं	ऽ	स	खी	अ	प	नी	ड	ग	रि	या	ऽ
सां	रें	नि	सां	प	नि	ध	प	ग	–	प	म	रे	रे	सा	–
नी	ऽ	र	न	य	न	की	न	ली	ऽ	नी	ख	ब	रि	या	ऽ
नि़	सा	ग	म	ध	ध	प	–	ग	–	प	म	रे	रे	सा	–
मा	ऽ	र	कं	क	रि	या	ऽ	फो	ऽ	री	ग	ग	रि	या	ऽ

स्थायी तान : मार कंकरिया ऽ

1. नि़सा गम पध निसां । निध पम ग रे सा–

मार कंकरिया ऽ

2. सांरें सांनि धप मप । गम पम ग रे सा–

मार कं

3. नि़सा गम पध निसां । गंगं रेंसां निध पप ।
निनि धप मग रेसा

अंतरा तान : जमुना से

4. नि़सा गम पम गम । पध पम पध निसां ।
निध पम ग रे सा–

जमुना से

5. पम गरे सारे गम । पम पध निसां गं रें ।
सांनि धप मग रेसा

जमुना से मैं सखी

6. सारे गग रेग मम । गम पप मप धध ।
पध निनि धनि सांसां । धनि सांसां धनि सांसां ।
धनि सां,ध निसां, धनि । सांनि धप मग रेसा

भजन

राग भैरवी

कहरवा ताल 8 मात्रा

६१. प्रभु बताओ

स्थायी : प्रभु बताओ दुखी जहाँ का, अजीब खेला क्यों है रचाया ।
ये शोर दुखियों की आतमा का, कहो प्रभु जी क्यों है मचाया ।।

अंतरा : 1. यहाँ न कोई किसी का भाई, न दोसती में कहीं सचाई ।
ये हाल जीने का इस जहाँ में, बताओ प्रभु जी क्यों है बनाया ।।

2. कहीं लड़ाई या बेवफाई, मगर भलाई न दे दिखाई ।
बेहाल आँसू पीना जहाँ में, बतादो प्रभु जी क्यों है सनाया ।।

3. कहीं बुराई कहीं दुहाई, कहीं जुदाई कहीं रुलाई ।
ये साज रोने का इस जहाँ में, न जाने प्रभु जी क्यों है बजाया ।।

स्थायी

X				0				X				0			
सा	प	–	प	प	ध	म	प	प	पध	सां	नि	ध	–	प	–
प्र	भु	ऽ	ब	ता	ऽ	ओ	ऽ	दु	खीऽ	ऽ	ज	हाँ	ऽ	का	ऽ
ग	म	–	ध	प	म	ग	सा	सा	(नि)ध	–	नि	सारे	ग	ग	–
अ	जी	ऽ	ब	खे	ऽ	ला	ऽ	क्यों	है	ऽ	र	चाऽ	ऽ	या	ऽ
ग	म	–	ध	प	म	ग	सा	सा	(नि)ध	–	नि	सा	–	सा	–
अ	जी	ऽ	ब	खे	ऽ	ला	ऽ	क्यों	है	ऽ	र	चा	ऽ	या	ऽ
सा	प	–	प	प	ध	म	प	प	पध	सां	नि	ध	–	प	–
ये	शो	ऽ	र	दु	खि	यों	ऽ	कि	आऽ	ऽ	त	मा	ऽ	का	ऽ
ग	म	–	ध	प	म	ग	सा	सा	(नि)ध	–	नि	सारे	ग	ग	–
क	हो	ऽ	प्र	भु	ऽ	जी	ऽ	क्यों	है	ऽ	म	चाऽ	ऽ	या	ऽ
ग	म	–	ध	प	म	ग	सा	सा	(नि)ध	–	नि	सा	–	सा	–
क	हो	ऽ	प्र	भु	ऽ	जी	ऽ	क्यों	है	ऽ	म	चा	ऽ	या	ऽ
सा	प	–	प	प	ध	म	प	प	पध	सां	नि	ध	–	प	–
प्र	भु	ऽ	ब	ता	ऽ	ओ	ऽ	दु	खीऽ	ऽ	ज	हाँ	ऽ	का	ऽ

अंतरा–1

X				0				X				0			
ग	ग	–	म	ध	–	नि	–	नि	सां	–	सां	नि	रें	सां	–
य	हाँ	ऽ	न	को	ऽ	ई	ऽ	कि	सी	ऽ	का	भा	ऽ	ई	ऽ
नि	नि	–	नि	सां	–	सां	–	सां	नि	रें	सां	(नि)ध	–	प	–
न	दो	ऽ	स	ती	ऽ	में	ऽ	क	हीं	ऽ	स	चा	ऽ	ई	ऽ
सा	प	–	प	प	ध	म	प	प	पध	सां	नि	ध	–	प	–
ये	हा	ऽ	ल	जी	ऽ	ने	ऽ	का	इस	ऽ	ज	हाँ	ऽ	में	ऽ
ग	म	–	ध	प	म	ग	सा	सा	(ऩि)ध़	–	ऩि	सारे	ग	ग	–
ब	ता	ऽ	ओ	प्र	भु	जी	ऽ	क्यों	है	ऽ	ब	नाऽ	ऽ	या	ऽ
ग	म	–	ध	प	म	ग	सा	सा	(ऩि)ध़	–	ऩि	सा	–	सा	–
ब	ता	ऽ	ओ	प्र	भु	जी	ऽ	क्यों	है	ऽ	ब	ना	ऽ	या	ऽ
सा	प	–	प	प	ध	म	प	प	पध	सां	नि	ध	–	प	–
प्र	भु	ऽ	ब	ता	ऽ	ओ	ऽ	दु	खीऽ	ऽ	ज	हाँ	ऽ	का	ऽ

भजन : राग भैरवी

तीव्र ताल 7 मात्रा

६२. राम भक्त हनुमान

स्थायी : श्री राम का शुभ नाम लिख लिख, पवन सुत शिला तरै ।
जल सेतु बंधन, सिंधु तारण, कपीश दल सेवा करै ।।

अंतरा : 1. जांबुवंत सुग्रीव हनुमत, राम काज करन खटै ।
नल नील अंगद ऋष मरुत कपि, राम का शुभ नाम रटै ।।

2. भानु आतप तनु तपा कर, स्वेद बिंदु जल में गिरै ।
उस पूज्य पावन नीर में, शिला-सेतु तारन काज करै ।।

3. लंका दहन, रावण हनन, सिंधु योजन दूर उड़ै ।
कपि वायुपुत्र वानर दल, सब राम जाप का मोद लुटै ।।

स्थायी

		X			2		3		X			2		3	
सा	रे	नि	-	सा	ग	-	म	ग	प	-	ध	प	प	प	प
श्री	ऽ	रा	ऽ	म	का	ऽ	शु	भ	ना	ऽ	म	लि	ख	लि	ख
		प	प	प	ध	म	प	नि	ध	प	म	रे	-	सा	रे
		प	व	न	सु	त	शि	ऽ	ला	ऽ	त	रै	ऽ	ज	ल
		नि़	-	सा	ग	-	म	ग	प	-	ध	प	-	प	प
		से	ऽ	तु	बं	ऽ	ध	न	सिं	ऽ	धु	ता	ऽ	र	ण
		प	प	प	ध	म	प	नि	ध	प	म	रे	-	सा	रे
		क	पी	श	द	ल	से	ऽ	वा	ऽ	क	रै	ऽ	श्री	ऽ

अंतरा-1

X			2		3		X			2		3	
ग	-	म	ध	-	नि	नि	सां	-	सां	नि	रें	सां	सां
जां	ऽ	बु	वं	ऽ	त	सु	ग्री	ऽ	व	ह	नु	म	त
नि	-	नि	सां	-	सां	सां	नि	रें	सां	ध	प	ग	ग
रा	ऽ	म	का	ऽ	ज	क	र	न	ख	टै	ऽ	न	ल
प	-	प	प	ध	नि	सां	प	नि	ध	प	म	ग	ग
नी	ऽ	ल	अं	ऽ	ग	द	ऋ	ष	म	रु	त	क	पि
प	-	प	ध	म	प	नि	ध	प	म	रे	-	सा	रे
रा	ऽ	म	का	ऽ	शु	भ	ना	म	र	टै	ऽ	श्री	ऽ

३४. थाट भैरवी, राग मालकंस

लक्षण दोहा, मालकंस राग

कोमल मधु सुर ग ध नि हों, रे प स्वरों का त्याग ।
वादी-संवादी म-सा, "मालकंस" है राग ।।
कोमल ग ध नि, वर्ज्य प रे, सुंदर स्वर जंजीर ।
म-सा वाद-संवाद का, मालकंस गंभीर ।।

थाट	भैरवी	**वादी**	मध्यम - म
आरोह	सा ग म, ध नि सां	**संवादी**	षड्ज - सा
अवरोह	सां नि ध म, ग म ग सा	**जाति**	औडव-औडव 5/5
पकड़	ध़ नि़ सा म, ग म ग, सा	**समय**	रात्री का तीसरा प्रहर
गीतकार	रत्नाकर नराले	**नोटेशन**	देव बंसराज

खयाल

मालकंस राग, तीन ताल 16 मात्रा

६३. दिल धड़क धड़क बोले

स्थायी : दिल धड़क धड़क बोले मेरो, अजि कहने दो जो कहना हो ।
मुझे अपने दिल का कोना दो ।।

अंतरा : 1. गीत पुराना याद आता हो, दिल से दिल का नाता हो ।
अजि, बात तिहारी एक नज़र की, फेर के मुख रुख़ यों ना दो ।।

2. रात गुजारी दीवाने ने, बैठ शमा पर परवाने ने ।
आज तुम्हारे साथ जलूँ मैं, मीत को तुम दुख यों ना दो ।।

स्थायी

		X				2				0				3			
ध	नि	गं	सां	सां	गं	सां	सां	नि	ध	निध	म	सांनि	धनि	गं	सां	सां	सां
दि	ल	ध	ड़	क	ध	ड़	क	बो	ऽ	लेऽ	ऽ	मेऽ	ऽऽ	रो	ऽ	अ	जि
		सां	सां	नि	ध	नि	-	ध	म	ध	ध	म	ग	म	-	ग	सा
		क	ह	ने	ऽ	दो	ऽ	जो	ऽ	क	ह	ना	ऽ	हो	ऽ	मु	झे
		नि़	सा	ग	म	ध	ध	ग	म	गम	धनि	सांगं	सांनि	धनि	सां-	ध	नि
		अ	प	ने	ऽ	दि	ल	का	ऽ	कोऽ	ऽऽ	ऽऽ	ऽऽ	नाऽ	दोऽ	दि	ल

अंतरा-1

X	2	0	3

म	ग	म	म	ध	–	नि	–	सां	–	सां	सां	गं	नि	सां	–
गी	ऽ	त	पु	रा	ऽ	ना	ऽ	या	ऽ	द	आ	ता	ऽ	हो	ऽ
सां	सां	सां	–	सां	सां	नि	ध	म	ध	नि	–	नि	–	नि	ध
दि	ल	से	ऽ	दि	ल	का	ऽ	ना	ऽ	ता	ऽ	हो	ऽ	अ	जि
ध	नि	सां	मं	मं	–	गं	सां	गं	–	नि	नि	सां	सां	सां	–
बा	ऽ	त	ति	हा	ऽ	री	ऽ	ए	ऽ	क	न	ज़	र	की	ऽ
सां	मं	मं	मं	गं	गं	सां	सां	धनि	सांगं	मंगं	सांनि	धनि	सां	ध	नि
फे	ऽ	र	के	मु	ख	रु	ख़	योंऽ	ऽऽ	ऽऽ	नाऽ	ऽऽ	दोऽ	दि	ल

स्थायी तान : दिल धड़क धड़क

1. सागु मध निसां धनि । सांनि धम गम गसा

दिल धड़क धड़क

2. गम धनि सांध निसां । धनि सांनि धम गसा

दिल धड़क धड़क

3. गम धनि सांगं सांनि । धनि धम गम गसा

अंतरा तान : गीत पुराना याद आता हो ऽ

4. सासा गग सासा मम । गग मम गग धध ।
मम धध मम निनि । धध निनि धध सांसां

गीत पुराना याद आता हो ऽ

5. सांसां निध निनि धम । धध मग मम गसा ।
साग मम गम धध । मध निनि धनि सांसां ।
सांनि धम गम गसा । गम धनि सां– सां– ।
गम धनि सां– सां– । गम धनि सां– सां–

तराना : राग मालकंस, तीन ताल 16 मात्रा

६४. ना दिर् दिर् तूम्

स्थायी : ना दिर् दिर् तूम् तारे दीम तन नन नन
देरे न देरे न तारे दीम तनन नन ।।

अंतरा : ओ दे तन ओ दे तन दीम् तन नन नन
त दीम दीम त नन तूम तन नन नन
दीम् दीम् तन नन, दीम् दीम् तन नन
तिते कत गदि गिन ध – – –
तिते कत गदि गिन धा – – – तिते कत गदि गिन ।।

स्थायी

0				3				X				2			
ग	म	ग	सा	–	ध़	–	नि़	सा	–	म	म	ग	म	ग	सा
ना	दिर्	दिर्	तुम्	ऽ	ता	ऽ	रे	दीम्	–	त	न	न	न	न	न
ग	ग	ग	म	म	म	ध	नि	सां	–	ध	नि	ध	म	ग	सा
दे	रे	न	दे	रे	न	ता	रे	दीम्	–	त	न	न	न	न	न
ग	म	ग	सा	–	ध़	–	नि़	सा	–	म	म	ग	म	ग	सा
ना	दिर्	दिर्	तुम्	ऽ	ता	ऽ	रे	दीम्	–	त	न	न	न	न	न

अंतरा

0				3				X				2			
ग	ग	म	म	ध	ध	नि	नि	सां	–	सां	सां	गं	नि	सां	सां
ओ	दे	त	न	ओ	दे	त	न	दीम्	ऽ	त	न	न	न	न	न
नि	नि	नि	नि	नि	नि	नि	नि	ध	नि	सां	नि	ध	नि	ध	म
त	दी	म्	दी	म्	त	न	न	तू	म्	त	न	न	न	न	न
सां	–	गं	मं	गं	सां	सां	सां	ग	–	ग	म	ग	सा	सा	सा
दी	म्	दी	म्	त	न	न	न	दीम्	ऽ	दी	म्	त	न	न	न
ग	ग	म	म	ध	ध	नि	नि	सां	–	–	–	ग	ग	म	म
ति	ते	क	त	ग	दि	गि	न	धा	ऽ	ऽ	ऽ	ति	ते	क	त
ध	ध	नि	नि	सां	–	–	–	ग	ग	म	म	ध	ध	नि	नि
ग	दि	ग	नी	धा	ऽ	ऽ	ऽ	ति	ते	क	त	ग	दि	गि	न
ग	म	ग	सा	–	ध़	–	नि़	सा	–	म	म	ग	म	ग	सा
ना	दिर्	दिर्	तुम्	ऽ	ता	ऽ	रे	दीम्	–	त	न	न	न	न	न

गीत

राग मालकंस

कहरवा ताल 8 मात्रा / तीन ताल 16 मात्रा

६५. सावन आयो

स्थायी : रिम झिम बरसत बादल गरजत,
सावन आयो, रंग लायो रे ।।

अंतरा : 1. पंचवटी के हर प्रांगण में,
फूल गुलाली, बिखरायो रे ।।

2. सिय की कुटी के दर आंगन में,
गुत पर पानी, उछलायो रे ।।

स्थायी

X				0				X				0			
–	मग	म	म	ध	ध	–नि	नि	सां	–	ध	नि	ध	म	ग	सा
ऽ	रिम	झि	म	ब	र	ऽस	त	बा	ऽ	द	ल	ग	र	ज	त
–	सां	–सां	सां	नि	–	नि	ध	–	धनि	सां	नि	ध	म	ग	सा
ऽ	सा	ऽव	न	आ	ऽ	यो	ऽ	ऽ	रंग	ला	ऽ	यो	ऽ	रे	ऽ
–	मग	म	म	ध	ध	–नि	नि	सां	–	ध	नि	ध	म	ग	सा
ऽ	रिम	झि	म	ब	र	ऽस	त	बा	ऽ	द	ल	ग	र	ज	त

अंतरा–1

X				0				X				0			
–	मग	म	म	ध	–	नि	ध	–	सांसां	सां	–	गं	नि	सां	–
ऽ	पंऽ	च	व	टी	ऽ	के	ऽ	ऽ	हर	प्रां	ऽ	ग	ण	में	ऽ
–	नि	–नि	नि	नि	–	सांनि	ध	–	धनि	सां	नि	ध	म	ग	सा
ऽ	फू	ऽल	गु	ला	ऽ	लीऽ	ऽ	ऽ	बिख	रा	ऽ	यो	ऽ	रे	ऽ
–	मग	म	म	ध	ध	–नि	नि	सां	–	ध	नि	ध	म	ग	सा
ऽ	रिम	झि	म	ब	र	ऽस	त	बा	ऽ	द	ल	ग	र	ज	त

भजन : राग मालकौंस

तीन ताल 16 मात्रा / कहरवा ताल 8 मात्रा

६६. कृष्ण सुदामा

स्थायी : जग अलग अलग कहता दोनों,
जो अलग कहता उसे रहने दो ।

अंतरा : 1. बचपन के हैं दोनों साथी, भवसागर में, बिछुड़े हैं ।
कृष्ण सुदामा रूप अलग हैं, नर नारायण, एक हि हैं ।।

2. आर है गोकुल पार मथुरा, दोनों जमुना तीर पे हैं ।
राधा सखी है सखा सुदामा, सखी सखा सब, एक हि हैं ।।

3. रंक सुदामा राजा हरि हैं, केवल मौखिक, अंतर है ।
अंतर तन का, नहीं है मन का, दो तन दो मन, एक ही हैं ।।

स्थायी

		0				3				x				2			
म	म	ग	म	ग	सा	नि	सा	ध	नि	सा	–	म	–	म	–	म	ध
ज	ग	अ	ल	ग	अ	ल	ग	क	ह	ता	ऽ	दो	ऽ	नों	ऽ	जो	ऽ
		ग	म	ग	सा	नि	सा	ध	नि	सा	सा	म	–	म	–	म	म
		अ	ल	ग	क	ह	ता	उ	से	र	ह	ने	ऽ	दो	ऽ	ज	ग
		ग	म	ग	सा	नि	सा	ध	नि	सा	–	म	–	म	–	म	म
		अ	ल	ग	अ	ल	ग	क	ह	ता	ऽ	दो	ऽ	नों	ऽ	ज	ग

अंतरा–1

0				3				x				2			
ग	ग	म	म	ध	–	नि	–	सां	–	सां	–	गं	नि	सां	–
ब	च	प	न	के	ऽ	हैं	ऽ	दो	ऽ	नों	ऽ	सा	ऽ	थी	ऽ
नि	नि	नि	–	नि	नि	नि	ध	ध	नि	सां	नि	ध	–	म	–
भ	व	सा	ऽ	ग	र	में	ऽ	बि	छु	ड़े	ऽ	हैं	ऽ	ऽ	ऽ
ध	नि	सां	गं	गं	–	गं	सां	सां	मं	गं	सां	नि	नि	सां	–
कृ	ष	ण	सु	दा	ऽ	मा	ऽ	रू	ऽ	प	अ	ल	ग	हैं	ऽ
सां	मं	मं	गं	गं	सां	नि	ध	ध	नि	सां	नि	ध	म	म	म
न	र	ना	ऽ	रा	ऽ	य	ण	ए	ऽ	क	हि	हैं	ऽ	ज	ग

३५. थाट कल्याण, राग शुद्ध कल्याण

लक्षण दोहा, शुद्ध कल्याण राग

अवरोही सब सुर लगें, आरोही म नि त्याग ।
ग-ध वादी-संवाद का, "शुद्ध कल्याण" राग ।।

थाट	कल्याण	**वादी**	गंधार – ग
आरोह	सा रे ग प ध सां	**संवादी**	धैवत – ध
अवरोह	सां नि ध प मं ग रे सा	**जाति**	औडव-संपूर्ण 5/7
पकड़	सा रे ग, ग रे, ग प रे सा	**समय**	रात्री का प्रथम प्रहर
गीतकार	रत्नाकर नराले	**नोटेशन**	रत्नाकर नराले

खयाल

शुद्ध कल्याण, तीन ताल 16 मात्रा

६७. गणेश वंदना

स्थायी : **जन गण वंदन करते है तुमको,**
देवकी नंदन जय जय जय हो ।
अंतरा : 1. **नाथ जगत के तारक तुम हो,**
वघ्न विनाशक माधव जय हो ।

स्थायी

0				3				X				2			
रे	**सा**	**रे**	**सा**	**ऩि**	**ध़**	**प**	**प**	**ग**	**रे**	**सा**	**रे**	**प**	**रे**	**सा**	**सा**
ज	न	ग	ण	वं	ऽ	द	न	क	र	ते	हैं	तु	म	को	ऽ
ग	**रे**	**ग**	**प**	**रे**	**ग**	**प**	**प**	**नि**	**ध**	**प**	**मं**	**ग**	**रे**	**सा**	**सा**
दे	ऽ	व	की	नं	ऽ	द	न	ज	य	ज	य	ज	य	हो	ऽ

अंतरा-1

0				3				X				3			
प	**–**	**प**	**प**	**प**	**ध**	**प**	**–**	**सां**	**–**	**सां**	**सां**	**सां**	**रें**	**गं**	**सां**
ना	ऽ	थ	ज	ग	त	के	ऽ	ता	ऽ	र	क	तु	म	हो	ऽ
सां	**निं**	**धं**	**प**	**नि**	**ध**	**प**	**प**	**ध**	**प**	**ग**	**प**	**ग**	**रे**	**सा**	**सा**
वि	घ्	न	वि	ना	ऽ	श	क	मा	ऽ	ध	व	ज	य	हो	ऽ
रे	**सा**	**रे**	**सा**	**ऩि**	**ध़**	**प**	**प**	**ग**	**रे**	**सा**	**रे**	**प**	**रे**	**सा**	**सा**
ज	न	ग	ण	वं	ऽ	द	न	क	र	ते	हैं	तु	म	को	ऽ

३६. थाट कल्याण, राग यमन

लक्षण दोहा, यमन राग

विद्यमान सुर सात ही, तिव्र म स्वर हो प्राय ।
वादी–ग नि–संवाद का, राग “यमन” कहलाय ।।

थाट	कल्याण	**वादी**	गंधार – ग
आरोह	सा रे ग मं प ध नि सां	**संवादी**	निषाद – नि
अवरोह	सां नि ध प मं ग रे सा	**जाति**	संपूर्ण–संपूर्ण 7/7
पकड़	ऩि रे ग, रे सा, प मं ग, रे सा	**समय**	रात्री का प्रथम प्रहर
गीतकार	रत्नाकर नराले	**नोटेशन**	देव बंसराज

खयाल

यमन राग, तीन ताल 16 मात्रा

६८. गणेश वंदना

स्थायी : **मंगल वंदन सुमिरण प्यारे,**
सुखकर गान गणेश तुम्हारे ।
अंतरा : 1. गणपति बाप्पा परम पियारे,
गण नायक विघ्नेश दुलारे ।
2. निहार सुंदर काम सुखारे,
भगतन आते चरण तिहारे ।
3. गजानना! तुमरे आशिष से,
हमरे सब जग है उजियारे ।।

स्थायी

0				3				X				2			
नि	–	प	प	रे	–	सा	सा	ग	रे	मं	धप	रे	–	सा	–
मं	ऽ	ग	ल	वं	ऽ	द	न	सु	मि	र	ऽण	प्या	ऽ	रे	ऽ
ऩि	ऩि	रे	रे	ग	–	मं	मं	नि	ध	प	प	रे	–	सा	–
सु	ख	क	र	गा	ऽ	न	ग	णे	ऽ	श	तु	म्हा	ऽ	रे	ऽ
नि	–	प	प	रे	–	सा	सा	ग	रे	मं	धप	रे	–	सा	–
मं	ऽ	ग	ल	वं	ऽ	द	न	सु	मि	र	ऽण	प्या	ऽ	रे	ऽ

अंतरा–1

0				3				X				2			
प	**ग**	**प**	**प**	**सां**	**–**	**सां**	**–**	**नि**	**ध**	**नि**	**रें**	**नि**	**रें**	**सां**	**–**
ग	ण	प	ति	बा	ऽ	प्पा	ऽ	प	र	म	पि	या	ऽ	रे	ऽ
सां	**गं**	**रें**	**सां**	**सां**	**नि**	**ध**	**प**	**ग**	**मं**	**ध**	**प**	**रे**	**–**	**सा**	**–**
ग	ण	ना	ऽ	य	क	वि	घ्	ने	ऽ	श	दु	ला	ऽ	रे	ऽ
नि	**–**	**प**	**प**	**रे**	**–**	**सा**	**सा**	**ग**	**रे**	**मं**	**धप**	**रे**	**–**	**सा**	**–**
मं	ऽ	ग	ल	वं	ऽ	द	न	सु	मि	र	ऽण	प्या	ऽ	रे	ऽ

स्थायी तान : **मंगल वंदन**

1. **नि़रे गमं पध निरें । सांनि धप मंग रेसा**

मंगल वंदन

2. **नि़रे गमं गरे गमं । पध पमं गरे सा–**

मंगल वंदन

3. **गरे सानि़ ध़नि़ रेग । मंध पमं गरे सा–**

अंतरा तान : **गणपति बाप्पा ऽ**

4. **निसां धनि पध मंप । गमं रेग सारे नि़सा**

गणपति बाप्पा परम पियारे ऽ

5. **गरे गरे सानि़ सा– । निध निध पमं प–**
   गंरें गंरें सांनि धप । निनि धप मंग रेसा

कल्याण राग में शुद्ध म स्वर का प्रयोग करने के लिए म स्वर को दो ग स्वरों के बीच में रख कर किया जाता है. उदा. प, मं ग म ग रे, मं ग म ग रे ...आदि.

भजन : राग यमन

तीन ताल 16 मात्रा / कहरवा 8 मात्रा

६९. लक्ष्मी वंदना

स्थायी : **भाग्य लक्ष्मी चंचल देवी,**
सिद्धि दायिनी ताप हारिणी ।
सुंदर मंगल आरती तेरी ।।

अंतरा : 1. **पावन मूरत सूरत प्यारी,**
धन की देवी मन को सुखारी ।

2. **कंगन कुंडल कुंदन कंठी,**
पैंजन अंगद बिंदी मुंदरी ।

3. **बाजत ढोलक घुँघरू घंटी,**
गात हैं संत महंत पुजारी ।

4. **नारद शारद पुष्प की वृष्टि,**
कुबेर किन्नर शंकर गौरी ।

स्थायी

0				3				X				2			
ग	–	ग	गप	रे	रे	सा	रे	ग	रे	म॑	प	रे	–	सा	–
भा	ऽ	ग्य	लऽ	ऽ	क्ष्	मी	ऽ	चं	ऽ	च	ल	दे	ऽ	वी	ऽ
नि़	ध़	नि़	रे	म॑	म॑	म॑	–	म॑	ध	नि	ध	म॑	ध	प	–
सि	ऽ	द्धि	दा	ऽ	यि	नी	ऽ	ता	ऽ	प	हा	ऽ	रि	णी	ऽ
प	–	सां	नि	प	–	म॑	ग	ग	रे	ग	प	रे	–	सा	–
सुं	ऽ	द	र	मं	ऽ	ग	ल	आ	ऽ	र	ती	ते	ऽ	री	ऽ
ग	–	ग	गप	रे	रे	सा	रे	ग	रे	म॑	प	रे	–	सा	–
भा	ऽ	ग्य	लऽ	ऽ	क्ष्	मी	ऽ	चं	ऽ	च	ल	दे	ऽ	वी	ऽ

अंतरा–1

0				3				X				2			
प	–	म॑	ग	म॑	–	ध	म॑	धनि	सां	सां	सां	नि	रें	सां	–
पा	ऽ	व	न	मू	ऽ	र	त	सूऽ	ऽ	र	त	प्या	ऽ	री	ऽ
नि	ध	नि	रें	निरें	गरें	सां	नि	प	म॑	ग	प	रे	–	सा	–
ध	न	की	ऽ	देऽ	ऽऽ	वी	ऽ	म	न	को	सु	खा	ऽ	री	ऽ
ग	–	ग	गप	रे	रे	सा	रे	ग	रे	म॑	प	रे	–	सा	–
भा	ऽ	ग्य	लऽ	ऽ	क्ष्	मी	ऽ	चं	ऽ	च	ल	दे	ऽ	वी	ऽ

भजन : राग यमन

कहरवा ताल 8 मात्रा

७०. योगेश्वर वंदना

स्थायी : जन गण वंदन करते हैं तुमको,
देवकी नंदन जै जय जय हो ।

अंतरा : 1. नाथ जगत के तारक तुम हो,
विघ्न विनाशक माधव जय हो ।

2. भक्ति योग तुम दीना जग को,
भगत सखा प्रभु मोहन जय हो ।

3. कर्मयोग योगेश्वर तुमसे,
पार्थ सारथि केशव जय हो ।

स्थायी

X				0				X				0			
–	पप	प	मं	रे	मं	मं	ग	–	पप	प	मं	रे	मं	मं	ग
ऽ	जन	ग	ण	वं	ऽ	द	न	ऽ	कर	ते	हैं	तु	म	को	ऽ
–	ऩिध	ऩि	रे	मं	–	मं	मं	–	मंध	नि	ध	प	प	मं	ग
ऽ	दे	ऽव	की	नं	ऽ	द	न	ऽ	जैऽ	ज	य	ज	य	हो	ऽ
–	पप	प	मं	रे	मं	मं	ग	–	पप	प	मं	रे	मं	मं	ग
ऽ	जन	ग	ण	वं	ऽ	द	न	ऽ	कर	ते	हैं	तु	म	को	ऽ

अंतरा–1

X				0				X				0			
–	पप	सा	सा	सां	सां	सां	–	–	निरें	गं	रें	नि	रें	सां	–
ऽ	नाऽ	थ	ज	ग	त	के	ऽ	ऽ	ताऽ	र	क	तु	म	हो	ऽ
–	पप	सां	नि	प	–	मं	ग	–	मंध	नि	ध	प	प	मं	ग
ऽ	विघ्	न	वि	ना	ऽ	श	क	ऽ	माऽ	ध	व	ज	य	हो	ऽ
–	पप	प	मं	रे	मं	मं	ग	–	पप	प	मं	रे	मं	मं	ग
ऽ	जन	ग	ण	वं	ऽ	द	न	ऽ	कर	ते	हैं	तु	म	को	ऽ

स्थायी

X				0				X				0			
–	निऩिऩ	रे	रे	ग	–	प	प	रे	रे	–ग	रे	निऩ	रे	सा	–
ऽ	जन	ग	ण	वं	ऽ	द	न	क	र	ऽते	हैं	तु	म	को	ऽ
–	प	–मं	ग	प	–	प	प	–	मंध	नि	ध	प	प	मं	ग
ऽ	दे	ऽव	की	नं	ऽ	द	न	ऽ	जैऽ	ज	य	ज	य	हो	ऽ
–	निऩिऩ	रे	रे	ग	–	प	प	रे	रे	–ग	रे	निऩ	रे	सा	–
ऽ	जन	ग	ण	वं	ऽ	द	न	क	र	ऽते	हैं	तु	म	को	ऽ

अंतरा–1

X				0				X				0			
–	पग	प	प	सां	सां	सां	–	–	निरें	गं	रें	नि	रें	सां	–
ऽ	नाऽ	थ	ज	ग	त	के	ऽ	ऽ	ताऽ	र	क	तु	म	हो	ऽ
–	सांनि	ध	प	प	ध	मं	प	–	मंध	नि	ध	प	प	मं	ग
ऽ	विघ्	न	वि	ना	ऽ	श	क	ऽ	माऽ	ध	व	ज	य	हो	ऽ
–	निऩिऩ	रे	रे	ग	–	प	प	रे	रे	–ग	रे	निऩ	रे	सा	–
ऽ	जन	ग	ण	वं	ऽ	द	न	क	र	ऽते	हैं	तु	म	को	ऽ

X				0				X				0			
नि	नि	प	प	रे	–	सा	सा	ग	ग	ग	मं	नि	ध	प	–
ज	न	ग	ण	वं	ऽ	द	न	क	र	ते	हैं	तु	म	को	ऽ
ग	प	ग	प	प	ध	मं	प	नि	ध	प	प	रे	रे	सा	ऽ
दे	ऽ	व	की	नं	ऽ	द	न	ज	य	ज	य	ज	य	हो	ऽ
नि	नि	प	प	रे	–	सा	सा	ग	ग	ग	मं	नि	ध	प	–
ज	न	ग	ण	वं	ऽ	द	न	क	र	ते	हैं	तु	म	को	ऽ

अंतरा–1

X				0				X				0			
प	–	ग	ग	प	प	नि	ध	सां	–	सां	सां	ंनि	रें	सां	–
ना	ऽ	थ	ज	ग	त	के	ऽ	ता	ऽ	र	क	तु	म	हो	ऽ
नि	रें	गं	रें	सां	नि	ध	प	ग	मं	ध	प	रे	रे	सा	–
वि	घ्	न	वि	ना	ऽ	श	क	मा	ऽ	ध	व	ज	य	हो	ऽ
नि	नि	प	प	रे	–	सा	सा	ग	ग	ग	मं	नि	ध	प	–
ज	न	ग	ण	वं	ऽ	द	न	क	र	ते	हैं	तु	म	को	ऽ

३७. थाट कल्याण, राग भूपाली

लक्षण दोहा, भूपाली राग

ग-ध वादी-संवाद हों, स्वर म नि का हो त्याग ।
"भूपाली" यह गाइये, साँझ समय का राग ।।

थाट	कल्याण	**वादी**	गंधार – ग
आरोह	सा रे ग, प, ध सां	**संवादी**	धैवत – ध
अवरोह	सां ध प, ग रे सा	**जाति**	औडव-औडव 5/5
पकड़	सा रे ग, रे, सा ध़, सा रे ग, प ग, ध प ग, रे सा	**समय**	रात्री का प्रथम प्रहर
गीतकार	रत्नाकर नराले	**नोटेशन**	देव बंसराज

खयाल

भूपाली राग, तीन ताल 16 मात्रा

७१. सावन ऋतु आयो

स्थायी : **सावन ऋतु आयो, सुख लायो ।**
बरखा झरी रिम झिम बरसायो ।।

अंतरा : 1. **धरती पहने सुंदर गहने,**
रंगीन वाले हरित सुहाने ।

2. **बादल शीतल करत फुहारे,**
कोयल मंजुल कूहु पुकारे ।

स्थायी

0				3				X				2			
गप	**धसां**	**ध**	**प**	**ग**	**रे**	**सा**	**रे**	**सा ध़**	**–**	**सा**	**रे**	**ग**	**–**	**ग**	**–**
साऽ	ऽऽ	व	न	ऋ	तु	आ	ऽ	यो	ऽ	सु	ख	ला	ऽ	यो	ऽ
ग	**ग**	**ग**	**रे**	**ग**	**प**	**ध**	**सां**	**ध**	**सां**	**ध**	**प**	**ग**	**रे**	**सा**	**–**
ब	र	खा	ऽ	झ	री	रि	म	झि	म	ब	र	सा	ऽ	यो	ऽ
ग	**ग**	**ग**	**रे**	**ग**	**प**	**ध**	**सां**	**ध**	**सां**	**ध**	**प**	**धसां**	**धप**	**गरे**	**सा-**
ब	र	खा	ऽ	झ	री	रि	म	झि	म	ब	र	साऽ	ऽऽ	योऽ	ऽऽ
गप	**धसां**	**ध**	**प**	**ग**	**रे**	**सा**	**रे**	**सा ध़**	**–**	**सा**	**रे**	**ग**	**–**	**ग**	**–**
साऽ	ऽऽ	व	न	ऋ	तु	आ	ऽ	यो	ऽ	सु	ख	ला	ऽ	यो	ऽ

अंतरा–1

0				3				X				2			
प	**प**	**प**	**ग**	**प**	**प**	**सां**	**ध**	**सां**	**–**	**सां**	**सां**	**सां**	**रें**	**सां**	**–**
ध	र	ती	ऽ	प	ह	ने	ऽ	सुं	ऽ	द	र	ग	ह	ने	ऽ
सां	**–**	**गं**	**रें**	**ध**	**–**	**सां**	**–**	**प**	**ध**	**रें**	**सां**	**धसां**	**धप**	**गरे**	**सा–**
रं	ऽ	गी	न	वा	ऽ	ले	ऽ	हऽ	रि	त	सु	हाऽ	ऽऽ	नेऽ	ऽऽ
गप	**धसां**	**ध**	**प**	**ग**	**रे**	**सा**	**रे**	**सा ध़**	**–**	**सा**	**रे**	**ग**	**–**	**ग**	**–**
साऽ	ऽऽ	व	न	ऋ	तु	आ	ऽ	यो	ऽ	सु	ख	ला	ऽ	यो	ऽ

स्थायी तान : **सावन ऋतु आ ऽ**

1. **सारे गप धसां धप । सांसां धप गग रेसा**

सावन ऋतु आ ऽ

2. **सारे गप धसां रेंगं । रेंसां धप गरे सा–**

सावन ऋतु आयो, सुख लायो ऽ

3. **सांसां धप धध पग । पप गरे गग रेसा ।**
सारे गप धसां पध । सां– पध सां– पध

अंतरा तान : **धरती ऽ**

4. **सांसां धसां धप गप । धसां रेंसां धसां धप ।**
गप धप गग रेसा

धरती पहने सुंदर

5. **सारे गग रेग पप । गप धध पध सांसां ।**
पध सांसां पध सांसां । पध सां,प धसां, पध ।
सांसां धप गग रेसा

भजन : राग भूपाली, कहरवा ताल 8 मात्रा

७२. राम का सुमिरण

स्थायी : नाम जपन करले, तन मन से ।
सुख दुख घड़ी हरि हरि मन भज ले ।।

अंतरा : 1. मन में भरले पूजन करले,
अंदर राम का सुमिरन धर ले ।।

2. जिसके मुखमें राम बसा है,
जीवन मानो वही भला है ।।

3. जिसने सुखमें नाम लिया है,
दीपक जानो वहीं जला है ।।

4. जहरी दुनिया लोग लुटेरे,
राम तेरा रखवारा ।।

स्थायी

X				0				X				0			
–	सारे	ग	रे	सा	ध़	–सा	रे	ग	–	–ग	प	रे	रे	सा	–
ऽ	नाऽ	म	ज	प	न	ऽक	र	ले	ऽ	ऽत	न	म	न	से	ऽ
–	गग	ग	रे	ग	प	प	प	ग	गप	ध	प	ग	रे	सा	–
ऽ	सुख	दु	ख	घ	ड़ी	ह	रि	ऽ	हरि	म	न	भ	ज	ले	ऽ
–	सारे	ग	रे	सा	ध़	–सा	रे	ग	–	–ग	प	रे	रे	सा	–
ऽ	नाऽ	म	ज	प	न	ऽक	र	ले	ऽ	ऽत	न	म	न	से	ऽ

अंतरा–1

X				0				X				0			
–	पग	प	ध	सां	सां	सां	–	–	सांरें	गं	रें	सां	सां	ध	प
ऽ	मन	में	ऽ	भ	र	ले	ऽ	ऽ	पूऽ	ज	न	क	र	ले	ऽ
–	पग	प	ध	सां	सां	सां	–	–	सांरें	गं	रें	सां	ध	सां	–
ऽ	मन	में	ऽ	भ	र	ले	ऽ	ऽ	पूऽ	ज	न	क	र	ले	ऽ
–	सांगं	रें	सां	सां	–	ध	प	–	गप	ध	प	ग	रे	सा	–
ऽ	अंऽ	द	र	रा	ऽ	म	का	ऽ	सुमि	र	न	ध	र	ले	ऽ
–	सारे	ग	रे	सा	ध़	–सा	रे	ग	–	–ग	प	रे	रे	सा	–
ऽ	नाऽ	म	ज	प	न	ऽक	र	ले	ऽ	ऽत	न	म	न	से	ऽ

३८. थाट कल्याण, राग हमीर

लक्षण दोहा, हमीर राग

दोनो मध्यम स्वर जहाँ, करते राग शरीर ।
तीव्र–म पंचम संग से, बनता राग "हमीर" ।।
दोनों मध्यम स्वर जहाँ, तीव्र–म पंचम संग ।
ध–ग वादी–संवाद से, हमीर मैं है रंग ।।

थाट कल्याण
आरोह सा रे सा, ग म ध, नि ध, सां
अवरोह सां नि ध प, मं प ध प, ग म रे सा
पकड़ सा, रे सा, ग म ध
गीतकार रत्नाकर नराले

वादी धैवत – ध
संवादी गंधार – ग
जाति षाडव–संपूर्ण 6/7
समय रात्री का प्रथम प्रहर
नोटेशन देव बंसराज

खयाल

हमीर राग, तीन ताल 16 मात्रा

७३. नयनवा कजरारे

स्थायी : **नयनवा कजरारे छलकाए नीर ।**

अंतरा : 1. **मनवा काहे जिया कलपाए,**
पागल निश दिन मोहे तरपाए ।
आजा सजनवा थक गयो मनवा,
न धरत बिलकुल धीर ।।

2. **जियरा कैसो हम बहलायें,**
नैनन अँसुअन से भर आये ।
काहे सजनवा करत न बतिया,
न सुनत बिरहन गीत ।।

स्थायी

	2				0				3				X			
नि	धनि	सांरें	सां	–	सां	नि	ध	प	मंप	धप	ग	म	निध	–	ध	नि
न	यऽ	नऽ	वा	ऽ	क	ज	रा	रे	छऽ	लऽ	का	ए	नी-	ऽ	र	न
	धनि	सांरें	सां	–												
	यऽ	नऽ	वा	ऽ												

अंतरा–1

0				3				X				2			
प	ग	प	–	सां	–	सां	–	नि	ध	सां	सां	सां	रें	सां	–
म	न	वा	ऽ	का	ऽ	हे	ऽ	जि	या	क	ल	पा	ऽ	ए	ऽ
ध	–	ध	ध	सां	सां	सां	सां	सां	रें	सां	नि	ध	–	प	–
पा	ऽ	ग	ल	नि	श	दि	न	मो	हे	त	र	पा	ऽ	ए	ऽ
सां	–	गं	मं	रें	रें	सां	–	ध	नि	सां	रें	नि	सां	ध	प
आ	ऽ	जा	स	ज	न	वा	ऽ	थ	क	ग	यो	मऽ	नऽ	वा	ऽ
सां	नि	ध	प	मंप	धप	ग	म	निध	–	ध	नि	धनि	सांरें	सां	–
न	ध	र	त	बिऽ	लऽ	कु	ल	धीऽ	ऽ	र	न	यऽ	नऽ	वा	ऽ

स्थायी तान : नयनवा कज़रा

1. सारे सासा धध पप । मंप धप गम रेसा

नयनवा कज़रा

2. गम धनि सांनि धप । मंप धप गम रेसा

नयनवा

3. धनि सांरें सांनि धप । मंप धनि सांनि धप ।
   मंप धप गम रेसा

अंतरा तान : मनवा ऽ

4. सांनि धप मंप धनि । सांनि धप मंप धप
   गम रेसा निध सां–

मनवा काहे जिया कलपाए ऽ

5. गम धनि सांरें सांनि । धप मंप गम धनि ।
   सांनि धप मंप गम । धध पप गम रेसा

३९. थाट कल्याण, राग केदार

लक्षण दोहा, केदार राग

वर्ज्य रे ग आरोह में, अवरोह में ग त्याग ।
म-सा वादि-संवाद का, द्वै-म "केदार" राग ।।
शुद्ध स्वर सभी को मिले, उभय म का आधार ।
वादी-संवादी म-सा, राग वही केदार ।।

थाट	कल्याण	**वादी**	मध्यम - म
आरोह	सा म, म प, ध प, नि ध सां	**संवादी**	षड्ज - सा
अवरोह	सां नि ध, प, मं प ध प, म, रे सा	**जाति**	औडव-षाडव 5/6
पकड़	सा म, म प, मं प ध प, म, रे सा	**समय**	रात्री का प्रथम प्रहर
गीतकार	रत्नाकर नराले	**नोटेशन**	देव बंसराज

खयाल

केदार राग, तीन ताल 16 मात्रा

७४. श्याम की राधा

स्थायी : **मुरली सुनत है श्याम की राधा, मोर पपीहा नाचत थैया ।**
नील गगन में चाँद है आधा ।।

अंतरा : 1. **कोयल कुहू कुहू सुंदर बाँधा, सौरभ चंपक रजनी गंधा ।**
वृंदावन में दंग है वसुधा ।।

2. **हिंदोले पर झूलत झूला, मोहन गोपियन गोपी बाला ।**
बंसी बजावत देवकी नंदा ।।

स्थायी

0				3				X				2			
सारे	**सा**	**म**	**ग**	**प**	**ध**	**मं**	**प**	**धनि**	**सां**	**ध**	**प**	**मंप**	**धप**	**म**	**रेसा**
मुऽ	र	ली	सु	न	त	है	ऽ	श्या	ऽ	म	की	राऽ	ऽऽ	धा	ऽऽ
सा	**-**	**म**	**ग**	**प**	**ध**	**मं**	**प**	**धनि**	**सां**	**ध**	**प**	**मंप**	**धप**	**म**	**-**
मोऽ	ऽ	र	प	पी	ऽ	हा	ऽ	नाऽ	ऽ	च	त	थैऽ	ऽऽ	या	ऽ
सां	**-**	**सां**	**सां**	**नि**	**ध**	**सां**	**रें**	**सां**	**-**	**ध**	**प**	**मंप**	**धप**	**म**	**रेसा**
नी	ऽ	ल	ग	ग	न	में	ऽ	चाँ	ऽ	द	है	आऽ	ऽऽ	धा	ऽऽ
सारे	**सा**	**म**	**ग**	**प**	**ध**	**मं**	**प**	**धनि**	**सां**	**ध**	**प**	**मंप**	**धप**	**म**	**रेसा**
मुऽ	र	ली	सु	न	त	है	ऽ	श्या	ऽ	म	की	राऽ	ऽऽ	धा	ऽऽ

अंतरा–1

0				3				X				2			
प	–	प	प	सां	सां	सां	सां	सां	ध	सां	सां	निसां	रें	सां	–
को	ऽ	य	ल	कु	हू	कु	हू	सुं	ऽ	द	र	बाँऽ	ऽ	धा	ऽ
ध	नि	सां	रें	नि	सां	ध	प	धनि	सां	ध	प	मंप	धप	म	–
सौ	ऽ	र	भ	चं	ऽ	प	क	रऽ	ज	नी	ऽ	गंऽ	ऽऽ	धा	ऽ
सां	–	सां	–	नि	ध	सां	रें	सां	–	ध	प	मंप	धप	म	रेसा
वृं	ऽ	दा	ऽ	व	न	में	ऽ	दं	ऽ	ग	है	वऽ	सुऽ	धा	ऽऽ
सारे	सा	म	ग	प	ध	मं	प	धनि	सां	ध	प	मंप	धप	म	रेसा
मुऽ	र	ली	सु	न	त	है	ऽ	श्या	ऽ	म	की	राऽ	ऽऽ	धा	ऽऽ

स्थायी तान : मुरली सुनत है ऽ

1. सासा मम रेरे पप । मंप धप मम रेसा

मुरली सुनत है ऽ

2. सासा मग पमं धप । मंप धप मम रेसा

मुरली सुनत है ऽ

3. मंप धध पप धनि । सांसां धप मम रेसा

अंतरा तान : कोयल कुहु कुहु

4. मंप धनि सांनि धप । मंप धप मम रेसा

कोयल कुहु कुहु सुंदर बाँधा ऽ

5. सासा मग पमं धप । निध सांनि रेंसां धप ।
   मंप धनि सांनि धप । मंप धप मम रेसा

कोयल कुहु कुहु

6. सांनि धप मंप धनि । सांनि धप मम रेसा ।
   सासा मम पप मंप । मंप धप निध सांनि ।
   रेंसां मंमं रेंसां धप । मंप धप मम रेसा

> केदार राग में शुद्ध म और तीव्र मं दोनों स्वरों का लगातार प्रयोग मान्य होता है.

भजन : राग केदार, कहरवा ताल 8 मात्रा

७९. कानन ले चलो मोहे

स्थायी : कानन ले चलो साथ नाथ मोहे, मन में उदासी रे ।
साथ चलूँगी वन दंडक में, बन कर दासी रे ।।

अंतरा : 1. जंगल मंगल स्थान करेंगे, निर्जन भूमि स्वर्ग कहेंगे ।
प्रभु! मैं तुमरी जनम जनम की, हूँ सहवासी रे ।।

2. जहाँ पति है वहाँ सती हो, जहाँ राम है वहाँ सिया हो ।
तुम दीपक छाया मैं तुमरी, जुग चौरासी रे ।।

स्थायी

X				0				X				0			
–	सा–	म	म	म	–	म	ग	प	–	प	प	–	ध	मं	प
ऽ	काऽ	न	न	ले	ऽ	च	लो	सा	ऽ	थ	ना	ऽ	थ	मो	हे
–	धसां	ध	प	प	–	मंप	धप	म	–	–	–	रे	म	रे	सा
ऽ	मन	में	उ	दा	ऽ	सीऽ	ऽऽ	रे	ऽ	ऽ	ऽ	ऽ	ऽ	ऽ	ऽ
–	सा–	म	म	म	–	म	ग	प	प	प	–	प	ध	मं	प
ऽ	साऽ	थ	च	लूँ	ऽ	गी	ऽ	व	न	दं	ऽ	ड	क	में	ऽ
–	धसां	ध	प	प	–	मंप	धप	म	–	–	–	रे	म	रे	सा
ऽ	बन	क	र	दा	ऽ	सीऽ	ऽऽ	रे	ऽ	ऽ	ऽ	ऽ	ऽ	ऽ	ऽ
–	सा–	म	म	म	–	म	ग	प	–	प	प	–	ध	मं	प
ऽ	काऽ	न	न	ले	ऽ	च	लो	सा	ऽ	थ	ना	ऽ	थ	मो	हे

अंतरा–1

X				0				X				0			
–	प	–प	प	सां	–	सां	सां	ध	नि	सां	रें	सां	नि	ध	प
ऽ	जं	ऽग	ल	मं	ऽ	ग	ल	स्था	ऽ	न	क	रें	ऽ	गे	ऽ
–	प–	प	प	सां	–	सां	–	ध	नि	सां	रें	सां	नि	ध	प
ऽ	निर्	ज	न	भू	ऽ	मि	ऽ	स्व	र्	ग	क	हें	ऽ	गे	ऽ
–	गंगं	गं	मं	रें	रें	सां	–	–	निनि	नि	सां	ध	ध	प	–
ऽ	प्रभु!	मैं	ऽ	तु	म	री	ऽ	ऽ	जन	म	ज	न	म	की	ऽ
–	धसां	ध	प	प	–	मंप	धप	म	–	–	–	रे	म	रे	सा
ऽ	हूँ	स	ह	वा	ऽ	सीऽ	ऽऽ	रे	ऽ	ऽ	ऽ	ऽ	ऽ	ऽ	ऽ
–	सा–	म	म	म	–	म	ग	प	–	प	प	–	ध	मं	प
ऽ	काऽ	न	न	ले	ऽ	च	लो	सा	ऽ	थ	ना	ऽ	थ	मो	हे

४०. थाट कल्याण, राग शुद्ध सारंग

लक्षण दोहा, शुद्ध सारंग राग

तीव्र म स्वर आरोह में, सर्वत्र ग सुर त्याग ।
रे प वादि संवाद का, "शुद्ध सारंग" राग ।।

थाट	कल्याण	**वादी**	ऋषभ् – रे
आरोह	सा रे म॑ रे, सा रे म प, प, नि सां	**संवादी**	पंचम – प
अवरोह	सां नि, ध प, ध म॑ प, रे म रे, ऩि सा	**जाति**	औडव-षाडव 5/6
पकड़	रे म॑ प, रे म रे, सा, ऩि ध़ सा ऩि रे सा	**समय**	दिन का तीसरा प्रहर
गीतकार	रत्नाकर नराले	**नोटेशन**	देव बंसराज

खयाल

शुद्ध सारंग राग, तीन ताल 16 मात्रा

७६. सब से कृपाल

स्थायी : **सब से कृपाल, जग में तुम्हीं हो, माँ ।**
मोहे तोसे प्यार, प्यार प्यार ।।

अंतरा : 1. **संकट में अब, आन पड़ा हूँ ।**
भव जल से मोहे, तार तार तार ।।

2. **द्वार तिहारे, आन खड़ा हूँ ।**
दरशन दो एक, बार बार बार ।।

स्थायी

X				2				0				3			
											म	रे	ऩि	–	सा
											स	ब	से	ऽ	कृ
ऩि	–	ध़	प़	ऩि	ध़	सा	ऩि	रे	–	सा	ऩि	सा	रे	म	रे
पा	ऽ	ऽ	ऽ	ऽ	ऽ	ऽ	ऽ	ऽ	ऽ	ल	ज	ग	में	ऽ	तु
म॑	–	प	–	प	–	पध	म॑प	रे	म	रे	रे	म॑	प	नि	रें
म्हीं	ऽ	ऽ	ऽ	हो	ऽ	ऽ	ऽ	माँ	ऽ	ऽ	मो	हे	तो	ऽ	से
सां	नि	ध	प	म॑	प	रे	म	ऩि	रे	सा	म	रे	ऩि	–	सा
प्या	ऽ	र	प्या	ऽ	र	प्या	ऽ	ऽ	ऽ	र	स	ब	से	ऽ	कृ
ऩि	–	ध़	प़	ऩि	ध़	सा	–								
पा	ऽ	ऽ	ऽ	ऽ	ऽ	ऽ	ऽ								

अंतरा–1

0				3				X				2			
रे	**म॑**	**प**	**नि**	**सां**	**–**	**सां**	**सां**	**नि**	**–**	**नि**	**सां**	**नि**	**–**	**(ध)प**	**–**
सं	ऽ	क	ट	में	ऽ	अ	ब	आ	ऽ	न	प	ड़ा	ऽ	हूँ	ऽ
रे	**म॑**	**प**	**निरें**	**सां**	**नि**	**म॑**	**प**	**धनि**	**सां**	**नि**	**प**	**म॑**	**प**	**रे**	**म**
भ	व	ज	लऽ	से	ऽ	मो	हे	ताऽ	ऽ	र	ता	ऽ	र	ता	ऽ
ऩि	**रे**	**सा**	**म**	**रे**	**ऩि**	**–**	**सा**	**ऩि**	**–**	**ध़**	**प़**	**ऩि**	**ध़**	**सा**	**ऩि**
ऽ	ऽ	र	स	ब	से	ऽ	कृ	पा	ऽ	ऽ	ऽ	ऽ	ऽ	ऽ	ऽ
रे	**–**	**सा**	**म**												
ऽ	ऽ	ऽ	स												

स्थायी तान : सब से कृपा – – –

1. **ऩिसा रेम॑ पध म॑प । रेम रेसा ऩिसा ।**
   सब से कृपा –
2. **रेम॑ पनि धप म॑प । रेम रेसा ऩिसा ।**
   सब से – – –
3. **ऩिसा रेम रेसा ऩिसा । रेम॑ पनि सांरें सांनि ।**
   धप म॑प रेम रेसा ।

अंतरा तान : संकट में अब

4. **प़ऩि सारे मम रेसा । रेम॑ पप रेम रेसा ।**
   संकट
5. **प़ऩि सारे मरे ऩिसा । रेम॑ पनि सांरें सांनि ।**
   पम॑ रेम रेसा ऩिसा ।

४१. थाट कल्याण, राग गौड़ सारंग

लक्षण दोहा, गौड़ सारंग राग

जहाँ रे ग ध नि शुद्ध हों, उभय म स्वर का रंग ।
ग-ध वादी-संवाद में, वहाँ "गौड़ सारंग" ।।

थाट	कल्याण	**वादी**	ऋषभ् – रे
आरोह	साग रेम गप मंध, पनि धसां	**संवादी**	पंचम – प
अवरोह	संध, निप, धमं, पग, मरे, गप, रेसा	**जाति**	औडव-षाडव 5/6
पकड़	सा ग रे म ग प रे सा	**समय**	दिन का तीसरा प्रहर
गीतकार	रत्नाकर नराले	**नोटेशन**	रत्नाकर नराले

खयाल

गौड़ सारंग राग, धमार ताल 14 मात्रा

७७. सब से कृपाल

स्थायी : **नंद के घर किशन आयो,**
कान्हा को गोकुल भायो ।
अंतरा : 1. **बंसीधर की सुन के मुरली,**
सखा सुदामा रास रचायो ।

स्थायी

X					2		0			3			
सां	**रे**	**सां**	**ग**	**म**	**रे**	**सा**	**ध**	**ध**	**म**	**मं**	**प**	**ध**	**प**
नं	ऽ	द	के	ऽ	घ	र	कि	श	न	आ	ऽ	यो	ऽ
सां	**नि**	**सां**	**प**	**ध**	**मं**	**प**	**ग**	**म**	**प**	**ग**	**म**	**रे**	**सा**
का	ऽ	न्हा	ऽ	को	ऽ	गो	ऽ	कु	ल	भा	ऽ	यो	ऽ

अंतरा-1

X					2		0			3			
म	**म**	**ग**	**प**	**प**	**सां**	**सां**	**सां**	**रें**	**सां**	**गं**	**मं**	**रें**	**सां**
बं	ऽ	सी	ध	र	की	ऽ	सु	न	के	मु	र	ली	ऽ
ध	**ध**	**प**	**मं**	**प**	**ध**	**प**	**ग**	**म**	**प**	**रे**	**रे**	**सा**	**सा**
स	खा	ऽ	सु	दा	मा	ऽ	रा	स	र	चा	ऽ	यो	ऽ

४२. थाट कल्याण, राग छायानट

लक्षण दोहा, छायानट राग

दोनों मध्यम स्वर जहाँ, किसी न स्वर का त्याग ।
वादी-संवादी प-सा, वह "छायानट" राग ।।

थाट	कल्याण	**वादी**	ऋषभ् – रे
आरोह	सा रे ग म प नि ध सां	**संवादी**	पंचम – प
अवरोह	संध, निप, धमं, पग, मरे, गप, रेसा	**जाति**	औडव-षाडव 5/6
पकड़	सा ग रे म ग प रे सा	**समय**	दिन का तीसरा प्रहर
गीतकार	रत्नाकर नराले	**नोटेशन**	रत्नाकर नराले

खयाल

छायानट राग, तीन ताल 16 मात्रा

७८. नटखट कान्हा

स्थायी : **कान्हा नटखट सबको भाता, माखन खाने छिप छिप आता ।**
गोपी कहती का करूँ, माता! ।।

अंतरा : 1. **मैया जसोदा बोली कान्हा, आज विपिन मा तू नहीं जाना ।**
धेनु चरावन जावें ताता ।।

स्थायी

0				3				X				2			
ध	**–**	**प**	**–**	**रे**	**ग**	**म**	**प**	**म**	**ग**	**म**	**रे**	**सा**	**रे**	**सा**	**सा**
का	ऽ	न्हा	ऽ	न	ट	ख	ट	स	ब	को	ऽ	भा	ऽ	ता	ऽ
सा	**–**	**ग**	**ग**	**म**	**–**	**रे**	**सा**	**रे**	**ग**	**म**	**प**	**ध**	**नि॒**	**प**	**प**
मा	ऽ	ख	न	खा	ऽ	ने	ऽ	छि	प	छि	प	आ	ऽ	ता	ऽ
प	**–**	**रे**	**रे**	**रे**	**ग**	**म**	**प**	**ग**	**म**	**रे**	**सा**	**सा**	**रे**	**सा**	**सा**
गो	ऽ	पी	ऽ	क	ह	ती	ऽ	का	क	रूँ	ऽ	मा	ऽ	ता	ऽ

अंतरा–1

0				3				X				2			
मं	**प**	**ध**	**प**	**सां**	**–**	**सां**	**–**	**रें**	**–**	**सां**	**ध**	**सां**	**रे**	**सा**	**–**
मै	ऽ	या	ज	सो	ऽ	दा	ऽ	बो	ऽ	ली	–	का	ऽ	न्हा	ऽ
ध	**–**	**ध**	**ध**	**सां**	**सां**	**सां**	**सां**	**सां**	**रें॒**	**सां**	**ध**	**ध**	**नि॒**	**प**	**प**
आ	ऽ	ज	वि	पि	न	मा	ऽ	तू	ऽ	न	हीं	जा	ऽ	ना	ऽ
प	**–**	**रे**	**रे**	**गं**	**म**	**ध**	**प**	**ग**	**म**	**प**	**ग**	**म**	**रे**	**सा**	**सा**
धे	ऽ	नु	च	रा	ऽ	व	न	जा	ऽ	वें	ऽ	ता	ऽ	ता	ऽ

४३. थाट कल्याण, राग हिंडोल

लक्षण दोहा, हिंडोल राग

निषाद वक्र, म तीव्र हो, वर्ज्य रे प के बोल ।
ध ग वादि संवाद से, बने राग "हिंडोल" ।।

थाट	कल्याण	**वादी**	गंधार - ग
आरोह	सा ग, मं ध नि सां	**संवादी**	निषाद - नि
अवरोह	सां नि ध, म ग सा	**जाति**	औडव-औडव 5/5
पकड़	सा, ग, न ध, मं ग, सा	**समय**	दिन का तीसरा प्रहर
गीतकार	रत्नाकर नराले	**नोटेशन**	रत्नाकर नराले

<u>खयाल</u>

७९. राधा नाचे

राग हिंडोल,
तीन ताल 16 मात्रा

स्थायी

छुमक छुमक घुँऽऽघऽरू बोऽलेऽ।
सखी रीऽ, गुत[1] राऽधाऽ कीऽ डोऽलेऽ।।
♫ सांनिधसां निधमं- -ग-मं ग-सा- ।
सासाग- मंमंध- सां-सांध सांमंध ।।

अंतरा-1

फूल जुहीऽ के, मोतियन की माऽलाऽ ।
नयनन सुरमई काऽजल काऽलाऽ ।।
♫ गगगमं -मंधध सांसांसां- सां-सां- ।
सांसांगमं गंसांसांसां सां-सांसां सांधसांध ।।

---

[1] **गुत** : चोटी, वेणी ।

४४. थाट मारवा, राग मारवा

लक्षण दोहा, मारवा राग

रे कोमल, मा तिव्र हो, पंचम काम न कोय ।
रे-ध वादि-संवाद से, राग "मारवा" होय ।।

थाट	मारवा	**वादी**	ऋषभ – रे
आरोह	नि़ रे, ग मं ध, नि रें, सां	**संवादी**	धैवत – ध
अवरोह	रें, नि ध, मं ग रे, सा	**जाति**	षाड़व षाड़व 6/6
पकड़	नि़ रे ग मं ध, मं ग रे, ग मं ग, रे, सा	**समय**	दिन का अंतिम प्रहर
गीतकार	रत्नाकर नराले	**नोटेशन**	देव बंसराज

खयाल

मारवा राग, तीन ताल 16 मात्रा

८०. रघुपति राघव

स्थायी : **रघुपति राघव राम दुलारे, सदा दुखों को हरना हमारे ।**
बिनति करत हम भगतन, सारे ।।

अंतरा : 1. **हाथ जोड़ के शरण में तेरी, तन मन अर्पण चरण में लीजो ।**
सुफल सुभग शुभ गान तिहारे ।।

2. **प्रिय जानकी पास सदा ही, पवन तनय प्रभु दास तुम्हारे ।**
सपनन में प्रभु आओ हमारे ।।

स्थायी

0				3				X				2			
नि़	रे	ग	मं	ध	मं	ध	ध	सां	–	निरें	निध	मं	ध	मं	ग
र	घु	प	ति	रा	ऽ	घ	व	रा	ऽ	मऽ	दु	ला	ऽ	रे	ऽ
मं	ग	–	मंग	रे	–	सा	–	ध	नि	ध	मं	ग	रे	सा	–
स	दा	ऽ	दुऽ	खों	ऽ	को	ऽ	ह	र	ना	ह	मा	ऽ	रे	ऽ
नि़	रे	ग	ग	मं	मं	ध	ध	नि	नि	ध	मं	गरे	ग	रे	सा
बि	न	ति	क	र	त	ह	म	भ	ग	त	न	साऽ	ऽ	रे	ऽ
नि़	रे	ग	मं	ध	मं	ध	ध	सां	–	निरें	निध	मं	ध	मं	ग
र	घु	प	ति	रा	ऽ	घ	व	रा	ऽ	मऽ	दु	ला	ऽ	रे	ऽ

अंतरा-1

0				3				X				2			
म॑	ग	म॑	ध	सां	सां	सां	–	सां	सां	सां	सां	सां	रें॒	सां	–
हा	ऽ	थ	जो	ऽ	ड़	के	ऽ	श	र	ण	में	ते	ऽ	री	ऽ
नि	रें॒	गं	रें॒	मं॑	गं	रें॒	सां	नि	रें॒	नि	ध	म॑	ग	रे॒	सा
त	न	म	न	अ	र्	प	ण	च	र	ण	में	ली	ऽ	जो	ऽ
नि़	रे॒	ग	ग	म॑	म॑	ध	ध	नि	–	ध	म॑	गरे॒	ग	रे॒	सा
सु	फ	ल	सु	भ	ग	शु	भ	गा	ऽ	न	ति	हा	ऽ	रे	ऽ
नि़	रे॒	ग	म॑	ध	म॑	ध	ध	सां	–	निरें॒	निध	म॑	ध	म॑	ग
र	घु	प	ति	रा	ऽ	घ	व	रा	ऽ	मऽ	दु	ला	ऽ	रे	ऽ

स्थायी तान : रघुपति राघव

1. नि़रे॒ गम॑ धनि धम॑ । गम॑ धम॑ गरे॒ सा–

रघुपति राघव

2. गम॑ धनि म॑ध निरें॒ । निध म॑ध म॑ग रे॒सा

रघुपति

3. नि़रे॒ गम॑ धध म॑ध । निसां निध म॑ग म॑ध ।
निध म॑ग रे॒ग रे॒सा

अंतरा तान : हाथ जोड़ के शरण में तेरी ऽ

4. धध म॑ध म॑ग रे॒सा । निनि धनि धम॑ गरे॒
सा– नि़रे॒ गम॑ धध । म॑ध निध म॑ग रे॒सा

हाथ जोड़ के शरण में

5. नि़रे॒ गग रे॒ग म॑म॑ । गम॑ धध म॑ध निनि ।
धनि रें॒ रें॒ निरें॒गंगं । गंगं रें॒सां रें॒ रें॒ सांनि ।
सांसां निध निनि धम॑ । धध म॑ग म॑म॑ गरे॒
गग रे॒सा नि़रे॒ गम॑ । धनि धम॑ गम॑ धम॑ ।
गरे॒ गम॑ गरे॒ सा–

४५. थाट मारवा, राग पूरिया

लक्षण दोहा, पूरिया राग

मध्यम स्वर जब तीव्र हो, वर्जित पंचम नाद ।
रे कोमल से "पूरिया," ग नि वादी संवाद ।।

थाट	मारवा	**वादी**	गंधार – ग
आरोह	ऩि रे̱ सा, ग, म॑, ध नि रें̱ सां	**संवादी**	निषाद – नि
अवरोह	रें̱, नि ध, म॑ ध, ग म॑ ग, ऩि रे̱ सा	**जाति**	षाडव-षाडव 6/6
पकड़	ग म॑ ध ग म॑ ग, म॑ रे̱ ग, रे̱ सा, ऩि ध़ ऩि, रे̱ सा	**समय**	संध्या काल
गीतकार	रत्नाकर नराले	**नोटेशन**	देव बंसराज

खयाल

पूरिया राग, तीन ताल 16 मात्रा

८१. पार करो मेरी नैया

स्थायी : **पार करो मेरी नैया भव से,**
तार करो मेरा अंबे मैया ।

अंतरा : 1. **लुट गयी मेरी प्रेम की नगरी,**
नाथ न आये हाये दैया! ।

2. **लगती सूनी गाँव की डगरी,**
राह तकूँ मैं आवे सैंया ।

स्थायी

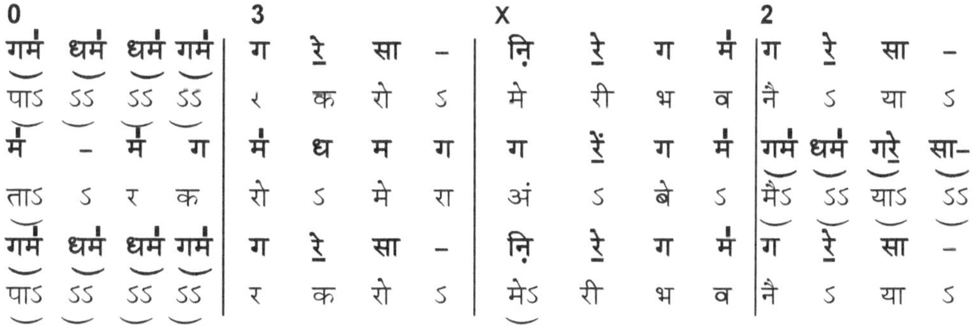

0				3				X				2			
गम॑	**धम॑**	**धम॑**	**गम॑**	**ग**	**रे̱**	**सा**	–	**ऩि**	**रे̱**	**ग**	**म॑**	**ग**	**रे̱**	**सा**	–
पाऽ	ऽऽ	ऽऽ	ऽऽ	र	क	रो	ऽ	मे	री	भ	व	नै	ऽ	या	ऽ
म॑	–	**म॑**	**ग**	**म॑**	**ध**	**म**	**ग**	**ग**	**रें̱**	**ग**	**म॑**	**गम॑**	**धम॑**	**गरे̱**	**सा–**
ताऽ	ऽ	र	क	रो	ऽ	मे	रा	अं	ऽ	बे	ऽ	मैऽ	ऽऽ	याऽ	ऽऽ
गम॑	**धम॑**	**धम॑**	**गम॑**	**ग**	**रे̱**	**सा**	–	**ऩि**	**रे̱**	**ग**	**म॑**	**ग**	**रे̱**	**सा**	–
पाऽ	ऽऽ	ऽऽ	ऽऽ	र	क	रो	ऽ	मेऽ	री	भ	व	नै	ऽ	या	ऽ

<u>अंतरा–1</u>

0				3				X				2			
मं	मं	ग	ग	मं	–	ध	मंध	सां	–	सां	सां	नि	रें	सां	–
लु	ट	ग	यी	मे	ऽ	री	ऽ	प्रेऽ	ऽ	म	की	न	ग	री	ऽ
सां	–	नि	ध	नि	रे	नि	ध	मं	रे	ग	मं	गमं	धमं	गरे	सा–
ना	ऽ	थ	न	आ	ऽ	ये	ऽ	हा	ऽ	ये	ऽ	दैऽ	ऽऽ	याऽ	ऽऽ
गमं	धमं	धमं	गमं	ग	रे	सा	–	ऩि	रे	ग	मं	ग	रे	सा	–
पाऽ	ऽऽ	ऽऽ	ऽऽ	र	क	रो	ऽ	मेऽ	री	भ	व	नै	ऽ	या	ऽ

स्थायी तान : पार करो ऽ

1. ऩिरे गमं धनि मंध । मंनि नि,ध मंग रेसा

पार करो ऽ

2. ऩिरे गमं धनि रेंसां । निध मंग मंग रेसा

पार करो ऽ

3. निध मंग रेसा ऩिरे । गमं धमं मंग रेसा

अंतरा तान : लुट गयी मेरी प्रेम की नगरी ऽ

4. ऩिरे गमं गरे गमं । धनि धमं धनि रेंसां ।
निध मंग रेग मंध । निध मंग मंग रेसा

लुट गयी मेरी प्रेम की नगरी ऽ

5. मंग रेसा निध मंग । रेसा रेंसां निध मंग ।
रेसा ऩिरे गमं धनि । रेंसां निध मंग रेसा

४६. थाट मारवा, राग ललित

लक्षण दोहा, ललित राग

दोनों मध्यम सुर रहें, पंचम स्वर का त्याग ।
ऋषभ रहे कोमल जहाँ, वहाँ "ललित" है राग ।।

थाट	मारवा	**वादी**	ऋषभ – सा
आरोह	नि रे॒ ग म म॑ म ग, म॑ ध नि ध सां	**संवादी**	मध्यम – म
अवरोह	रें॒ नि ध, म॑ ध म॑ म ग, म॑ ग रे सा	**जाति**	षाड़व-षाड़व 6/6
पकड़	नि़ रे॒ ग म, म॑ म ग, ध म॑ ध म॑ म ग	**समय**	दिन का अंतिम प्रहर
गीतकार	रत्नाकर नराले	**नोटेशन**	देव बंसराज

खयाल

ललित राग, तीन ताल 16 मात्रा

८२. रघुपति राघव

स्थायी : नर तन पाया, भाग्य कमाया,
जनम मरण मिट जाय, हरि भज ले ।

अंतरा : 1. मोह भुला कर पाप मिटेगा,
मन! दुर्बल तन का मल तज दे ।

स्थायी

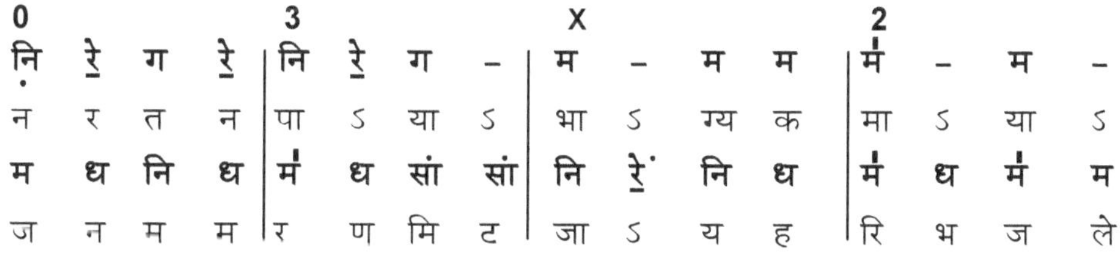

0				3				X				2			
नि़	रे॒	ग	रे॒	नि	रे॒	ग	–	म	–	म	म	म॑	–	म	–
न	र	त	न	पा	ऽ	या	ऽ	भा	ऽ	ग्य	क	मा	ऽ	या	ऽ
म	ध	नि	ध	म॑	ध	सां	सां	नि	रें॒	नि	ध	म॑	ध	म॑	म
ज	न	म	म	र	ण	मि	ट	जा	ऽ	य	ह	रि	भ	ज	ले

अंतरा-1

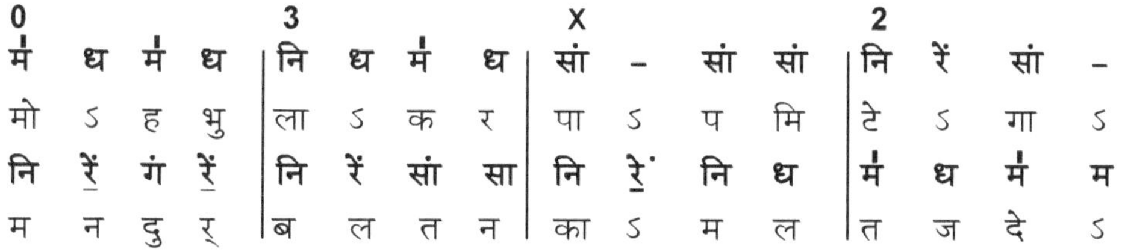

0				3				X				2			
म॑	ध	म॑	ध	नि	ध	म॑	ध	सां	–	सां	सां	नि	रें	सां	–
मो	ऽ	ह	भु	ला	ऽ	क	र	पा	ऽ	प	मि	टे	ऽ	गा	ऽ
नि	रें॒	गं	रें॒	नि	रें	सां	सा	नि	रें॒	नि	ध	म॑	ध	म॑	म
म	न	दु	र्	ब	ल	त	न	का	ऽ	म	ल	त	ज	दे	ऽ

४७. थाट मारवा, राग सोहनी

लक्षण दोहा, ललित राग

रे स्वर है कोमल जहाँ, पंचम का है त्याग ।

मध्यम लगता तीव्र है, वही "सोहनी" राग ।।

थाट	मारवा	**वादी**	धैवत – ध
आरोह	सा ग मं ध नि ध सां	**संवादी**	गंधार – ग
अवरोह	सां रें सां, नि ध, ग मं ध, मं ग, रे सा	**जाति**	औड़व-षाड़व 5/6
पकड़	सां नि ध, नि ध ग, मं ध मं नि सां	**समय**	दिन का अंतिम प्रहर
गीतकार	रत्नाकर नराले	**नोटेशन**	रत्नाकर नराले

खयाल

सोहनी राग, तीन ताल 16 मात्रा

८३. रघुपति राघव

स्थायी : **प्रभु! मेरी विनति सुनो गिरिधारी !**
आया हूँ अब शरण तिहारी ।

अंतरा : 1. **मुकुन्द माधव हरे मुरारी !**
पार करो भव नाव हमारी ।

स्थायी

0				3				X				2			
सां	**रें**	**नि**	**सां**	**नि**	**ध**	**मं**	**ध**	**रें**	**–**	**सां**	**सां**	**नि**	**रें**	**सां**	**–**
प्र	भु	मे	री	वि	न	ति	सु	नो	ऽ	गि	रि	धा	ऽ	री	ऽ
सां	**–**	**नि**	**ध**	**मं**	**ध**	**नि**	**ध**	**ग**	**गं**	**मं**	**ध**	**मं**	**ग**	**रे**	**सा**
आ	ऽ	या	ऽ	हूँ	ऽ	अ	ब	श	र	ण	ति	हा	ऽ	री	ऽ

अंतरा–1

0				3				X				2			
ग	**ग**	**मं**	**ध**	**सां**	**नि**	**रें**	**सां**	**ध**	**नि**	**सां**	**गं**	**मं**	**गं**	**रें**	**सां**
मु	कु	ऽ	न्द	मा	ऽ	ध	व	ह	रे	ऽ	मु	रा	ऽ	री	ऽ
सां	**रें**	**नि**	**सां**	**ध**	**नि**	**मं**	**ध**	**ग**	**गं**	**मं**	**ध**	**मं**	**ग**	**रे**	**सा**
पा	ऽ	र	क	रो	ऽ	भ	व	ना	ऽ	व	ह	मा	ऽ	री	ऽ

४८. थाट पूर्वी, राग पूरिया धनाश्री

लक्षण दोहा, पूरिया धनाश्री राग

"पूरिया धनाश्री" जहाँ, तीव्र–म, कोमल रे ध ।
प–रे वादि-संवाद हैं, इसी राग के भेद ।।

थाट	पूर्वी	**वादी**	पंचम – प
आरोह	ऩि रे ग मं प, मं ध प, नि सां	**संवादी**	ऋषभ् – रे
अवरोह	रें नि ध प, मं ग, मं रे ग, रे सा	**जाति**	संपूर्ण–संपूर्ण 7/7
पकड़	ऩि रे ग मं प, ध प, मं ग, मं रे ग, रे सा	**समय**	संध्या काल
गीतकार	रत्नाकर नराले	**नोटेशन**	देव बंसराज

खयाल

पूरिया धनाश्री राग, तीन ताल 16 मात्रा

८४. वीणा झनकारी

स्थायी : **झनक झनक वीणा झनकारी,**
मंजुल मंगल बंसी प्यारी ।

अंतरा : 1. **छम् छम छम छम घुँघरू बोले,**
पायल रुम झुम पैंजन बाजे ।
साथ मंजीरा धुन हिय हारी ।।

2. **सर् सर सर सर घुँघटा सरके,**
कुंडल चम चम बिंदिया चमके ।
नाचत चंचल राधा गोरी ।।

स्थायी

0				3				X				2			
प	प	मं	ग	मं	ध	नि	रें	नि	ध	प	प	मंध	प	मं	ग
झ	न	क	झ	न	क	वी	ऽ	णा	ऽ	झ	न	काऽ	ऽ	री	ऽ
प	–	मं	ग	मं	रे	ग	ग	मं	ध	मं	ग	रे	–	सा	–
मं	ऽ	जु	ल	मं	ऽ	ग	ल	बं	ऽ	सी	ऽ	प्या	ऽ	री	ऽ
प	प	मं	ग	मं	ध	नि	रें	नि	ध	प	प	मंध	प	मं	ग
झ	न	क	झ	न	क	वी	ऽ	णा	ऽ	झ	न	काऽ	ऽ	री	ऽ

अंतरा-1

0				3				X				2			
–	में	ग	ग	में	में	ध	ध	धनि	सां	सां	–	नि	रें	सां	–
ऽ	छम्	छ	म	छ	म्	छ	म	घुँऽ	घ	रू	ऽ	बो	ऽ	ले	ऽ
–	नि	रें	गं	रेंगं	रें	सां	सां	नि	रें	नि	ध	नि	ध	प	–
ऽ	पा	य	ल	रुऽ	म	झु	म	पै	ऽ	ज	न	बा	ऽ	जे	ऽ
–	प–	में	ग	में	रे	ग	–	में	ध	नि	रें	धनि	ध	प	–
ऽ	साऽ	थ	मं	जी	ऽ	रा	ऽ	धु	न	म	न	हाऽ	ऽ	री	ऽ
प	प	में	ग	में	ध	नि	रें	नि	ध	प	प	मेंध	प	में	ग
झ	न	क	झ	न	क	वी	ऽ	णा	ऽ	झ	न	का	ऽ	री	ऽ

स्थायी तान : झनक झनक वी ऽ

1. निरे गमें धनि रेंनि । धप मेंग रेसा निसा

झनक झनक वी ऽ

2. गमें धनि रेंगं रेंसां । निध पमें गमें रेग

झनक झनक वी ऽ

3. मेंध निनि धनि धप । मेंध पमें गमें रेग

अंतरा तान : ऽ छम् छम छम छम

4. पमें गमें रेग मेंध । निरें सांनि धप मेंप

ऽ छम् छम छम छम घुँघरू बोले ऽ

5. निरे गमें धनि धप । मेंध निनि धनि धप ।
मेंध पमें गमें रेग । पमें गमें गरे सा–

पूर्वी राग में शुद्ध म और तीव्र में दोनों स्वरों का प्रयोग कभी कभी किया जा सकता है.

४९. थाट पूर्वी, राग बसंत

लक्षण दोहा, बसंत राग

वर्ज्य स्वर प आरोह में, सा-म वादि-संवाद ।
कोमल रे ध "बसंत" के, देत बसंती का नाद ।।

थाट	पूर्वी	**वादी**	षड्ज - सा
आरोह	सा ग, मं ध॒ रें॒ सां नि सां	**संवादी**	पंचम - प
अवरोह	रें॒ नि ध॒ प, मं ग मं ग, मं ध॒ मं ग, रे॒ सा	**जाति**	औडव-संपूर्ण 5/7
पकड़	मं ध॒, रें॒, सां, रें॒ नि ध॒ प, मं ग मं ग, रे॒ सा	**समय**	संध्या काल
गीतकार	रत्नाकर नराले	**नोटेशन**	देव बंसराज

खयाल

बसंत राग, तीन ताल 16 मात्रा

८५. बसंत बरखा

स्थायी : रंग गुलों की शोभा न्यारी,
गंध सुगंधित हिरदय हारी ।

अंतरा : 1. बसंत बरखा बरसत रिमझिम,
मंजुल रंगों की फुलवारी ।

2. मोर पपीहा कोयल कारी,
कूजत कूहु कूहु बारी बारी ।

स्थायी

0				3				X				2			
सां	-	नि	ध॒	प	-	मं	ग	मं	ध॒	नि	सां	रें॒सा	निसां	मं	ध॒
रं	ऽ	ग	गु	लों	ऽ	की	ऽ	शो	ऽ	भा	ऽ	न्याऽ	ऽऽ	री	ऽ
सां	-	नि	ध॒	प	-	मं	ग	ग	मं	ध॒	मं	ग	रे॒	सा	-
गं	ऽ	ध	सु	गं	ऽ	धि	त	हि	र	द	य	हा	ऽ	री	ऽ
सां	-	नि	ध॒	प	-	मं	ग	मं	ध॒	नि	सां	रें॒सा	निसां	मं	ध॒
रं	ऽ	ग	गु	लों	ऽ	की	ऽ	शो	ऽ	भा	ऽ	न्याऽ	ऽऽ	री	ऽ

अंतरा–1

0				3				X				2			
ग	मं	–	ध	धनि	सां	सां	–	सां	सां	सां	सां	नि	रें	सां	सां
ब	सं	ऽ	त	बऽ	र	खा	ऽ	ब	र	स	त	रि	म	झि	म
नि	रें	मं	गं	रें	सां	सां	–	नि	ध	सां	सां	निरें	सांनि	धप	मंध
मं	ऽ	जु	ल	रं	ऽ	गों	ऽ	की	ऽ	फु	ल	वाऽ	ऽऽ	रीऽ	ऽऽ
सां	–	नि	ध	प	–	मं	ग	मं	ध	नि	सां	रेंसा	निसां	मं	ध
रं	ऽ	ग	गु	लों	ऽ	की	ऽ	शो	ऽ	भा	ऽ	न्याऽ	ऽऽ	री	ऽ

स्थायी तान : रंग गुलों की ऽ

1. सासा मम गग मंध । निध पमं गरे सासा

रंग गुलों की ऽ

2. सासा मग मंध निसां । निसां पमं गरे सासा

रंग गुलों की ऽ

3. गमं धनि सांगं रेंसां । निध पमं गरे सासा

अंतरा तान : बसंत बरखा –

4. मंग मंध निसां रेंसां । निध पमं गरे सासा

बसंत बरखा बरसत रिमझिम

5. सांनि धप मंग रेसा । सासा मम गग मंध ।
निसां रेंसां निसां रेंसां । निध पमं गरे सासा

५०. थाट पूर्वी, राग श्री

लक्षण दोहा, श्री राग

दो कोमल स्वर रे ध हों, अवरोही ग ध त्याग ।
रे-प वाद-संवाद का, "श्री" जाना है राग ।।

थाट	पूर्वी	**वादी**	ऋषभ् - रे
आरोह	सा रे॒ म॑ प नि सां -	**संवादी**	पंचम - प
अवरोह	सां नि ध॒ प म॑ ग, रे॒ ग, रे॒ रे॒ सा	**जाति**	औडव-संपूर्ण 5/7
पकड़	सा रे॒ रे॒ सा, प म॑ ग रे॒, ग रे॒ रे॒ सा	**समय**	सूर्यास्त संध्या काल
गीतकार	रत्नाकर नराले	**नोटेशन**	रत्नाकर नराले

खयाल

श्री राग, तीन ताल 16 मात्रा

८६. श्री हनुमान

स्थायी : श्री हनुमान ज्ञान गुण सिंधु, जै कपीश करुणा के इंदु ।
अंतरा : 1. महावीर! तुम कपि बजरंगी, रामदास तुम परम उमंगी ।
सुमति तिहारी कपिवर! चंगी ।।

स्थायी

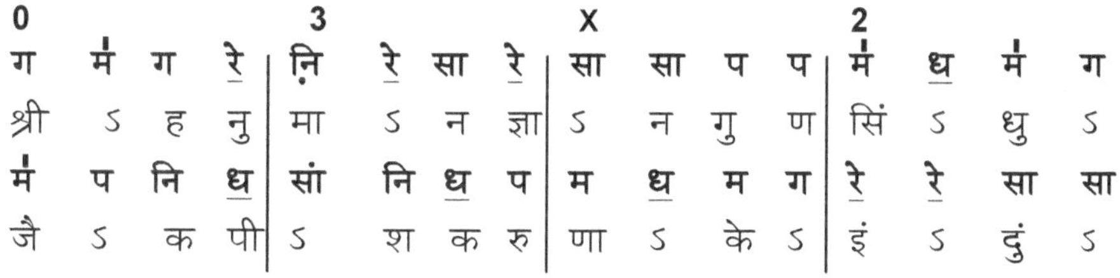

0				3				X				2			
ग	म॑	ग	रे॒	ऩि	रे॒	सा	रे॒	सा	सा	प	प	म॑	ध॒	म॑	ग
श्री	ऽ	ह	नु	मा	ऽ	न	ज्ञा	ऽ	न	गु	ण	सिं	ऽ	धु	ऽ
म॑	प	नि	ध॒	सां	नि	ध॒	प	म	ध॒	म	ग	रे॒	रे॒	सा	सा
जै	ऽ	क	पी	ऽ	श	क	रु	णा	ऽ	के	ऽ	इं	ऽ	दुं	ऽ

अंतरा-1

0				3				X				2			
म॑	ध॒	प	नि	सां	सां	सां	सां	रें॒	रें॒	रें॒	गं	रें॒	रें॒	सां	सां
म	हा	ऽ	वी	ऽ	र	तु	म	क	पि	ब	ज	रं	ऽ	गी	ऽ
नि	रें॒	गं	रें॒	मं॑	गं	रें॒	सां	रें॒	नि	ध॒	प	म॑	ध॒	प	प
रा	ऽ	म	दा	ऽ	स	तु	म	प	र	म	उ	मं	ऽ	गी	ऽ
रे॒	रे॒	प	प	ध॒	प	म॑	प	रें॒	नि	ध॒	प	रे॒	रे॒	सा	सा
सु	म	ति	ति	हा	ऽ	री	ऽ	क	पि	व	र	चं	ऽ	गी	ऽ

५१. थाट पूर्वी, राग परज

लक्षण दोहा, परज राग

दोनों मध्यम स्वर जहाँ, आरोही रे त्याग ।
संवादी-वादी प-सा, "परज" कहा है राग ।।

थाट	पूर्वी	**वादी**	ऋषभ् – सां
आरोह	नि़ सा ग, म॑ प ध॒ प, म॑ ध नि सां	**संवादी**	पंचम – प
अवरोह	सां नि ध॒ प म॑ ग, रे॒ ग, रे॒ रे॒ सा	**जाति**	षाडव-संपूर्ण 6/7
पकड़	सां रें॒ सां रे॒ सां नि ध॒ नि	**समय**	सूर्यास्त संध्या काल
गीतकार	रत्नाकर नराले	**नोटेशन**	रत्नाकर नराले

खयाल

परज, तीन ताल 16 मात्रा

८७. सुखदायी

स्थायी : **किशन कीर्तन महा सुखदायी ।**
चैना देते विपिन विहारी ।।

अंतरा : 1. **अन्वित श्रद्धा से संसारी ।**
मुक्ति पाते हैं नर नारी ।।

स्थायी

0				3				X				2			
ध॒	**सां**	**नि**	**ध॒**	**प**	**प**	**म॑**	**ध॒**	**नि**	**नि**	**नि**	**सां**	**नि**	**ध॒**	**प**	**–**
कि	श	न	कि	र्	त	न	म	हा	ऽ	सु	ख	दा	ऽ	यी	ऽ
ग	**म**	**ग**	**ग**	**म॑**	**ध॒**	**नि**	**सां**	**रें॒**	**सां**	**रें॒**	**सां**	**नि**	**ध॒**	**नि**	**–**
चै	ऽ	ना	ऽ	दे	ऽ	ते	ऽ	वि	पि	न	वि	हा	ऽ	री	ऽ

अंतरा-1

0				3				X				2			
म॑	**ध॒**	**म॑**	**ध॒**	**नि**	**नि**	**सां**	**सां**	**सां**	**रें॒**	**सां**	**रें॒**	**नि**	**नि**	**सां**	**–**
अ	न्	वि	त	श्र	ऽ	द्धा	ऽ	से	ऽ	सं	ऽ	सा	ऽ	री	ऽ
नि	**नि**	**सां**	**सां**	**रें॒**	**गं**	**रें॒**	**सां**	**नि**	**ध॒**	**नि**	**सां**	**नि**	**ध॒**	**नि**	**–**
मु	ऽ	क्ति	ऽ	पा	ऽ	ते	ऽ	हैं	ऽ	न	र	ना	ऽ	री	ऽ

५२. थाट तोड़ी, राग तोड़ी

लक्षण दोहा, तोड़ी राग

रे ग ध कोमल तीव्र मा, ध–ग वादी–संवाद ।
तानसेन ने जो रचा, "तोड़ी" राग सु–वाद ।।

थाट	तोड़ी	**वादी**	धैवत – **ध**
आरोह	सा रे ग, मं ध, प, मं ध नि सां	**संवादी**	गंधार – **ग**
अवरोह	सां नि ध प, मं ग, रे ग रे सा	**जाति**	संपूर्ण–संपूर्ण 7/7
पकड़	ध, नि सा, रे ग रे सा, ध प मं ग, रे ग रे सा	**समय**	दिन का दूसरा प्रहर
गीतकार	रत्नाकर नराले	**नोटेशन**	देव बंसराज

खयाल

तोड़ी राग, तीन ताल 16 मात्रा

८८. रंग बरसे

स्थायी : **बरसे रंग, चुनरिया पे, बरसे रंग ।।**

अंतरा : 1. **लाल सुरख मोरी भीगी चुनरिया, लज कर ओढ़ी साँवरिया, रंग ।।**

2. **रंग रलित मोरी गीली चुनरिया, तन संग लागी साँवरिया, रंग ।।**

स्थायी

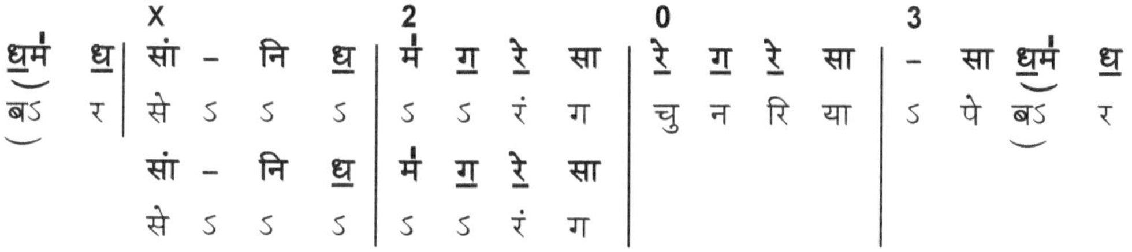

		X				2				0				3			
धमं	ध	सां	–	नि	ध	मं	ग	रे	सा	रे	ग	रे	सा	–	सा	धमं	ध
बऽ	र	से	ऽ	ऽ	ऽ	ऽ	ऽ	रं	ग	चु	न	रि	या	ऽ	पे	बऽ	र
		सां	–	नि	ध	मं	ग	रे	सा								
		से	ऽ	ऽ	ऽ	ऽ	ऽ	रं	ग								

अंतरा–1

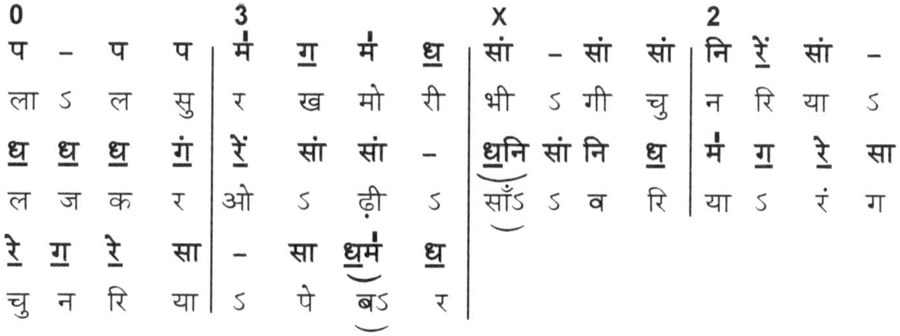

0				3				X				2			
प	–	प	प	मं	ग	मं	ध	सां	–	सां	सां	नि	रें	सां	–
ला	ऽ	ल	सु	र	ख	मो	री	भी	ऽ	गी	चु	न	रि	या	ऽ
ध	ध	ध	गं	रें	सां	सां	–	धनि	सां	नि	ध	मं	ग	रे	सा
ल	ज	क	र	ओ	ऽ	ढ़ी	ऽ	साँऽ	ऽ	व	रि	या	ऽ	रं	ग
रे	ग	रे	सा	–	सा	धमं	ध								
चु	न	रि	या	ऽ	पे	बऽ	र								

स्थायी तान : बरसे ऽ ऽ ऽ ऽ ऽ

1. सारे गमं धनि सांनि । धप मंग रे ग रेसा
बरसे ऽ ऽ ऽ ऽ ऽ

2. सारे गरे गमं धनि । सांनि धप मंग रेसा
बरसे ऽ ऽ ऽ ऽ ऽ

3. गमं धनि सांरें सांनि । धप मंग रे ग रेसा

अंतरा तान : लाल सुरख मोरी भीगी चुनरिया ऽ

4. सारे गमं गरे गमं । धनि धमं धनि सांरें ।
सांनि धनि सांरें गंरें । सांनि धप मंग रेसा
लाल सुरख मोरी

5. गग रे ग रेसा ऩिसा । धऩि सारे गरे सासा ।
सारे गमं धध मंध । निध मंग मंध निसां ।
धनि सांरें गंरें सांनि । धप मंग रे ग रेसा

खयाल – राग तोड़ी

तीन ताल 16 मात्रा

८९. मीरा पी गयी विष का प्याला

स्थायी : मीरा पी गई विष का प्याला,
ना हुई उईमा ना भई पीड़ा ।
केशव की सब लीला ।।

अंतरा : 1. राणा जी से नाता तोरा,
जग जन से मीरा मुख मोड़ा ।
मोहन संग मन जोड़ा ।।

2. राधावर का नाम पियारा,
गाई निश दिन हरि हरि मीरा ।
हँस कर जीवन छोड़ा ।।

स्थायी

0				3				X				2			
रे	ग	रे	सा	नि़	सा	रे	सा	ग	ग	ग	मं	रे	ग	रे	सा
मी	ऽ	रा	पी	ऽ	ग	ई	ऽ	वि	ष	का	ऽ	प्या	ऽ	ला	ऽ
ग	–	मं	प	ध	ध	मं	ग	ग	–	ग	मं	रे	ग	रे	सा
ना	ऽ	हु	ई	उ	ई	मा	ऽ	ना	ऽ	भ	ई	पी	ऽ	ड़ा	ऽ
सा	रे	ग	मं	ध	–	नि	सां	धनि	सांरें	गंरें	सांनि	धनि	धप	मंग	रेसा
के	ऽ	श	व	की	ऽ	स	ब	लीऽ	ऽऽ	ऽऽ	ऽऽ	लाऽ	ऽऽ	ऽऽ	ऽऽ
रे	ग	रे	सा	नि़	सा	रे	सा	ग	ग	ग	मं	रे	ग	रे	सा
मी	ऽ	रा	पी	ऽ	ग	ई	ऽ	वि	ष	का	ऽ	प्या	ऽ	ला	ऽ

अंतरा–1

0				3				X				2			
ध	मं	मं	ग	मं	–	ध	–	धनि	सां	सां	–	नि	रें	सां	–
रा	ऽ	णा	ऽ	जी	ऽ	से	ऽ	नाऽ	ऽ	ता	ऽ	तो	ऽ	ड़ा	ऽ
नि	ध	नि	नि	सां	–	सां	–	सांरें	गं	ग	मं	रें	गं	रें	सां
ज	ग	ज	न	से	ऽ	मी	ऽ	राऽ	ऽ	मु	ख	मो	ऽ	ड़ा	ऽ
नि	ध	ध	गं	रें	सां	नि	सां	धनि	सांरें	गंरें	सांनि	धनि	धप	मंग	रेसा
मो	ऽ	ह	न	से	ऽ	म	न	जोऽ	ऽऽ	ऽऽ	ऽऽ	राऽ	ऽऽ	ऽऽ	ऽऽ
रे	ग	रे	सा	नि़	सा	रे	सा	ग	ग	ग	मं	रे	ग	रे	सा
मी	ऽ	रा	पी	ऽ	ग	ई	ऽ	वि	ष	का	ऽ	प्या	ऽ	ला	ऽ

५३. थाट तोड़ी, राग मुल्तानी

लक्षण दोहा, मुल्तानी राग

रे ग ध कोमल तीव्र मा, बिना रे ध आरोह ।
प सा वादि संवाद से, "मुल्तानी" का मोह ।।

थाट	तोड़ी	**वादी**	धैवत – **ध**
आरोह	नि़ सा ग मं प, नि सां	**संवादी**	गंधार – **ग**
अवरोह	सां नि ध प, मं ग, रे सा	**जाति**	संपूर्ण–संपूर्ण 7/7
पकड़		**समय**	दिन का दूसरा प्रहर
गीतकार	रत्नाकर नराले	**नोटेशन**	रत्नाकर नराले

खयाल

मुल्तानी राग, तीन ताल 16 मात्रा

९०. विपिन विहारी

स्थायी : **मधुबन शोभा आज नियारी,**
विपिन विराजे विपिन विहारी ।
अंतरा : 1. **श्याम बजावे बाँसुरी प्यारी,**
श्यामल कान्हा, हरी मुरारी ।।

स्थायी

0				3				X				2			
प	प	ग	प	ग	रे	सा	सा	नि़	सा	मं	ग	मं	प	मं	ग
म	धु	ब	न	शो	ऽ	भा	ऽ	आ	ऽ	ज	नि	या	ऽ	री	ऽ
ग	मं	प	नि	सां	नि	ध	प	मं	मं	प	ध	प	–	मं	ग
वि	पि	न	वि	रा	ऽ	जे	ऽ	वि	पि	न	वि	हा	ऽ	री	ऽ

अंतरा–1

0				3				X				2			
मं	–	प	ध	प	ग	मं	प	नि	–	सां	नि	सां	–	सां	–
श्या	ऽ	म	ब	जा	ऽ	वे	ऽ	बाँ	ऽ	सु	री	प्या	ऽ	री	ऽ
नि	नि	सां	गं	रे	–	सां	–	मं	प	सां	नि	प	–	मं	ग
श्या	ऽ	म	ल	का	ऽ	न्हा	ऽ	ह	री	ऽ	मु	रा	ऽ	री	ऽ

५४. राग तोड़ी, रूपक ताल

९१. देवी सरस्वती वंदना

स्थायी : देवी सरस्वती ज्ञान दो, हमको परम स्वर गान दो ।
हमरा अमर अभिधान हो, माँ शारदे वरदान दो ।।

अंतरा : 1. तेरी करें हम आरती, माते हमें शुभ दो मति ।
सब विश्व का कल्याण हो, माँ शारदे वरदान दो ।।

2. तुम ही हो बुद्धि दायिनी, तुम ही महा सुख कारिणी ।
तुम ही गुणों की खान हो, माँ शारदे वरदान दो ।।

3. तेरी कृपा से काम हो, जग में न हम नाकाम हों ।
हमको न कभी अभिमान हो, माँ शारदे वरदान दो ।।

4. तुम हो कला की देवता, देवी हमें दो योग्यता ।
हमको हुनर परिधान हो, माँ शारदे वरदान दो ।।

माँ शारदे वरदान दो, माँ शारदे वरदान दो, माँ शारदे वरदान दो ।

म	म	म	म	–	पनि	पम	ग	ग	ग	ग	ग	ग	ग
दे	रे	रे	तुम	ऽ	तन	नन	त	न	न	दे	रे	ना	ना
ग	ग	ग	ग	–	पम	गग	रे	रे	रे	रे	रे	रे	रे
दे	रे	रे	तुम	ऽ	तन	नन	त	न	न	दे	रे	ना	ना
रे	रे	रे	रे	–	मम	मम	म	सा	सा	सा	सा	सा	सा
दे	रे	रे	तुम	ऽ	तन	नन	त	न	न	दे	रे	ना	ना

सां – रें सां – निध पम प – म ग – गप निप रे – रे रे – ग प प – म म –

स्थायी

		X			2		3		X			2		3	
सा	–	निध	नि	प	ग	–	ग	सा	म	–	प	म	–	सा	सा
दे	ऽ	वी	ऽ	स	र	ऽ	स्व	ती	ज्ञा	ऽ	न	दो	ऽ	ह	म
		म	–	प	ध	ध	रें	सां	ध	नि	प	ध	–	प	प
		को	ऽ	प	र	म	स्व	र	गा	ऽ	न	दो	ऽ	ह	म
		निध	नि	प	ग	ग	ग	सा	म	–	प	म	–	सा	–
		राऽ	ऽ	अ	म	र	अ	भि	धा	ऽ	न	हो	ऽ	माँ	ऽ
		म	–	प	ध	–	रें	सां	ध	नि	प	ध	–	सा	–
		शा	ऽ	र	दे	ऽ	व	र	दा	ऽ	न	दो	ऽ	दे	ऽ

अंतरा–1

देवी सरस्वती ज्ञान दो –

मग रेग म म म म – धप मप नि नि नि नि – रेंगं सांनि ध – नि गं रें सां

	X			2		3		X			2		3	
सां	सां	–	सां	नि	सां	ध	नि	रें	–	रें	रें	–	निरें	गंमं
ते	री	ऽ	क	रें	ऽ	ह	म	आ	ऽ	र	ती	ऽ	माऽ	ऽऽ
	रें	–	गं	सां	नि	ध	नि	गंरें	गं	रें	सां	–	सां	–
	ते	ऽ	ह	में	ऽ	शु	भ	दोऽ	ऽ	म	ति	ऽ	मा	ऽ
	रें	नि	नि	ध	प	प	प	निध	नि	प	म	–	प	प
	ते	ऽ	ह	में	ऽ	शु	भ	दोऽ	ऽ	म	ति	ऽ	स	ब
	निध	नि	प	ग	–	ग	सा	म	–	प	म	–	सा	–
	विऽ	ऽ	श्व	का	ऽ	क	ऽ	ल्या	ऽ	ण	हो	ऽ	माँ	ऽ
	म	–	प	ध	–	रें	सां	ध	नि	प	ध	–	सा	–
	शा	ऽ	र	दे	ऽ	व	र	दा	ऽ	न	दो	ऽ	दे	ऽ
	निध	नि	प	ग	–	ग	सा	म	–	प	म	–		
	वीऽ	ऽ	स	र	ऽ	स्व	ती	ज्ञा	ऽ	न	दो	ऽ		

**** This line at the end of the last Antara only :**

माँ शारदे वरदान दो, माँ शारदे वरदान दो,

माँ शारदे वरदान दो । वरदान दो, वरदान दो ।

	X			2		3		X			2		3	
म –	म	–	म	म	–	म	म	ध	–	ध	ध	–	ध	–
माँ ऽ	शा	ऽ	र	दे	ऽ	व	र	दा	ऽ	न	दो	ऽ	माँ	ऽ
	ध	–	ध	ध	–	ध	प	नि	–	नि	नि	–	नि	–
	शा	ऽ	र	दे	ऽ	व	र	दा	ऽ	न	दो	ऽ	माँ	ऽ
	नि	–	नि	नि	–	नि	ध	सां	–	रें	सां	–	–	–
	शा	ऽ	र	दे	ऽ	व	र	दा	ऽ	न	दो	ऽ	ऽ	ऽ

५५. मिश्र राग, पीलू

(पीलू राग में सभी शुद्ध एवं कोमल और तीव्र स्वर लगाए जा सकते हैं)

९२. सीता, बिरहा गीत

स्थायी : रो रो मैं तो बाँवरिया, मोहे बचाओ साँवरिया ।।

अंतरा : 1. भोली झूठा कर पापी नजरिया, मोहे उठा कर जोर जबरिया ।
लाया उड़ा कर, पार सागरिया ।।

2. रावन की ये सुवन नगरिया, महल ये गलियाँ, सुंदर बगिया ।
लागत मोहे, भुवन में घटिया ।।

3. मोहे लुभावत असुरों की मुखिया, ताने चुभावत रावन सखियाँ ।
हाय! रुलावत, लाज न रखियाँ ।।

4. खात है दिन डसे नागिन रतिया, काटत मन अरु काँपत छतिया ।
नाथ विना अब, कासे कहूँ बतिया ।

5. सिय को पुकारत रामजी दुखिया, रोत है लछिमन व्याकुल अँखियाँ ।
आया है हनुमत, लेके मुँदरिया ।।

स्थायी

X				0				X				0			
ग	रे	सा	ऩि	सा	–	रे	प	ग	रे	सा	ऩि	सा	–	–	–
रो	ऽ	रो	ऽ	मैं	ऽ	तो	ऽ	बाँ	ऽ	व	रि	या	ऽ	ऽ	ऽ
म	प	नि	नि	सां	–	निध	प	ग	म	ध	प	ग	–	रेसा	ऩिसा
मो	ऽ	हे	ब	चा	ऽ	ओऽ	ऽ	साँ	ऽ	व	रि	या	ऽ	ऽऽ	ऽऽ
ग	रे	सा	ऩि	सा	–	रे	प	ग	रे	सा	ऩि	सा	–	–	–
रो	ऽ	रो	ऽ	मैं	ऽ	तो	ऽ	बाँ	ऽ	व	रि	या	ऽ	ऽ	ऽ

अंतरा–1

X				0				X				0			
सा	–	ग	म	प	–	प	प	–	गम	नि	प	ग	रे	ऩि	सा
भो	ऽ	ली	झू	ठा	ऽ	क	र	ऽ	पाऽ	पी	न	ज	रि	या	ऽ
ग	–	ग	ग	म	–	म	म	पध	नि	ध	नि	प	ध	प	–
मो	ऽ	हे	उ	ठा	ऽ	क	र	जोऽ	ऽ	र	ज	ब	रि	या	ऽ
नि	–	नि	नि	सां	–	निध	प	ग	म	ध	प	ग	रे	ऩि	सा
ला	ऽ	या	उ	ड़ा	ऽ	कऽ	र	पा	ऽ	र	सा	ग	रि	या	ऽ
ग	रे	सा	ऩि	सा	–	रे	प	ग	रे	सा	ऩि	सा	–	–	–
रो	ऽ	रो	ऽ	मैं	ऽ	तो	ऽ	बाँ	ऽ	व	रि	या	ऽ	ऽ	ऽ

५६. ध्रुपद

कहरवा ताल 8 मात्रा

१३. शिवगौरी

स्थायी : एक लिंग डमरू धर! जगदंबिके भव त्र्यंबिके!
दिगंबर गंगाधर, शिव शंकर, शिव शंकरी ।।

अंतरा : 1. हे महेश जय उमेश, रुद्र भद्र भूतनाथ!
हे भवानी महाकाली, त्राहि माम् भुवनेश्वरी! ।।

2. नीलकंठ भालचंद्र, भोलेनाथ तुम अनंत!
अंबे गौरी महाचंडी, पाहि माम् जगदीश्वरी! ।।

स्थायी

		X				0				X				0			
नि	नि	सां	–	–	–	सां	–	नि	प	म॑	ग	–	–	ग	ग	म॑ध	म॑ग
ए	क	लिं	ऽ	ऽ	ऽ	ग	ऽ	ड	म	रू	ऽ	ऽ	ऽ	ध	र	जऽ	गऽ
		रे	–	–	रे	रे	सा	गरे	रे	सा	–	–	सा	सा	–	ऩि	ध़
		दं	ऽ	ऽ	बि	के	ऽ	भऽ	व	त्र्यं	ऽ	ऽ	बि	के	ऽ	दि	गंऽ
		सा	–	–	–	–	–	ऩिध़	सा	ऩि	–	–	–	–	–	ऩि	रे
		बर	ऽ	ऽ	ऽ	ऽ	ऽ	गंऽ	गा	धर	ऽ	ऽ	ऽ	ऽ	ऽ	शि	व
		म॑	ग	ग	ग	–	–	रे	रे	रे	सा	सा	सा	–	–	नि	नि
		शं	ऽ	क	र	ऽ	ऽ	शि	व	शं	ऽ	क	री	ऽ	ऽ	ए	क

अंतरा

x				0				x				0			
प	ग	प	सां	–	सां	सां	सां	सां	सां	–	सां	सां	–	सां	सां
हे	ऽ	म	हे	ऽ	श	ज	य	उ	मे	ऽ	श	रु	ऽ	द्र	भ
–	सां	सां	नि	रें	सां	–	सां	नि	–	नि	नि	–	नि	नि	नि
ऽ	द्र	भू	ऽ	त	ना	ऽ	थ	हे	ऽ	भ	वा	ऽ	नी	म	हा
–	नि	–	नि	धनि	सां	सां	सां	सां	सां–	नि	ध	नि	प	नि	नि
ऽ	का	ऽ	ली	त्राऽ	ऽ	हि	मा	म्	भुव	ने	ऽ	श्व	री	ए	क

५७. ठुमरी

कहरवा ताल 8 मात्रा

१४. घिर आये सावन के बादर कारे

स्थायी : घिर आये सावन के, बादर कारे । आजा री सजनीया, पपीहा पुकारे ।।

अंतरा : 1. मतवारी मोरनीया, नाच दिखावे । धुन टेर मोरवा की, मनवा रिझावे ।।

2. मेहा रे झरी तोरी, नेहा लगावे । शीतल रीम झीम, मोती पसारे ।।

स्थायी-1

		X				0				X				0			
ग	म	प	सां	नि	सां	–	नि	प	प	ग	–	म	–	ग	–	सा	–
घि	र	आ	ऽ	ऽ	ऽ	ऽ	ये	ऽ	सा	व	ऽ	न	ऽ	के	ऽ	ऽ	ऽ
		नि	–	–	नि	सा	ग	–	ग	म	–	–	–	म	–	–	–
		ऽ	ऽ	ऽ	बा	ऽ	द	ऽ	र	का	ऽ	ऽ	ऽ	रे	ऽ	ऽ	ऽ
		–	–	–	म	प	ग	–	म	प	ध	प	सां	नि	–	ध	प
		ऽ	ऽ	ऽ	आ	ऽ	जा	ऽ	री	स	ऽ	ज	ऽ	नि	ऽ	या	ऽ
		–	–	–	प	ध	मग	रे	ग	म	प	–	–	प	–	ग	म
		ऽ	ऽ	ऽ	प	पी	हाऽ	ऽ	पु	का	ऽ	ऽ	ऽ	रे	ऽ	घि	र

अंतरा

X				0				X				0			
–	–	–	म	प	नि	–	नि	सां	–	–	–	सां	सां	सां	–
ऽ	ऽ	ऽ	म	त	वा	ऽ	री	मो	ऽ	ऽ	ऽ	र	नी	या	ऽ
–	–	–	नि	–	सां	–	सां	नि	सां	निरें	सां	नि	–	ध	प
ऽ	ऽ	ऽ	ना	ऽ	च	ऽ	दि	खा	ऽ	ऽ	ऽऽ	वे	ऽ	ऽ	ऽ
–	–	–	म	प	नि	–	नि	सां	–	–	–	सां	सां	सां	–
ऽ	ऽ	ऽ	म	त	वा	ऽ	री	मो	ऽ	ऽ	ऽ	र	नी	या	ऽ
–	–	–	नि	सां	रेंगं	मं	गं	सां	–	निरें	सां	नि	–	ध	प
ऽ	ऽ	ऽ	ना	ऽ	च	ऽ	दि	खा	ऽ	ऽऽ	ऽ	वे	ऽ	ऽ	ऽ
–	–	–	प	सां	सां	–	रें	नि	–	नि	–	ध	प	प	–
ऽ	ऽ	ऽ	धु	न	टे	ऽ	र	मो	ऽ	र	ऽ	वा	ऽ	की	ऽ
–	–	–	ग	म	ग	रे	ग	म	प	–	–	प	–	ग	म
ऽ	ऽ	ऽ	म	न	वा	ऽ	रि	झा	ऽ	ऽ	ऽ	वे	ऽ	घि	र

५८. गज़ल

कहरवा ताल 8 मात्रा

९५. राह में घनश्याम तेरी

स्थायी : राह में घनश्याम तेरी,
बैठे ज़माना हो गया ।
रास में तू है लगा ये,
बस बहाना हो गया ।।

अंतरा : 1. पी गयी वो ज़हर का प्याला,
तू योग में था खो गया ।
सुन चुके हम वो बहा ना,
अब पुराना हो गया ।।

2. बंसी तेरी है सुहानी,
राधिका से है सुना ।
एक सुर हमको सुना दे,
बस लुभाना हो गया ।।

3. माना तू भगवान है, मगर
कहाँ तू सो गया ।
सपने में दीदार दे दे,
बस रुलाना हो गया ।।

स्थायी

X				0				X				0			
–	नि़	सा	ग	म	–	म	म	–	पध	नि	ध	प	ध	म	ग
ऽ	रा	ऽ	ह	में	ऽ	घ	न	ऽ	श्याऽ	ऽ	म	ते	ऽ	री	ऽ
–	ग	ग	ग	म	–	निप	–	ग	–	–	ग	रेम	गरे	नि़	सा
ऽ	बै	ठे	ज़	मा	ऽ	नाऽ	ऽ	हो	ऽ	ऽ	ग	या–	ऽ	ऽ	ऽ
–	नि़	सा	ग	म	–	म	–	–	पध	नि	ध	प	ध	म	ग
ऽ	रा	ऽ	स	में	ऽ	तू	ऽ	ऽ	हैऽ	ऽ	ल	गा	ऽ	ये	ऽ
–	ग	ग	ग	म	–	निप	–	ग	–	–	ग	रेम	गरे	नि़	सा
ऽ	दु	क	ब	हा	ऽ	ना–	ऽ	हो	ऽ	ऽ	ग	या–	ऽ	ऽ	ऽ
–	नि़	सा	ग	म	–	म	म	–	पध	नि	ध	प	ध	म	ग
ऽ	रा	ऽ	ह	में	ऽ	घ	न	ऽ	श्याऽ	ऽ	म	ते	ऽ	री	ऽ

अंतरा–1

X				0				X				0			
–	नि प	प	नि	–	नि	–	–	निसां	सां	नि सां	–	सां	–		
ऽ	पी	ऽ	ग	यी	ऽ	वो	ऽ	ऽ	ज़ह	र	का	प्याऽ	ला	ऽ	
–	सां	सां	रें	नि	–	प	–	–	ग	–	प	म	–	ग	सा
ऽ	तू	यो	ग	में	ऽ	था	ऽ	ऽ	खो	ऽ	ग	या	ऽ	ऽ	ऽ
–	नि	सा	ग	म	–	म	–	–	पध	नि	ध	प	ध	म	ग
ऽ	म	त	ब	ता	ऽ	तू	ऽ	ऽ	वोऽ	ऽ	ब	हा	ऽ	ना	ऽ
–	ग	ग	ग	म	–	निप	–	ग	–	–	ग	रेम	गरे	नि	सा
ऽ	अ	ब	पु	रा	ऽ	नाऽ	ऽ	हो	ऽ	ऽ	ग	याऽ	ऽ	ऽ	ऽ
–	नि	सा	ग	म	–	म	म	–	पध	नि	ध	प	ध	म	ग
ऽ	रा	ऽ	ह	में	ऽ	घ	न	ऽ	श्याऽ	ऽ	म	ते	ऽ	री	ऽ

५९. चैती

दीपचंदी ताल 14 मात्रा

१६. चले लंका अवध बिहारी

स्थायी : चले लंका अवध बिहारी,
हो रामा, धनुस जटा धारी ।

अंतरा : 1. नीर नयनन सकल नर नारी,
आरती करत मनहारी ।

2. सीता चली संग रघुवर प्यारी,
अंग पे पीत वसन डारी ।

3. पीछे लखन परम सुविचारी,
राघव सिया का हितकारी ।

4. दसरथ नृप सुध खोए सारी,
हिरदय पर दुख भारी ।।

5. दुनिया के दुख रघुवर हारी,
रघुपति के, को टारी ।

स्थायी

X			2				0			3			
सा	**रे**	–	**म**	–	**म**	–	**म**	**प**	–	**ध**	**सां**	**सां**	–
च	ले	ऽ	लं	ऽ	का	ऽ	अ	व	ऽ	ध	ऽ	बि	ऽ
सां	–	–	**नि**	**ध**	**म**	**ग**	**ग**	**म**	**ग**	**म**	**ध**	**प**	**प**
हा	ऽ	ऽ	री	ऽ	हो	ऽ	रा	ऽ	ऽ	मा	ऽ	ऽ	ध
ध	**प**	–	**म**	–	**म**	**ग**	**रे**	**ग**	–	[रे]**सा**	–	–	–
नु	स	ऽ	ज	ऽ	टा	ऽ	धा	ऽ	ऽ	री	ऽ	ऽ	ऽ
सा	**रे**	–	**म**	–	**म**	–	**प**	**ध**	**प**	**म**	–	**रे**	–
च	ले	ऽ	लं	ऽ	का	ऽ	अ	व	ऽ	ध	ऽ	बि	ऽ
म	–	–	**म**	–	–	**सां**	**सां**	**नि**	**ध**	**ध**	–	**म**	**ग**
हा	ऽ	ऽ	री	ऽ	ऽ	बि	हा	ऽ	ऽ	री	ऽ	ऽ	ऽ

59. चैती

अंतरा–1

X			2				0			3			
सां	**नि**	–	**ध**	–	**नि**	–	**सां**	**रें**	–	**सां**	–	**सां**	–
नी	ऽ	ऽ	र	ऽ	न	ऽ	य	न	ऽ	न	ऽ	स	ऽ
नि	**नि**	–	**ध**	**प**	**प**	**म**	**म**	**प**	–	**म**	–	**रें**	**सां**
क	ल	ऽ	न	ऽ	र	ऽ	ना	ऽ	ऽ	री	ऽ	ऽ	स
सां	**ध**	–	**प**	–	**प**	–	**ध**	**प**	–	**म**	–	**रे**	**सा**
क	ल	ऽ	न	ऽ	र	ऽ	ना	ऽ	ऽ	री	ऽ	ऽ	ऽ
सा	**रे**	–	**म**	–	**म**	–	**म**	**प**	–	**ध**	–	**सां**	**सां**
आ	ऽ	ऽ	र	ऽ	ती	ऽ	क	र	ऽ	त	ऽ	म	न
सां	–	–	**<u>नि</u>**	**ध**	**म**	**ग**	**ग**	**म**	**ग**	**म**	**ध**	**प**	**प**
हा	ऽ	ऽ	री	ऽ	हो	ऽ	रा	ऽ	ऽऽ	मा	ऽ	ऽ	ध
ध	**प**	–	**म**	–	**म**	**ग**	**रे**	**ग**	–	**(रे)सा**	–	–	–
नु	स	ऽ	ज	ऽ	टा	ऽ	धा	ऽ	ऽ	री	ऽ	ऽ	ऽ
सा	**रे**	–	**म**	–	**म**	–	**प**	**ध**	**प**	**म**	–	**रे**	–
च	ले	ऽ	लं	ऽ	का	ऽ	अ	व	ऽ	ध	ऽ	बि	ऽ
म	–	–	**म**	–	–	–	–	–	–	–	–	**रे**	**सा**
हा	ऽ	ऽ	री	ऽ	ऽ	ऽ	ऽ	ऽ	ऽ	ऽ	ऽ	ऽ	ऽ

६०. कजरी

कहरवा ताल 8 मात्रा

९७. सावन की कजरिया

स्थायी : कैसी ये सुहानी सावन की कजरिया ।
शीतल रिमझिम झरियाँ ।।

अंतरा : 1. गरजत बिजुरिया, बरसत बदरिया ।
कान्हा रे छलकत, मोरी गगरिया ।।

2. दूर मोरी नगरिया, छोड़ मोरी डगरिया ।
कान्हा रे भीग गयी, मोरी चुनरिया ।।

3. आज तोरी साँवरिया, लूँगी मैं खबरिया ।
ना कर बरजोरी, मोरे कन्हईया ।।

स्थायी

0				X				0				X			
–	–	म	म	म	प	प	नि	नि	–	नि	ध	प	ध	ध	ध
ऽ	ऽ	कै	सी	ये	ऽ	सु	ऽ	हा	ऽ	नी	ऽ	सा	ऽ	व	न
प	म	म	–	म	–	प	–	म	–	ग	–	सा	–	सा	–
की	ऽ	क	ऽ	ज	ऽ	रि	ऽ	या	ऽ	शी	ऽ	त	ऽ	ल	ऽ
ग	–	म	–	प	ध	प	ध	–	म	–	ग	म	–	–	–
रि	ऽ	म	ऽ	झि	ऽ	म	ऽ	ऽ	झ	ऽ	रि	याँ	ऽ	ऽ	ऽ
–	–	सां	–	सां	–	सां	–	सां	–	सां	–	सां	रें	सां	रें
ऽ	ऽ	शी	ऽ	त	ऽ	ल	ऽ	रि	ऽ	म	ऽ	झि	ऽ	म	ऽ
–	नि	–	ध	प	–	–	–	–	–	ग	–	ग	सा	सा	–
ऽ	झ	ऽ	रि	याँ	ऽ	ऽ	ऽ	ऽ	ऽ	शी	ऽ	त	ऽ	ल	ऽ
ग	–	म	–	प	ध	प	ध	–	म	–	ग	म	–	–	–
रि	ऽ	म	ऽ	झि	ऽ	म	ऽ	ऽ	झ	ऽ	रि	याँ	ऽ	ऽ	ऽ

अंतरा–1

0				X				0				X			
म	–	**म**	–	**म**	**प**	**प**	–	**नि**	–	**नि**	–	**सां**	–	**सां**	–
ग	ऽ	र	ऽ	ज	ऽ	त	ऽ	बि	ऽ	जु	ऽ	रि	ऽ	या	ऽ
सां	–	**सां**	–	**सां**	–	**सां**	**नि**	**नि**	**रें**	**सां**	**रें**	**नि**	–	**नि**	**ध**
ब	ऽ	र	ऽ	स	ऽ	त	ऽ	ब	ऽ	द	ऽ	रि	ऽ	या	ऽ
म	–	**म**	–	**म**	**प**	**प**	–	**नि**	–	**नि**	–	**सां**	–	**सां**	–
ग	ऽ	र	ऽ	ज	ऽ	त	ऽ	बि	ऽ	जु	ऽ	रि	ऽ	या	ऽ
सां	–	**सां**	**रें**	**रें**	**मं**	**मं**	**गं**	**गं**	**रें**	**रें**	**सां**	**सां**	**नि**	**ध**	–
ब	ऽ	र	ऽ	स	ऽ	त	ऽ	ब	ऽ	द	ऽ	रि	ऽ	या	ऽ
म	–	**म**	–	**म**	**प**	–	**नि**	**नि**	**नि**	**नि**	**ध**	**प**	**ध**	–	–
का	ऽ	न्हा	ऽ	रे	ऽ	ऽ	ऽ	छ	ल	क	त	मो	ऽ	ऽ	ऽ
प	–	**म**	–	**म**	–	**प**	–	**म**	–	**ग**	–	**ग**	**सा**	**सा**	–
री	ऽ	ग	ऽ	ग	ऽ	रि	ऽ	या	ऽ	शी	ऽ	त	ऽ	ल	ऽ
ग	–	**म**	–	**प**	**ध**	**प**	**ध**	–	**म**	–	**ग**	**म**	–	–	–
रि	ऽ	म	ऽ	झि	ऽ	म	ऽ	ऽ	झ	ऽ	रि	याँ	ऽ	ऽ	ऽ

६१. होरी

दीपचंदी ताल 14 मात्रा

९८. खेड़त होरी किशन मुरारी

स्थायी : सखी संग खेड़त होरी, देखो किशन मुरारी ।

अंतरा : 1. चलावे पिचकारी हो कृषण कन्हाई, देखे यशोदा माई ।
लाल गुलाली उड़े रंग की धारी, कहे राधा मैं तो, हारी हारी ।।

2. बजावे बाँसुरी हो कृषण कन्हैया, सुनै है यशोदा मैया ।
बलदाऊ सुदामा बजावै ताड़ी, संग गोप गोपी, बारी बारी ।।

3. पनिया भरन चली लिये गगरिया, हो राधा ग्वालनिया ।
जमुना तट पर सुंदर प्यारी, ये श्याम की श्यामा, प्यारी प्यारी ।।

स्थायी

X			2				0			3			
सा	सा	–	रे	–	रे	–	रे	ग	–	म	प	म	–
स	खी	ऽ	सं	ऽ	ग	ऽ	खे	ऽ	ऽ	ड़	ऽ	त	ऽ
प	–	–	प	–	–	–	म	नि	प	ग	–	रे	सा
हो	ऽ	ऽ	री	ऽ	ऽ	ऽ	हो	ऽ	ऽ	री	ऽ	ऽ	ऽ
सा	सा	–	रे	–	रे	–	रे	ग	–	म	प	म	–
स	खी	ऽ	सं	ऽ	ग	ऽ	खे	ऽ	ऽ	ड़	ऽ	त	ऽ
नि	प	–	प	–	–	–	–	–	–	ग	–	म	–
हो	ऽ	ऽ	री	ऽ	ऽ	ऽ	ऽ	ऽ	ऽ	दे	ऽ	खो	ऽ
प	ध	प	पध	नि	ध	प	म	प	–	ग	–	रे	सा
कृ	ष	ऽ	णऽ	ऽ	मु	ऽ	रा	ऽ	ऽ	रि	ऽ	ऽ	ऽ
सा	सा	–	रे	–	रे	–	रे	ग	–	म	प	म	–
स	खी	ऽ	सं	ऽ	ग	ऽ	खे	ऽ	ऽ	ड़	ऽ	त	ऽ
नि	प	–	प	–	–	–	–	–	–	–	–	–	–
हो	ऽ	ऽ	री	ऽ	ऽ	ऽ	ऽ	ऽ	ऽ	ऽ	ऽ	ऽ	ऽ

अंतरा–1

X			2				0			3			
रें	रें	–	रें	–	रें	रें	रें	मं	गं	गं	–	गं	रें
च	ला	ऽ	वे	ऽ	पि	च	का	ऽ	ऽ	री	ऽ	हो	ऽ
सां	रें	–	नि	–	प	–	नि	सां	–	रें	–	–	–
कृ	ष	ऽ	न	ऽ	क	ऽ	न्हा	ऽ	ऽ	ई	ऽ	ऽ	ऽ
सां	रें	–	नि	–	नि	–	ध	–	–	म	–	प	–
दे	ऽ	ऽ	खे	ऽ	य	ऽ	शो	ऽ	ऽ	दा	ऽ	ऽ	ऽ
नि	–	–	–	–	ध	नि	सां	–	–	–	–	–	–
मा	ऽ	ऽ	ऽ	ऽ	ऽ	ऽ	ई	ऽ	ऽ	ऽ	ऽ	ऽ	ऽ
सां	–	–	नि	–	ध	–	ध	–	–	ध	–	–	–
ला	ऽ	ऽ	ल	ऽ	गु	ऽ	ला	ऽ	ऽ	ली	ऽ	ऽ	ऽ
ध	ध	–	नि	–	सां	–	रें	नि	–	ध	–	प	–
उ	ड़े	ऽ	रं	ऽ	ग	ऽ	की	ऽ	ऽ	धा	ऽ	री	ऽ
ग	म	–	ध	–	ध	–	ध	–	–	ध	–	–	–
ला	ऽ	ऽ	ल	ऽ	गु	ऽ	ला	ऽ	ऽ	ली	ऽ	ऽ	ऽ
ध	ध	–	नि	–	सां	–	रें	नि	–	ध	–	प	–
उ	ड़े	ऽ	रं	ऽ	ग	ऽ	की	ऽ	ऽ	धा	ऽ	री	ऽ
नि	नि	–	नि	–	नि	–	नि	सां	–	सां	–	–	–
क	हे	ऽ	रा	ऽ	धा	ऽ	मैं	ऽ	ऽ	तो	ऽ	ऽ	ऽ
नि	सां	–	सां	–	–	रें	नि	ध	–	ग	–	म	–
हा	ऽ	ऽ	री	ऽ	ऽ	ऽ	हा	ऽ	ऽ	री	ऽ	ऽ	ऽ
ध	प	–	पध	नि	ध	प	म	प	–	ग	–	रे	सा
रं	ऽ	ऽ	गऽ	ऽ	की	ऽ	धा	ऽ	ऽ	री	ऽ	ऽ	ऽ

६२. तिलाना

कहरवा ताल 8 मात्रा

९९. तूम तन नन नन दीम्

स्थायी : तूम तन नन नन दीम्, तदारे दानी ।
नित न देरे ना, तदारे तदारे दानी ।
तूम तन नन नन दीम्, तदारे दानी ।।

अंतरा : 1. शंख नाद कराहिं शिव, अनहद छंद तरंग ।
भोले शंकर नाचिबे, बाजे डमरू संग ।
तदारे दानी, तूम तन नन नन दीम्, तदारे दानी ।।

2. ध ध कित्, ध ध कित्, तकित् तका कित् ।
तांडव नृत्य दिखावै, ता दीम् त दीम् दीम् ।
त दीम् तन नन नन, भूमंडल सब दंग, तदारे दानी ।।

<u>स्थायी</u>

X				0				X				0			
–	सांसां	सां	सां	<u>नि</u>	ध	प	ध	धसां	<u>नि</u>	ध	प	म	प	<u>ग</u>	रे
ऽ	तूम	त	न	न	न	न	न	दीऽ	ऽ	म्	त	दा	रे	दा	नी
–	सासा	रे	रे	<u>ग</u>	<u>ग</u>	म	म	प	–	प	<u>ध</u>	म	प	<u>ग</u>	रे
ऽ	तूम	त	न	न	न	न	न	दी	ऽ	म्	त	दा	रे	दा	नी
–	सासा	रे	रे	<u>ग</u>	<u>ग</u>	म	म	प	–	–	प	–	–	–	–
ऽ	तूम	त	न	न	न	न	न	दी	ऽ	ऽ	म्	ऽ	ऽ	ऽ	ऽ
–	<u>नि</u>	<u>नि</u>	<u>नि</u>	<u>नि</u>	ध	प	ध	<u>नि</u>	रें	सां	रें	<u>नि</u>	ध	प	प
ऽ	नि	त	न	दे	रे	ना ऽ		त	दा	रे	त	दा	रे	दा	नी
–	सांसां	सां	सां	<u>नि</u>	ध	प	ध	धसां	<u>नि</u>	ध	प	म	प	<u>ग</u>	रे
ऽ	तूम	त	न	न	न	न	न	दीऽ	ऽ	म्	त	दा	रे	दा	नी
–	सासा	रे	रे	<u>ग</u>	<u>ग</u>	म	म	प	–	प	<u>ध</u>	म	प	<u>ग</u>	रे
ऽ	तूम	त	न	न	न	न	न	दी	ऽ	म्	त	दा	रे	दा	नी
–	सासा	रे	रे	<u>ग</u>	<u>ग</u>	म	म	प	–	–	प	–	–	–	–
ऽ	तूम	त	न	न	न	न	न	दी	ऽ	ऽ	म्	ऽ	ऽ	ऽ	ऽ

अंतरा–1

X				0				X				0			
–	म	–	प	नि	–	नि	नि	सां	–	सां	–	रें	नि	सां	–
ऽ	शं	ऽ	ख	ना	ऽ	द	क	रा	ऽ	हिं	ऽ	शि	ऽ	व	ऽ
–	निनि	नि	नि	नि	ध	प	ध	नि	रें	सां	रें	नि	ध	प	–
ऽ	अन	ह	द	छं	ऽ	द	त	रं	ऽ	ऽ	ऽ	ऽ	ऽ	ग	ऽ
–	पप	–	रें	रें	–	रें	रें	–	सां	नि	नि	ध	–	प	–
ऽ	भोऽ	ऽ	ले	शं	ऽ	क	र	ऽ	ना	ऽ	चि	बे	ऽ	ऽ	ऽ
–	सां	–	सां	नि	ध	प	ध	धसां	नि	ध	प	म	प	ग	रे
ऽ	बा	ऽ	जे	ड	म	रू	ऽ	संऽ	ऽ	ग	त	दा	रे	दा	नी
–	सासा	रे	रे	ग	ग	म	म	प	–	–	प	–	–	–	–
ऽ	तूम	त	न	न	न	न	न	दी	ऽ	ऽ	म्	ऽ	ऽ	ऽ	ऽ

६४. चटनी

कहरवा ताल 8 मात्रा

१००. हाय रे! अदा तेरी

स्थायी : हाय रे! अदा तोरी क़ातिल,
ओऽ बरसाने की रधिया !

अंतरा : 1. मुड़ मुड़ काहे को,
मारे नज़रिया ।
काट करजवा को लेगयी,
होऽ गोरी ग्वालिन गुड़िया ।।

2. चुप चुप जाऊँ मैं जमुना की नदिया,
मार कंकरिया वो फोरी,
होऽ कान्हा मोरी गगरिया ।।

3. नट खट आयो री मोरी डगरिया,
धरके कलाई बरजोरी,
होऽ कीनी रार कन्हईया ।।

स्थायी

X				0				X				0			
–	मम	प	प	प	–	प	ध	म	–	प	प	नि	–	ध	प
ऽ	हाय	रे	अ	दा	ऽ	तो	री	क़ा	ऽ	ति	ल	ओ	ऽ	ब	र
प	ध	पध	प	म	म	म	–	–	मम	प	प	प	–	प	ध
सा	ऽ	नेऽ	की	र	धि	या	ऽ	ऽ	हाय	रे	अ	दा	ऽ	तो	री
–	म	प	प	नि	–	ध	प	ध	–	पध	प	म	म	म	–
ऽ	क़ा	ति	ल	ओ	ऽ	ब	र	सा	ऽ	नेऽ	की	र	धि	या	ऽ
–	प	नि	नि	सां	–	सां	सां	–	सां	सां	सां	सांरें	गं	रें	सां
ऽ	हाय	रे	अ	दा	ऽ	तो	री	ऽ	क़ा	ति	ल	ओ	ऽ	ब	र
सां	रें	सांरें	सां	नि	नि	ध	प								
सा	ऽ	नेऽ	की	र	धि	या	ऽ								

अंतरा–1

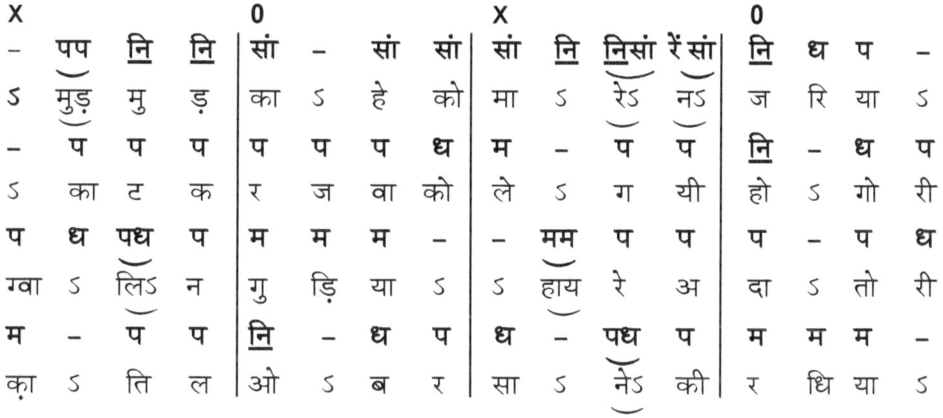

X				0				X				0			
–	**पप**	**नि**	**नि**	**सां**	–	**सां**	**सां**	**सां**	**नि**	**निसां**	**रेंसां**	**नि**	**ध**	**प**	–
ऽ	मुड़	मु	ड़	का	ऽ	हे	को	मा	ऽ	रेऽ	नऽ	ज	रि	या	ऽ
–	**प**	**प**	**प**	**प**	**प**	**प**	**ध**	**म**	–	**प**	**प**	**नि**	–	**ध**	**प**
ऽ	का	ट	क	र	ज	वा	को	ले	ऽ	ग	यी	हो	ऽ	गो	री
प	**ध**	**पध**	**प**	**म**	**म**	**म**	–	–	**मम**	**प**	**प**	**प**	–	**प**	**ध**
ग्वा	ऽ	लिऽ	न	गु	ड़ि	या	ऽ	ऽ	हाय	रे	अ	दा	ऽ	तो	री
म	–	**प**	**प**	**नि**	–	**ध**	**प**	**ध**	–	**पध**	**प**	**म**	**म**	**म**	–
क़ा	ऽ	ति	ल	ओ	ऽ	ब	र	सा	ऽ	नेऽ	की	र	धि	या	ऽ

६५. मिश्र राग के गीत

कहरवा ताल 8 मात्रा

१०१. गंगा मैया

स्थायी : गंगा मैया तू मंगल है माता, तेरा आँचल है कितना सुहाना ।
तेरी लहरों में है गुनगुनाता,
मैया! संगीत सरगम तराना ।।

अंतरा : 1. निकली शंकर की काली जटा से, तुझको भगिरथ है लाया धरा पे ।
तुझको जन्हू की कन्या है माना,
तेरा इतिहास है पावन पुराना ।।

2. तेरे जल में हिमालय की माया, तुझमें जमुना का पानी समाया ।
शरयु को भी गले से लगाया,
तूने उनको भी दीनी गरिमा ।।

3. तेरा तीरथ है लीला जगाता, सारे पापों से मुक्ति दिलाता ।
है सनातन तेरा मेरा नाता,
बड़ी पावन नदी तू मेरी माँ ।।

4. राम सीता हैं अँचल में तेरे, आज लछिमन भी गोदी में तेरे ।
सारी नदियों में तू भागवाना,
इसी कारण तू सबकी बड़ी माँ ।।

स्थायी

		0				X				0				X			
ग	ग	म	प	–	–	–	–	मप	(म)ग	–	नि	–	नि	ध	नि	–ध	प
गं	गा	मै	या	ऽ	ऽ	ऽ	ऽ	ऽऽ	ऽ	ऽ	तू	ऽ	मं	ग	ल	–है	ऽ
		प	–	प	–	–	–	–	–	–	गग	रे	सा	सा	–	सा	नि
		मा	ऽ	ता	ऽ	ऽ	ऽ	ऽ	ऽ	ऽ	तेरा	आँ	ऽ	चल	ऽ	है	ऽ
		–	निध	सां	नि	ध	प	प	–	–	गग	रे	सा	सा	–	सा	नि
		ऽ	कित	ना	सु	हा	ऽ	ना	ऽ	ऽ	तेरी	ल	ह	रों	ऽ	में	है
		–	निध	सां	नि	ध	प	म	ग	नि	–	–	–	–	–	धनि	प
		ऽ	गुन	गु	ऽ	ना	ता	मै	ऽ	या	ऽ	ऽ	ऽ	ऽ	ऽ	ऽऽ	ऽ
		–	नि	–नि	नि	रें	सां	–ध	प	प	–	प	–	–	–	ग	ग
		ऽ	सं	–गी	त	स	र	ऽगम	त	रा	ऽ	ना	ऽ	ऽ	ऽ	गं	गा

<u>अंतरा–1</u>

0				X				0				X			
–	सां–	सां	नि	सां	–	नि	प	–	सां	–सां	नि	सां	–	नि	प
ऽ	निकऽ	ली	ऽ	शं	ऽ	कर	की	ऽ	का	ऽली	ज	टा	ऽ	से	ऽ
–	सां	सां	नि	सां	–	नि	प	–	सां–	सां	नि	सां	–	नि	प
ऽ	तुझ	को	भ	गि	ऽ	रथ	है	ऽ	लाऽ	या	ध	रा	ऽ	पे	ऽ
–	ध	ध	प	ध	–	ध	सां	–	सांनि	ध	प	प	–	प	–
ऽ	तुझ	को	जन	हु	ऽ	की	ऽ	ऽ	कन्ऽ	या	है	मा	ऽ	ना	ऽ
–	ध	ध	प	ध	–	ध	ध	–	सांनि	ध	प	प	प	ग	ग
ऽ	तेरा	इ	ति	हा	ऽ	स	है	ऽ	पाऽ	वन	पु	रा	ना	गं	गा

१०२. गुरु वंदना

कहरवा ताल 8 मात्रा

श्लोक : गुरु ब्रह्मा शिव, गुरु विष्णु है, गुरु चरणन में ज्ञान सही ।

स्थायी : गुरु राम है, गुरु श्याम है,
श्री गणपति का अवतार वही ।

अंतरा : 1. ज्ञान सिखावे, राह दिखावे,
गुरु के तले अंधःकार नहीं ।

2. भरम भगावे, भाग्य जगावे,
गुरु से बड़ा अधिकार नहीं ।

3. छाँव गुरु है, नाव गुरु है,
गुरु से बड़ी पतवार नहीं ।

4. गुरु गुण गावो, गुरु ऋण ध्यावो,
गुरु किरपा का भार नहीं ।

<u>श्लोक</u>

सां	सां	रें	सां	सां	–	सां	सां,	सां	सां	रें	सां	नि	–	नि	–				
गु	रु	ब्र	ऽ	ह्मा	ऽ	शि	व,	गु	रु	वि	ष्	णु	ऽ	है	ऽ				
नि	नि	–	नि	नि	गं	गं	गं,	रें	रेंगं	रें	सां	सां	–	–	–				
गु	रु	ऽ	च	र	ण	न	में,	ऽ	ज्ञाऽ	न	स	ही	ऽ	ऽ	ऽ				
सां	सां	–	सांरें	नि	ध	प	–,	निध	नि	–	–	प	–	म	–	म	–	–	
गु	रु	ऽ	चर	ण	न	में	ऽ,	ज्ञाऽ	ऽ	ऽ	ऽ	न	ऽ	स	ऽ	ही	ऽ	ऽ	

<u>स्थायी</u>

X 0 X 0

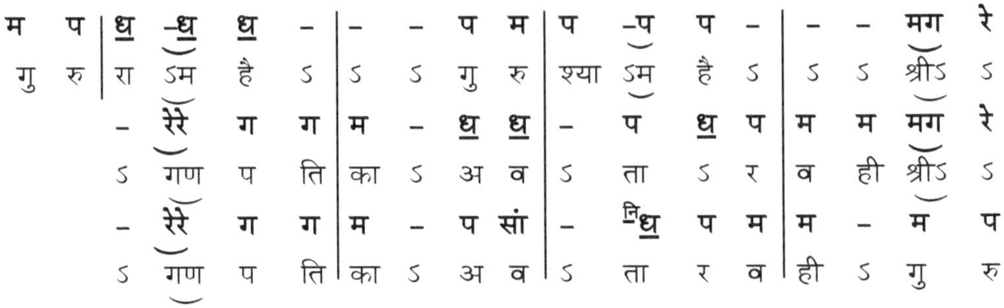

म	प	ध	-ध	ध	-	-	-	प	म	प	-प	प	-	-	-	मग	रे
गु	रु	रा	ऽम	है	ऽ	ऽ	ऽ	गु	रु	श्या	ऽम	है	ऽ	ऽ	ऽ	श्रीऽ	ऽ
		-	रेरे	ग	ग	म	-	ध	ध	-	प	ध	प	म	म	मग	रे
		ऽ	गण	प	ति	का	ऽ	अ	व	ऽ	ता	ऽ	र	व	ही	श्रीऽ	ऽ
		-	रेरे	ग	ग	म	-	प	सां	-	(नि)ध	प	म	म	-	म	प
		ऽ	गण	प	ति	का	ऽ	अ	व	ऽ	ता	र	व	ही	ऽ	गु	रु

<u>अंतरा-1</u>

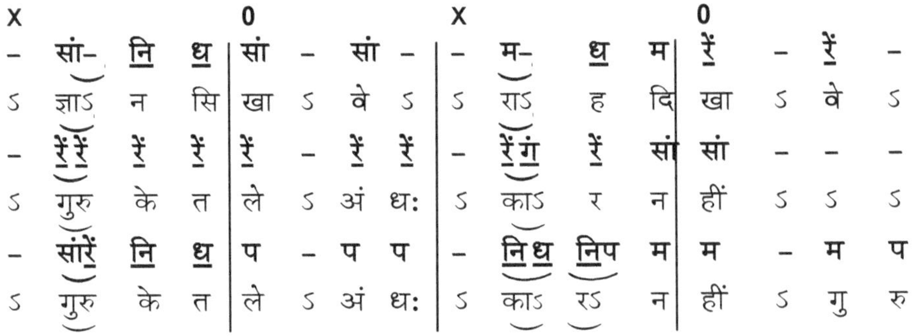

X				0				X				0			
-	सां-	नि	ध	सां	-	सां	-	-	म-	ध	म	रें	-	रें	-
ऽ	ज्ञाऽ	न	सि	खा	ऽ	वे	ऽ	ऽ	राऽ	ह	दि	खा	ऽ	वे	ऽ
-	रेंरें	रें	रें	रें	-	रें	रें	-	रेंगं	रें	सां	सां	-	-	-
ऽ	गुरु	के	त	ले	ऽ	अं	धः	ऽ	काऽ	र	न	हीं	ऽ	ऽ	ऽ
-	सांरें	नि	ध	प	-	प	प	-	निध	निप	म	म	-	म	प
ऽ	गुरु	के	त	ले	ऽ	अं	धः	ऽ	काऽ	रऽ	न	हीं	ऽ	गु	रु

१०३. हे शिव शंभो!

कहरवा ताल 8 मात्रा

स्थायी : हे शिव शंभो! भवानी शंकर! सब संकट हारो ।

अंतरा :

1. आन पड़े हम भव मझ धारे,
   हे डमरूधर हमें बचा रे!
   प्रभु हमको तारो ।
2. भगत खड़े हैं तेरे दुआरे,
   तेरी दया की आशा धारे,
   अब मंगल कारो ।
3. दान कृपा का कीजो प्रभु जी,
   प्रेम की छाया हमको
   दीजो, सब संकट टारो ।

स्थायी

X				0				X				0			
सा	–	रे	ग	रे	सा	सा	–	सा	रे	–	ग	रे	सा	सा	सा
हे	ऽ	शि	व	शं	ऽ	भो	ऽ	भ	वा	ऽ	नी	शं	ऽ	क	र
ध	ध	ध	–	मं	ग	रे	–	ग	–	–	–	रेमं	ग	रे	सा
स	ब	सं	ऽ	क	ट	हा	ऽ	रो	ऽ	ऽ	ऽ	ऽऽ	ऽ	ऽ	ऽ
सा	रे	ग	ध	मं	ग	रे	सा	सा	–	–	–	–	–	–	–
स	ब	सं	ऽ	क	ट	हा	ऽ	रो	ऽ	ऽ	ऽ	ऽ	ऽ	ऽ	ऽ
सा	–	रे	ग	रे	सा	सा	–	सा	रे	–	ग	रे	सा	सा	सा
हे	ऽ	शि	व	शं	ऽ	भो	ऽ	भ	वा	ऽ	नी	शं	ऽ	क	र

अंतरा–1

X				0				X				0			
ध	मं	मं	मं	ध	–	मं	ध	सां	सां	सां	सां	नि	रें	सां	–
आ	ऽ	न	प	ड़े	ऽ	ह	म	भ	व	म	झ	धा	ऽ	रे	ऽ
सां	–	रें	गं	रें	गं	रे	सां	सां	सां	–	सां	नि	सां	नि	ध
हे	ऽ	ड	म	रू	ऽ	ध	र	ह	में	ऽ	ब	चा	ऽ	रे	ऽ
मं	मं	ध	नि	धमं	ग	रे	–	ग	–	–	–	रेमं	ग	रे	सा
प्र	भु	ह	म	कोऽ	ऽ	ता	ऽ	रो	ऽ	ऽ	ऽ	ऽऽ	ऽ	ऽ	ऽ
सा	रे	ग	ध	मं	ग	रे	सा	सा	–	–	–	–	–	–	–
स	ब	सं	ऽ	क	ट	हा	ऽ	रो	ऽ	ऽ	ऽ	ऽ	ऽ	ऽ	ऽ
सा	–	रे	ग	रे	सा	सा	–	सा	रे	–	ग	रे	सा	सा	सा
हे	ऽ	शि	व	शं	ऽ	भो	ऽ	भ	वा	ऽ	नी	शं	ऽ	क	र

१०४. रामायण

कहरवा ताल 8 मात्रा

स्थायी : सुना रहे हैं लव कुश सुंदर । रामायण का कथा समुंदर ।।

अंतरा : 1. ब्रह्मा बोले, नारद धाये । बाल्मीक लेखा, शारद गाये ।
मंगल पावन ये श्लोक सागर । आनंदित हैं भवानी शंकर ।।

2. अवध पुरी में रघुकुल साजा । दो वर दीना दशरथ राजा ।
कैकयी कुब्जा रचा कुचक्कर । भेजा वन में राम सुमंगल ।।

3. हरिण सुनहरा, हरण सिया का । जटायु शबरी, वध बाली का ।
लंका दाहन, सेतु बंधन । लखन संजीवन, रावण भंजन ।।

4. लव कुश बालक अश्व जीत कर । हारे हनुमत भरत लखन दल ।
भूप अवध का बना है राघव । हर्ष भरे हैं धरती अंबर ।।

स्थायी

X				0				X				0			
प	धनि	सां	नि	प	मं	मं	–	–	मंध	नि	ध	पम	–	ग	ग
सु	नाऽ	ऽ	र	हे	ऽ	हैं	ऽ	ऽ	लव	कु	श	सुं	ऽ	द	र
–	गम	ध	प	रे	रे	सा	–	सा	ध	–	ध	नि	ध	प	प
ऽ	राऽ	मा	ऽ	य	ण	का	ऽ	क	था	ऽ	स	मुं	ऽ	द	र
प	धनि	सां	नि	प	मं	मं	–	–	मंध	नि	ध	पम	–	ग	ग
सु	नाऽ	ऽ	र	हे	ऽ	हैं	ऽ	ऽ	लव	कु	श	सुं	ऽ	द	र

अंतरा

X				0				X				0			
–	सांसां	गं	रें	गं	–	गं	–	–	गंरें	सां	नि	रें	–	रें	–
ऽ	ब्रऽ	ह्मा	ऽ	बो	ऽ	ले	ऽ	ऽ	नाऽ	र	द	धा	ऽ	ये	ऽ
–	निसां	नि	ध	नि	रें	रें	–	–	निरें	गं	रें	नि	रें	सां	–
ऽ	बाल्	मी	क	ले	ऽ	खा	ऽ	ऽ	शाऽ	र	द	गा	ऽ	ये	ऽ
–	प	–सां	नि	प	मं	मं	मं	–	मंमं	ध	निध	पम	–	ग	ग
ऽ	मं	ऽग	ल	पा	ऽ	व	न	ऽ	येश्लो	ऽ	कऽ	सा	ऽ	ग	र
–	गम	ध	प	रे	रे	सा	–	सा	ध	–	ध	नि	ध	प	प
ऽ	आऽ	नं	ऽ	दि	त	हैं	ऽ	भ	वा	ऽ	नी	शं	ऽ	क	र
प	धनि	सां	नि	प	मं	मं	–	–	मंध	नि	ध	पम	–	ग	ग
सु	नाऽ	ऽ	र	हे	ऽ	हैं	ऽ	ऽ	लव	कु	श	सुं	ऽ	द	र

१०५. अंबे माँ

कहरवा ताल 8 मात्रा

स्थायी : अंबे माँ वरदान दो मैं तेरे दुआरे ।
बिंती सुनो मैं आज, ओ मैया! तेरे चरन में ।।

अंतरा :
1. शंभु नंदिनी सिंह विराजे, शंख दुंदुभी डंका बाजे ।
तेरा हि जय जय कार, ओ मैया! तीनों भुवन में ।।
2. गंध पुष्प फल तुलसी दल से, पूजा तेरी मन निर्मल से ।
माता पिता का प्यार, ओ मैया! तेरे नयन में ।।
3. हाथ चक्र अरु वज्र विराजे, खड्ग पद्म और त्रिशूल साजे ।
असुरन का संघार, ओ मैया! तेरे वतन में ।।
4. भक्तन के तू काज सँवारे, आर्त जनन के कष्ट उबारे ।
दीनन पर उपकार, ओ मैया! तेरी शरण में ।।

स्थायी

X				0				X				0			
–	ग	–	ग	ग	रे	ग	प	म	–	–	रे	ग	रे	सा	नि़
ऽ	अं	ऽ	बे	माँ	ऽ	व	र	दा	ऽ	ऽ	न	दो	ऽ	मैं	ऽ
सा	–	रे	म	ग	रे	सा	–	–	ग	ग	ग	ग	रे	ग	प
ते	ऽ	रे	दु	आ	ऽ	रे	ऽ	ऽ	बिं	ती	सु	नो	ऽ	मै	ऽ
म	–	–	रे	ग	रे	सा	नि़	सा	–	रे	म	ग	रे	सा	–
आ	ऽ	ऽ	ज	ओ	ऽ	मै	या	ते	ऽ	रे	च	र	न	में	ऽ

अंतरा–1

X				0				X				0			
–	ग	–	गम	प	–	प	म	–	ध	ध	नि	ध	–	प	–
ऽ	शं	ऽ	भुऽ	नं	ऽ	दि	नी	ऽ	सिं	ह	वि	रा	ऽ	जे	ऽ
–	ग	–	गम	प	–	प	म	–	ध	–ध	नि	ध	–	प	–
ऽ	शं	ऽ	खऽ	दुं	ऽ	दु	भी	ऽ	डं	ऽका	ऽ	बा	ऽ	जे	ऽ
–	ग	ग	ग	ग	रे	ग	प	म	–	–	रे	ग	–	सा	नि़
ऽ	ते	रा	हि	ज	य	ज	य	का	ऽ	ऽ	र	ओ	ऽ	मै	या
सा	–	रे	म	ग	रे	सा	–	–	ग	ग	ग	ग	रे	ग	प
ती	ऽ	नों	भु	व	न	में	ऽ	ऽ	बिं	ती	सु	नो	ऽ	मै	ऽ
म	–	–	रे	ग	रे	सा	नि़	सा	–	रे	म	ग	रे	सा	–
आ	ऽ	ऽ	ज	ओ	ऽ	मै	या	ते	ऽ	रे	च	र	न	में	ऽ

१०६. गोवर्धनधारी-१

कहरवा ताल 8 मात्रा

स्थायी : गोवर्धन को उठाए हरि, देखो देखो जी लीला खरी ।
उँगली पर धरे, वो समूचा गिरी, और बजाए मिठी बाँसुरी ।।

अंतरा : 1. मथुरा के परे पास में, मधुबन की हरी घास में ।
गोप गोपी लगे खेल में, श्री हरि थे सखा साथ में ।
मूसला वर्षा कड़ी, जब अचानक गिरि ।
व्रज में चिंता भयानक पड़ी ।। उँगली पर धरे ...

2. व्रज वासी खड़े आस में, थे बड़े आज विश्वास में ।
सब खड़े थे गिरि के तले, सब ने आशा धरी मन में ।
चाहे जितनी बुरी, व्रज में बारिश गिरी ।
सबको दुख से बचाए हरि ।। उँगली पर धरे ...

3. इन्द्र भगवान् जब थक गये, बरसा कर बादल अक गये ।
शक्र हार गये आखरी, झट से वर्षा फिर बंद करी ।
बोले तेरी खरी, होवे जै जै हरि ।
तेरी लीला है जादू भरी ।। उँगली पर धरे ...

स्थायी

		X				0				X				0			
सा	सा	ध	-	ध	ध	प	-	ग	ग	म	-	-	-	-	-	म	म
गो	वर्	धन	ऽ	को	उ	ठा	ऽ	ए	ह	रि	ऽ	ऽ	ऽ	ऽ	ऽ	दे	खो
		ग	-	ध	म	ग	-	म	ग	रे	-	-	-	-	-	नि़	सा
		दे	ऽ	खो	जी	ली	ऽ	ला	ख	री	ऽ	ऽ	ऽ	ऽ	ऽ	ऊँ	ग
		रे	-	ध	ध	प	-	नि़	सा	रे	-	ध	ध	प	-	नि़	सा
		ली	ऽ	पर	ध	रे	ऽ	वो	स	मू	ऽ	चा	गि	रि	ऽ	और	ब
		रे	-	ग	म	प	प	-	ग	म	-	-	-	-	-	सा	सा
		जा	ऽ	ए	मी	ठी	बाँ	ऽ	सु	री	ऽ	ऽ	ऽ	ऽ	ऽ	गो	वर्
		ध	-	ध	नि	प	-	ग	प	प	म	-	-	-	-	-	-
		धन	ऽ	को	उ	ठा	ऽ	ए	ह	रि	ऽ	ऽ	ऽ	ऽ	ऽ	ऽ	ऽ

अंतरा–1

	X				0				X				0			
सां सां	नि	–	रें	सां	(नि)ध	–	नि	ध	म	–	–	–	–	–	म	ध
म थु	रा	ऽ	के	प	रे	ऽ	पा	स	में	ऽ	ऽ	ऽ	ऽ	ऽ	म	धु
	ग	–	म	ध	ग	–	म	ग	रे	–	–	–	–	–	सां	सां
	बन	ऽ	की	ह	री	ऽ	घा	स	में	ऽ	ऽ	ऽ	ऽ	ऽ	गो	प
	नि	–	रें	सां	(नि)ध	–	नि	ध	म	–	–	–	–	–	म	ध
	गो	ऽ	पी	ल	गे	ऽ	खे	ल	में	ऽ	ऽ	ऽ	ऽ	ऽ	श्री	ह
	ग	–	म	ध	ग	–	म	ग	रे	–	–	–	–	–	ऩि	सा
	रि	ऽ	थे	स	खा	ऽ	सा	थ	में	ऽ	ऽ	ऽ	ऽ	ऽ	मूस	ला
	रे	–	ध	ध	प	–	ऩि	सा	रे	–	ध	ध	प	–	ऩि	सा
	वर्	ऽ	षा	क	ड़ी	ऽ	जब	अ	चा	ऽ	नक	गि	री	ऽ	व्रज	में
	रे	–	ग	म	प	–	प	ग	म	–	–	–	–	–	सा	सा
	चिं	ऽ	ता	भ	या	ऽ	नक	प	ड़ी	ऽ	ऽ	ऽ	ऽ	ऽ	गो	वर्
	ध	–	ध	नि	प	–	ग	प	प	म	–	–	–	–	–	–
	धन	ऽ	को	उ	ठा	ऽ	ए	ह	रि	ऽ	ऽ	ऽ	ऽ	ऽ	ऽ	ऽ

१०७. गोवर्धनधारी–२

स्थायी : गोवर्धन उठाए हरि, देखो देखो जी लीला खरी ।
उँगली पर धरे, वो समूचा गिरी, और बजाए मिठी बाँसुरी।।

अन्तरा : 1. मथुरा के परे पास में, मधुबन की हरी घास में ।
गोप गोपी सगे, खेल में जब लगे, साथ में थे सखा श्रीहरि ।
मुसला वर्षा अचानक गिरी,
व्रज में चिंता भयानक पड़ी। उँगली पर धरे ।।

2. व्रज वासी खड़े आस में, थे बड़े आज विश्वास में।
सब गिरि के तले, लगे सुख से गले, सबने मन में थी आशा धरी ।
चाहे जितनी भी बारिश गिरी,
दुख से सबको बचाए हरि। उँगली पर धरे।।

3. इन्द्र भगवान जब थक गये, बरसा कर बादल अक गये ।
शक्र हार गये, शरमिंदा भाये, झट से वर्षा फिर बंद करी ।

बोले तेरी हो जै जै हरि,
तेरी लीला है जादू भरी। उँगली पर धरे ।।

स्थायी

सा	–	सा	ध	–	प	म	–	प	–	ग	म	–	–	–	–	प	प
गो	ऽ	वर्	धन	ऽ	उ	ठा	ऽ	ए	ऽ	ह	रि	ऽ	ऽ	ऽ	ऽ	दे	खो
		म	–	प	प	म	–	प	–	ग	म	–	–	–	–	नि़	नि़
		दे	ऽ	खो	जी	ली	ऽ	ला	ऽ	ख	री	ऽ	ऽ	ऽ	ऽ	ऊँ	ग
		सा	–	ग	–	रे	सा	–	नि़	नि़	सा	–	ग	–	रे	सा	–
		ली	ऽ	प	र	ध	रे	ऽ	वो	स	मू	ऽ	चा	ऽ	गि	री	ऽ
		सा	सा	सा	–	ध	–	प	म	–	प	–	ग	म	–	प	–
		और	ब	जा	ऽ	ए	ऽ	मी	ठी	ऽ	बाँ	ऽ	सु	री	ऽ	गो	ऽ

अन्तरा

सां	सां	नि	–	सां	–	नि	ध	–	नि	–	ध	म	–	–	–	म	म
म	थु	रा	ऽ	के	ऽ	प	रे	ऽ	पा	ऽ	स	में	ऽ	ऽ	ऽ	म	धु
		ग	ग	म	–	म	ग	–	म	–	ग	सा	–	–	–	ग	म
		ब	न	की	ऽ	ह	री	ऽ	घा	ऽ	स	में	ऽ	ऽ	ऽ	गो	प
		प	–	सां	नि	प	–	ग	म	प	–	सां	नि	प	–	ग	म
		गो	ऽ	पी	स	गे	ऽ	खे	ल	में	ऽ	जब	ल	गे	ऽ	सा	थ
		प	–	प	म	ग	–	म	ग	सा	–	–	–	–	–	सा	सा
		में	ऽ	थे	स	खा	ऽ	श्री	ह	रि	ऽ	ऽ	ऽ	ऽ	ऽ	मुस	ला
		ध	–	ध	ध	प	–	ग	म	प	–	–	–	–	–	प	प
		व	र्	षा	अ	चा	ऽ	न	क	गि	री	ऽ	ऽ	ऽ	ऽ	व्रज	में
		म	ध	–	प	म	–	प	म	ग	–	–	–	–	–	नि़	नि़
		चिं	ता	ऽ	भ	या	ऽ	नक	प	ड़ी	ऽ	ऽ	ऽ	ऽ	ऽ	ऊँ	ग

१०८. वसुधैव कुटुंबकम्-१

कहरवा ताल 8 मात्रा

स्थायी : सब लोग जहाँ के भाई हैं, सब एक ही पथ के राही हैं ।
"वसुधैव कुटुंब" सचाई है ।।
सब एक जगत के वासी हैं, सब की ये वसुधा माई है ।
सब एक ही कुल के सगाई हैं ।।

अंतरा : 1. सब वेदों की ये वाणी है, सब शुभ वचनों की ये राणी है ।
बस एक हमारी भूमि है, अरु एक हमारा स्वामी है ।
बस एक सभी का साँई है ।।

2. सब जगत का एक ही ज्ञानी है, और एक ही अंतर्यामी है ।
बस एक हमारा दाता है, अरु एक हमारा विधाता है ।
बस एक सभी का सहाई है ।।

3. ऋषि मुनियों की ये बखानी है, और सबसे परम कहानी है ।
बस एक हमारा कर्ता है, जिसने जग रीत बनाई है ।
उसने भव प्रीत बसाई है ।।

स्थायी

X						0				X				0			
सा	नि़	सा	–	ग	रे	सा	–	नि़	–	सा	–	रे	प	[म]ग	–	ग	म
स	ब	लो	ऽ	ग	ज	हाँ	ऽ	के	ऽ	भा	ऽ	ई	ऽ	हैं	ऽ	स	ब
		म	ग	प	म	ग	ग	रे	सा	सा	–	रे	म	ग	–	ग	ग
		ए	ऽ	क	ही	प	थ	के	ऽ	रा	ऽ	ही	ऽ	हैं	ऽ	व	सु
		(ग)रे	सा	सा	सा	रे	–	ग	म	ग	रे	सा	नि़	सा	–	सा	नि़
		धैऽ	ऽ	व	कु	टुं	ऽ	ब	स	चा	ऽ	ई	ऽ	है	ऽ	स	ब
		सा	–	ग	रे	सा	सा	नि़	–	सा	–	रे	प	[म]ग	–	ग	म
		ए	ऽ	क	ज	ग	त	के	ऽ	वा	ऽ	सी	ऽ	हैं	ऽ	स	ब
		म	ग	प	म	ग	–	रे	सा	सा	–	रे	म	ग	–	ग	ग
		की	ऽ	ये	व	सु	ऽ	धा	ऽ	मा	ऽ	ई	ऽ	है	ऽ	स	ब
		ग	रे	सा	सा	रे	रे	ग	म	ग	रे	सा	नि़	सा	–	सा	नि़
		ए	ऽ	क	ही	कु	ल	के	स	गा	ऽ	ई	ऽ	हैं	ऽ	स	ब

अंतरा–1

		X				0				X				0			
प	**प**	**म**	**रे**	**म**	**–**	**प**	**–**	**प**	**म**	**प**	**नि**	**ध**	**प**	**प**	**–**	**प**	**प**
स	ब	वे	ऽ	दों	ऽ	की	ऽ	ये	ऽ	वा	ऽ	णी	ऽ	है	ऽ	स	ब
		म	**ग**	**ग**	**सा**	**सा**	**ग**	**म**	**प**	**ग**	**रे**	**सा**	**नि़**	**सा**	**–**	**सा**	**नि़**
		शु	भ	व	च	नों	ऽ	की	ये	रा	ऽ	णी	ऽ	है	ऽ	ब	स
		सा	**–**	**ग**	**रे**	**सा**	**–**	**नि़**	**–**	**सा**	**–**	**रे**	**प**	**[म]ग**	**–**	**ग**	**म**
		ए	ऽ	क	ह	मा	ऽ	री	ऽ	भू	ऽ	मि	ऽ	है	ऽ	अ	रु
		म	**ग**	**प**	**म**	**ग**	**–**	**रे**	**सा**	**सा**	**–**	**रे**	**म**	**ग**	**–**	**ग**	**ग**
		ए	ऽ	क	ह	मा	ऽ	रा	ऽ	स्वा	ऽ	मी	ऽ	है	ऽ	ब	स
		ग	**रे**	**सा**	**सा**	**रे**	**–**	**ग**	**म**	**ग**	**रे**	**सा**	**नि़**	**सा**	**–**	**सा**	**नि़**
		ए	ऽ	क	स	भी	ऽ	का	ऽ	साँ	ऽ	ई	ऽ	है	ऽ	स	ब

१०९. वसुधैव कुटुंबकम्-२

दादरा ताल 6 मात्रा

स्थायी : इस दुनिया में सारे हैं भाई, वसुधैव कुटुंबऽ की नाई ।
ये वसुधा सभी की है माई, एक कुल के सभी हैं सगाई ।।

अंतरा : 1. सब वेदों की अमृत की वाणी, शुभ वचनों की जानी है राणी ।
सारी भूमि का है एक स्वामी, सारी दुनिया का है एक साईं।।

2. एक सबका हमारा है दाता, एक सबका हमारा विधाता ।
इस संसार का एक ज्ञाता, एक जानो सभी का सहाई ।।

3. ऋषि-मुनियों की ये है बखानी, सबसे पावन यही है कहानी ।
रीत दुनिया की जिसने बनाई, प्रीत भव में उसी ने बसाई ।।

स्थायी

0			x			0			x		
–	म	ग	म	–	ध	–	ध	–	प	ध	प
ऽ	गं	गा	मै	ऽ	या	ऽ	तू	ऽ	मं	ऽ	ऽ
म	–	ग	म	प	–	–	–	–	–	–	–
गल	ऽ	है	मा	ता	ऽ	ऽ	ऽ	ऽ	ऽ	ऽ	ऽ
–	ग	ग	सा	–	ग	–	ग	–	म	म	–
–	ते	रा	आँ	ऽ	चल	ऽ	है	ऽ	कि	त	ऽ
प	–	ध	प	म	–	म	–	–	–	–	–
ना	ऽ	सु	हा	ऽ	ऽ	ना	ऽ	ऽ	ऽ	ऽ	ऽ
–	म	ग	म	म	ध	–	ध	–	प	–	–
ऽ	ते	री	ल	ह	रों	ऽ	में	ऽ	है	ऽ	ऽ
म	म	ग	म	प	–	–	–	–	–	–	–
गु	न	गु	ना	ता	ऽ	ऽ	ऽ	ऽ	ऽ	ऽ	ऽ
–	ग	सा	सा	–	ग	–	ग	–	म	म	–
–	मै	या	सं	ऽ	गी	ऽ	त	ऽ	स	र	ऽ
प	प	ध	प	–	–	म	–	–	म	–	–
ग	म	त	रा	ऽ	ऽ	ना	ऽ	ऽ	ऽ	ऽ	ऽ
–	म	ग	म	–	ध						
ऽ	गं	गा	मै	ऽ	या						

अंतरा

0			x			0			x		
–	सां	सां	नि	–	–	रें	रें	सां	नि	ध	नि
ऽ	निक	ली	शं	ऽ	ऽ	क	र	की	का	ऽ	ली
–	ध	–	प	–	–	म	–	–	–	–	–
ऽ	ज	ऽ	टा	ऽ	ऽ	से	ऽ	ऽ	ऽ	ऽ	ऽ
–	सां	सां	नि	नि	–	रें	रें	सां	नि	ध	–
ऽ	तुझ	को	भ	गि	ऽ	र	थ	ने	ला	ऽ	ऽ
नि	–	ध	प	म	–	म	–	–	–	–	–
या	ऽ	ध	रा	ऽ	ऽ	पे	ऽ	ऽ	ऽ	ऽ	ऽ
–	म	ग	म	म	ध	–	ध	–	प	ध	प
ऽ	तुझ	को	ज	न्	हू	ऽ	की	ऽ	क	न्	ऽ
म	–	ग	म	प	–	–	–	–	–	–	–
या	ऽ	है	मा	ना	ऽ	ऽ	ऽ	ऽ	ऽ	ऽ	ऽ
–	ग	ग	सा	सा	ग	–	ग	–	म	–	–
ऽ	ते	रा	इ	ति	हा	ऽ	स	ऽ	पा	ऽ	ऽ
प	–	ध	प	–	–	म	–	–	म	–	–
वन	ऽ	पु	रा	ऽ	ऽ	ना	ऽ	ऽ	ऽ	ऽ	ऽ

११०. नंदकिशोर

कहरवा ताल 8 मात्रा

स्थायी : **खेलत राधा नंद किशोर, नंद किशोर सखि नंद किशोर ।**
गोकुल वाला माखन चोर ।।

अंतरा :
1. **ग्वालिन राधा, झूलत झूला, आनंद चारों ओर ।।**
2. **बाँसुरी की धुन, सुनत गोपिका, नाचत मन का मोर ।।**
3. **गोप सुदामा अरु बलरामा, गावत सुधबुध छोड़ ।।**
4. **बांधत नटखट मात यशोदा, टूटी जावे डोर ।।**
5. **सावन बरखा, रिमझिम बरसत, काली घटा घन घोर ।।**

स्थायी

X				0				X				0			
म	प	म	ग	म	–	प	–	नि	ध	प	म	म	–	–	म
खे	ऽ	ल	त	रा	ऽ	धा	ऽ	नं	ऽ	द	कि	शो	ऽ	ऽ	र
ध	–	नि	नि	ध	–ध	प	म	ध	प	धसां	नि	ध	–	प	म
नं	ऽ	द	कि	शो	ऽर	स	खि	नं	ऽ	दऽ	कि	शो	ऽ	ऽ	र
म	प	म	ग	म	–	पध	मप	नि	ध	प	म	म	–	–	म
गो	ऽ	कु	ल	वा	ऽ	लाऽ	ऽऽ	मा	ऽ	ख	न	चो	ऽ	ऽ	र
म	प	म	ग	म	–	प	–	नि	ध	प	म	म	–	–	म
खे	ऽ	ल	त	रा	ऽ	धा	ऽ	नं	ऽ	द	कि	शो	ऽ	ऽ	र

अंतरा–1

X				0				X				0			
–	मप	नि	नि	सां	–	सां	–	–	सां	–सां	सां	नि	सां	नि	ध
ऽ	ग्वाऽ	लि	न	रा	ऽ	धा	ऽ	ऽ	झू	ऽल	त	झू	ऽ	ला	ऽ
–	मप	नि	नि	सां	–	सां	–	–	रेंगं	मंगं	रें	नि	सां	नि	ध
ऽ	ग्वाऽ	लि	न	रा	ऽ	धा	ऽ	ऽ	झूऽ	ऽल	त	झू	ऽ	ला	ऽ
–	ध	ध	ध	ध	प	ध	सां	नि	–	–	–	ध	–	प	म
ऽ	आ	नं	द	चा	ऽ	रों	ऽ	ओ	ऽ	ऽ	ऽ	ऽ	ऽ	ऽ	र
म	प	म	ग	म	–	प	–	नि	ध	प	म	म	–	–	म
खे	ऽ	ल	त	रा	ऽ	धा	ऽ	नं	ऽ	द	कि	शो	ऽ	ऽ	र

१११. दिवाली

कहरवा ताल 8 मात्रा

स्थायी : घर घर दीप जलाओ सखी री, आज दीवाली ।
आतशबाज़ी जलाओ रे भैया, आज दीवाली ।।

अंतरा : 1. लक्ष्मी पूजा करो रे भैया, मृदंग ढोल बजाओ, सखी री ।।
2. धन देवी की आरती मंगल, कीर्तन गान सुनाओ, सखी री ।।
3. आज घर आयो दशरथ नंदन, अवध में आनंद छायो, सखी री ।।
4. बाल बालिका वनिता सुंदर, रंग रंगोली सजायो, सखी री ।।

स्थायी

X				0				X				0			
प	**प**	**प**	**प**	**प**	**नि**	**ध**	**प**	**म**	**–**	**म**	**म**	**म**	**प**	**म**	**ग**
घ	र	घ	र	दी	ऽ	प	ज	ला	ऽ	ओ	स	खी	री	आ	ज
म	**–**	**प**	**–**	**नि**	**ध**	**–**	**–**	**सां**	**सां**	**सां**	**सां**	**सां**	**–**	**सां**	**नि**
दी	ऽ	वा	ऽ	ली	ऽ	ऽ	ऽ	घ	र	घ	र	दी	ऽ	प	ज
ध	**–**	**ध**	**ध**	**ध**	**ध**	**ध**	**म**	**–**	**मध**	**निरें**	**सां**	**(नि)ध**	**–**	**प**	**म**
ला	ऽ	ओ	स	खी	री	आ	ज	ऽ	दीऽ	वाऽ	ऽ	ली	ऽ	ऽ	ऽ
प	**–**	**प**	**प**	**प**	**नि**	**ध**	**प**	**म**	**–**	**म**	**म**	**म**	**प**	**म**	**ग**
आ	ऽ	त	श	बा	ऽ	ज़ी	ज	ला	ऽ	ओ	रे	भै	या	आ	ज
म	**–**	**प**	**–**	**नि**	**ध**	**–**	**–**								
दी	ऽ	वा	ऽ	ली	ऽ	ऽ	ऽ								

अन्तरा-1

X				0				X				0			
–	**म**	**ध**	**नि**	**सां**	**–**	**सां**	**–**	**–**	**धनि**	**रें**	**सां**	**ध**	**–**	**प**	**म**
ऽ	लक्ष्	मी	ऽ	पू	ऽ	जा	ऽ	ऽ	करो	ऽ	रे	भै	ऽ	या	ऽ
–	**सां**	**ध**	**नि**	**सांरें**	**गं**	**रें**	**सां**	**–**	**धनि**	**रें**	**सां**	**ध**	**–**	**प**	**म**
ऽ	लक्ष्	मी	ऽ	पू	ऽ	जा	ऽ	ऽ	करो	ऽ	रे	भै	ऽ	या	ऽ
–	**प**	**प**	**प**	**प**	**नि**	**ध**	**प**	**म**	**–**	**म**	**म**	**म**	**प**	**म**	**ग**
ऽ	मृ	दं	ग	ढो	ऽ	ल	ब	जा	ऽ	ओ	स	खी	री	आ	ज
म	**–**	**प**	**–**	**नि**	**ध**	**–**	**–**								
दी	ऽ	वा	ऽ	ली	ऽ	ऽ	ऽ								

११२. शिव-पार्वती-गणेश

कहरवा ताल 8 मात्रा

स्थायी : शिव पार्वती गणेश, जय जय शिव पार्वती गणेश ।
ध्याऊँ तुमको, पाऊँ तुम को,
वंदन करूँ महेश ।।

अंतरा : 1. ज्यों हि तुमरे सुमिरण कीने, सपनन तुमने दर्शन दीने ।
भवसागर से सुखसागर में,
दूर हुए क्लेष ।।

2. जो भी तुमरे दर पर आवे, पल में उसके घर भर जावे ।
दुःख जगत के वो तर जावे,
तेरी कृपा उमेश ।।

3. कोई तुमसे अलख नहीं है, सारी तुमसे व्याप्त मही है ।
तेरी कृपा से हसरत मेरी,
पूर्ण हुई अशेष ।।

स्थायी

X				0				X				0			
–	गम	ध	प	(म)रे	रे	सा	सा	म	–	–	रे	सा	नि़	नि़	नि़
ऽ	शिव	पा	ऽ	र्व	ती	ऽ	ग	णे	ऽ	ऽ	श	ज	य	ज	य
–	नि़सा	रे	प	म	रे	सा	नि़	सा	–	–	सा	म	रे	सा	नि़
ऽ	शिव	पा	ऽ	र्व	ती	ऽ	ग	णे	ऽ	ऽ	श	ज	य	ज	य
–	नि़सा	रे	प	म	रे	सा	नि़	सा	–	–	सा	–	–	–	–
ऽ	शिव	पा	ऽ	र्व	ती	ऽ	ग	णे	ऽ	ऽ	श	ऽ	ऽ	ऽ	ऽ
–	मप	नि	–	नि	नि	नि	–	–	सां	–सां	–	रें	नि	सां	–
ऽ	ध्याऽ	ऊँ	ऽ	तु	म	को	ऽ	ऽ	पा	ऽऊँ	ऽ	तु	म	को	ऽ
–	नि	–	निनि	ध	म	प	ध	प	–	–	–	मध	पम	गरे	सानि़
ऽ	वं	ऽ	दन	क	रूँ	ऽ	म	हे	ऽ	ऽ	ऽ	ऽऽ	ऽऽ	ऽऽ	शऽ
–	नि़सा	रे	प	म	रे	सा	नि़	सा	–	–	सा	म	रे	सा	नि़
ऽ	शिव	पा	ऽ	र्व	ती	ऽ	ग	णे	ऽ	ऽ	श	ज	य	ज	य
–	नि़सा	रे	प	म	रे	सा	नि़	सा	–	–	सा	–	–	–	–
ऽ	शिव	पा	ऽ	र्व	ती	ऽ	ग	णे	ऽ	ऽ	श	ऽ	ऽ	ऽ	ऽ

अंतरा–1

X				0				X				0			
–	नि	ध	म	प	प	प	–	–	निध	म	म	प	–	प	–
ऽ	ज्यों	ऽ	हि	तु	म	रे	ऽ	ऽ	सुमि	र	ण	की	ऽ	ने	ऽ
–	निध	म	म	प	प	प	सां	–	निध	म	म	प	–	प	–
ऽ	सप	न	न	तु	म	ने	ऽ	ऽ	दर्	श	न	दी	ऽ	ने	ऽ
–	म	प	नि	नि	सां	सां	–	–	गंगं	रें	सां	रें	नि	सां	–
ऽ	भ	व	सा	ग	र	से	ऽ	ऽ	सुख	सा	ऽ	ग	र	में	ऽ
–	नि	–नि	नि	ध	म	पध	ध	प	–	–	–	मध	पम	गरे	सानि़
ऽ	दू	ऽर	हु	ए	ऽ	ऽऽ	क्	ले	ऽ	ऽ	ऽ	ऽऽ	ऽऽ	ऽऽ	शऽ
–	नि़सा	रे	प	म	रे	सा	नि़	सा	–	–	सा	म	ग	सा	नि़
ऽ	शिव	पा	ऽ	र्व	ती	ऽ	ग	णे	ऽ	ऽ	श	ज	य	ज	य
–	नि़सा	रे	प	म	रे	सा	नि़	सा	–	–	सा	–	–	–	–
ऽ	शिव	पा	ऽ	र्व	ती	ऽ	ग	णे	ऽ	ऽ	श	ऽ	ऽ	ऽ	ऽ

११३. श्यामसुंदर

कहरवा ताल 8 मात्रा

स्थायी : आयो री सखी, श्याम सुंदर घर आयो ।

अंतरा : 1. माखन खावत, नेहा लगावत । कान्हा मोरे मन भायो ।।

2. छुप छुप के सखी, जाने कब आयो । आपन खायो, खिलायो ।।

3. लटकी ऊँची, दधि की गगरिया । लकुटिया मार, गिरायो ।।

4. बोले माखन, मैं नहीं खायो । मेरे मुख, लिपटायो ।।

5. भोली सूरत, डारत जादू । मनवा मोरा, भरमायो ।।

स्थायी

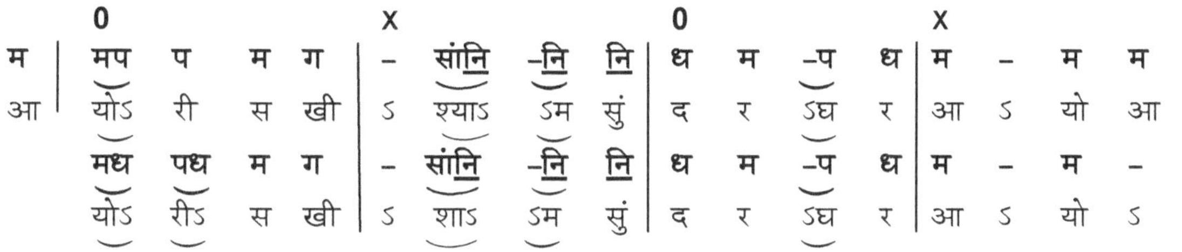

	0				X				0				X			
म	मप	प	म	ग	–	सांनि	–नि	नि	ध	म	–प	ध	म	–	म	म
आ	योऽ	री	स	खी	ऽ	श्याऽ	ऽम	सुं	द	र	ऽघ	र	आ	ऽ	यो	आ
	मध	पध	म	ग	–	सांनि	–नि	नि	ध	म	–प	ध	म	–	म	–
	योऽ	रीऽ	स	खी	ऽ	शाऽ	ऽम	सुं	द	र	ऽघ	र	आ	ऽ	यो	ऽ

अंतरा–1

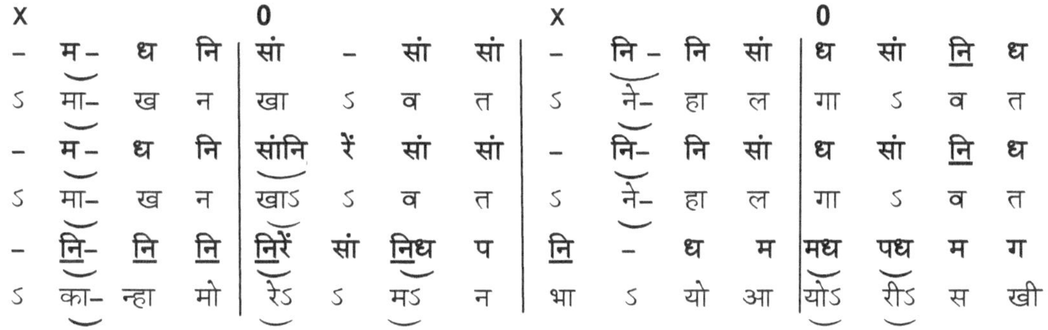

X				0				X				0			
–	म–	ध	नि	सां	–	सां	सां	–	नि–	नि	सां	ध	सां	नि	ध
ऽ	मा–	ख	न	खा	ऽ	व	त	ऽ	ने–	हा	ल	गा	ऽ	व	त
–	म–	ध	नि	सांनि	रें	सां	सां	–	नि–	नि	सां	ध	सां	नि	ध
ऽ	मा–	ख	न	खाऽ	ऽ	व	त	ऽ	ने–	हा	ल	गा	ऽ	व	त
–	नि–	नि	नि	निरें	सां	निध	प	नि	–	ध	म	मध	पध	म	ग
ऽ	का–	न्हा	मो	रेऽ	ऽ	मऽ	न	भा	ऽ	यो	आ	योऽ	रीऽ	स	खी

अंतरा–2

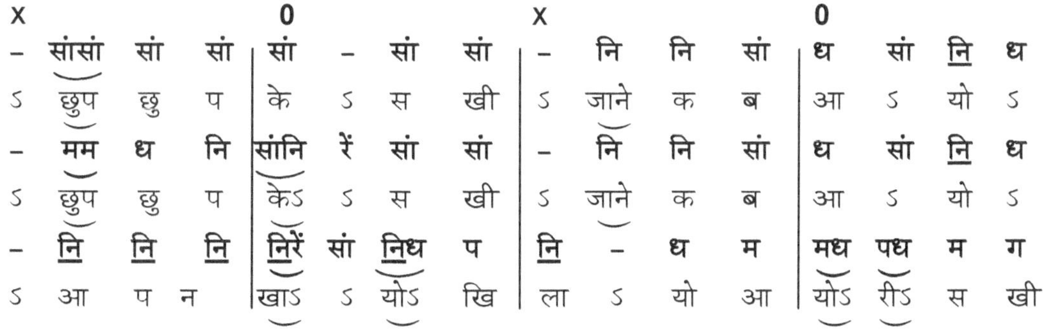

X				0				X				0			
–	सांसां	सां	सां	सां	–	सां	सां	–	नि	नि	सां	ध	सां	नि	ध
ऽ	छुप	छु	प	के	ऽ	स	खी	ऽ	जाने	क	ब	आ	ऽ	यो	ऽ
–	मम	ध	नि	सांनि	रें	सां	सां	–	नि	नि	सां	ध	सां	नि	ध
ऽ	छुप	छु	प	केऽ	ऽ	स	खी	ऽ	जाने	क	ब	आ	ऽ	यो	ऽ
–	नि	नि	नि	निरें	सां	निध	प	नि	–	ध	म	मध	पध	म	ग
ऽ	आ	प	न	खाऽ	ऽ	योऽ	खि	ला	ऽ	यो	आ	योऽ	रीऽ	स	खी

११४. लंका दहन

कहरवा ताल 8 मात्रा

स्थायी : बजायो रे, युद्ध का डंका, जरायो मारुति लंका ।।

अंतरा : 1. रावण को कहे विभिषण भाई, काहे रखै तू दार पराई ।
कपि को सौंप दे सीता, नहीं माना वो अडबंगा ।।

2. असुरन कपि की पूँछ जलाये, दावाग्नि को आप बुलाये ।
जलायो सोने की लंका, राम का दास ये बाँका ।।

3. शिव जी का अवतार सजायो, तांडव थैया नाच रचायो ।
डुबायो आग में लंका, "बचाओ!" एक है हाँका ।।

स्थायी

	0				X				0				X			
ध	नि	रें	सां	–	–	नि	–	सां	ध	–	प	मं	प	–	–	म
ब	जा	यो	रे	ऽ	ऽ	यु	ऽ	द्ध	का	ऽ	डं	ऽ	का	ऽ	ऽ	ज
	गरे	ग	रेसा	–	–	ग	–	म	ध	–	नि	–	सां	–	–	ध
	राऽ	ऽ	यो	ऽ	ऽ	मा	ऽ	रु	ति	ऽ	लं	ऽ	का	ऽ	ऽ	ब
	नि	रें	सां	–	–	नि	–	सां	ध	–	प	मं	प	–	–	म
	जा	यो	रे	ऽ	ऽ	यु	ऽ	द्ध	का	ऽ	डं	ऽ	का	ऽ	ऽ	ज

अंतरा-1

0				X				0				X			
–	प–	ग	म	प	–	प	प	–	निनि	नि	सां	निध	–	प	–
ऽ	राऽ	व	ण	को	ऽ	क	हे	ऽ	विभि	ष	ण	भाऽ	ऽ	ई	ऽ
–	प–	ग	म	प	–	प	–	–	नि–	नि	सां	ध	–	प	प
ऽ	काऽ	हे	र	खै	ऽ	तू	ऽ	ऽ	दाऽ	र	प	रा	ऽ	ई	क
ध	रें	सां	–	–	नि	–	सां	ध	–	प	मं	प	–	–	म
पि	ऽ	को	ऽ	ऽ	सौं	ऽ	प	दे	ऽ	सी	ऽ	ता	ऽ	ऽ	न
गरे	ग	रेसा	–	–	ग	–	म	ध	ध	नि	–	सां	–	–	ध
हींऽ	ऽ	मा	ऽ	ऽ	ना	ऽ	वो	अ	ड	बं	ऽ	गा	ऽ	ऽ	ब
नि	रें	सां	–	–	नि	–	सां	ध	–	प	मं	प	–	–	म
जा	यो	रे	ऽ	ऽ	यु	ऽ	द्ध	का	ऽ	डं	ऽ	का	ऽ	ऽ	ज

११५. दत्त गुरु

कहरवा ताल 8 मात्रा

स्थायी : दत्त गुरु मेरा, जय जय हो । दत्ता दिगंबर, शिव शिव ओम्, बोलो ।
सद्गुरु मेरा, जय जय हो ।।

अंतरा : 1. मुख माँगे दान देता, सब से न्यारा न्यारा ।
जग में जिसका बोल बाला, हर हर ओम् । आहा! तीन मुखी सत् नाम कहो ।।

2. दुख करे दूर सारे, सब से प्यारा प्यारा ।
सबसे ऊँचे नाम वाला, हर हर ओम् । आहा! दीन दुखी भगवान् कहो ।।

3. सुख देता ढेर सारे, दत्तात्रय मेरा ।
हम पर उसने जादू डारा, हर हर ओम् । आहा! एक सखा सियराम कहो ।।

स्थायी

X				0				X				0			
म	प	प	म	प	ध	ध	प	प	ध	प	म	म	–	–	–
द	त्त	गु	रु	मे	ऽ	रा	ऽ	ज	य	ज	य	हो	ऽ	ऽ	ऽ
नि	नि	–	नि	नि	–	नि	नि	सां	रें	सां	नि	ध	–	प	म
द	त्ता	ऽ	दि	गं	ऽ	ब	र	शि	व	शि	व	ओ	ऽ	ऽ	म्
नि	नि	–	नि	नि	–	नि	नि	सां	रें	सां	नि	ध	–	ध	ध
द	त्ता	ऽ	दि	गं	ऽ	ब	र	शि	व	शि	व	ओम्	ऽ	बो	लो
म	प	प	म	प	ध	ध	प	प	ध	प	म	म	–	–	–
स	द्	गु	रु	मे	ऽ	रा	ऽ	ज	य	ज	य	हो	ऽ	ऽ	ऽ
म	प	प	म	प	ध	ध	प	प	ध	प	म	म	–	–	–
द	त्त	गु	रु	मे	ऽ	रा	ऽ	ज	य	ज	य	हो	ऽ	ऽ	ऽ

अंतरा–1

X				0				X				0			
ग	ग	ग	ग	म–	म	प	प	नि	ध	प	म	म	–	म	–
मु	ख	माँ	गे	दाऽ	न	दे	ता	सब	से	न्या	रा	न्या	ऽ	रा	ऽ
नि	नि	नि	नि	नि	नि	नि	नि	रें	रें	सां	नि	ध	–	प	म
जग	में	जिस	का	बो	ल	बा	ला	ह	र	ह	र	ओम्	ऽ	आ	हा
म	प	प	म	प	ध	ध	प	प	ध	प	म	म	–	–	–
ती	ऽ	न	मु	खी	ऽ	स	त्	ना	ऽ	म	क	हो	ऽ	ऽ	ऽ
म	प	प	म	प	ध	ध	प	प	ध	प	म	म	–	–	–
स	द्	गु	रु	मे	ऽ	रा	ऽ	ज	य	ज	य	हो	ऽ	ऽ	ऽ
म	प	प	म	प	ध	ध	प	प	ध	प	म	म	–	–	–
द	त्त	गु	रु	मे	ऽ	रा	ऽ	ज	य	ज	य	हो	ऽ	ऽ	ऽ

११६. जय श्री राम

कहरवा ताल 8 मात्रा

स्थायी : जै श्री राम भजो मन मेरे,
नाम हरि के गारे ।
जनम जनम के पाप उतारे,
तन के ताप उबारे ।।

अंतरा : 1. घेरेंगे जब घोर अंधेरे, मेघ घनेरे कारे ।
या छेड़ेंगे भय दुस्तारे, मन वीणा की तारें ।
छोड़ेंगे यदि साथ पियारे,
भवसागर मझधारे ।।

2. बोलेंगे जब शबद दुखारे, निर्दय दुनियावारे ।
या काटेंगे साँप विषारे,
भूखे मुख को पसारे ।
रोएँगे गर गम के मारे, तेरे प्राण बिचारे ।।

3. झेलेंगे तब रामजी प्यारे, दुख तन मन के सारे ।
खेलेंगे हरि खेल सुखारे, हरने ताप तुम्हारे ।
लेलेंगे प्रभु परम कृपारे,
शरण में साँझ सकारे ।।

स्थायी

X				0				X				0			
–	ग	–प	ध	सां नि	–	–ध	प	गरे	–	नि़	नि़	सा	–	सा	–
ऽ	जै	ऽश्री	ऽ	रा	ऽ	ऽम	भ	जोऽ	ऽ	म	न	मे	ऽ	रे	ऽ
–	पग	प	प	धसां	निसां	ध	–	धसां	नि	–	सां	ध	–	प	–
ऽ	ना–	म	ह	रिऽ	ऽऽ	के	ऽ	गाऽ	ऽ	ऽ	ऽ	रे	ऽ	ऽ	ऽ
–	सांसां	सां	सां	सां	सां	सां	–	–	नि–	ध	प	ध	सां	सां	–
ऽ	जन	म	ज	न	म	के	ऽ	ऽ	पाऽ	प	उ	ता	ऽ	रे	ऽ
–	सांसां	गं	सां	नि	–	ध	प	प	ग	–	प	रे	–	नि़	सा
ऽ	तन	के	ऽ	ता	ऽ	प	उ	बा	ऽ	ऽ	ऽ	रे	ऽ	ऽ	ऽ

अंतरा–1

X				0				X				0			
–	सां–	नि	ध	सां	–	सां	सां	–	नि	–ध	प	पध	सांनि	नि	–
ऽ	घेऽ	रें	ऽ	गे	ऽ	ज	ब	ऽ	घो	ऽर	अं	धेऽ	ऽऽ	रे	ऽ
–	धनि	ध	प	पग	–	प	नि	ध	प	प	–	–	–	–	–
ऽ	मेऽ	घ	घ	नेऽ	ऽ	रे	ऽ	का	ऽ	रे	ऽ	ऽ	ऽ	ऽ	ऽ
–	सां–	नि	ध	सां	–	सां	–	–	निनि	ध	प	पध	सांनि	नि	–
ऽ	याऽ	छे	ऽ	ड़ें	ऽ	गे	ऽ	ऽ	भय	दु	स्	ताऽ	ऽऽ	रे	ऽ
–	धनि	ध	प	पग	–	प	नि	ध	प	प	–	–	–	–	–
ऽ	मन	वी	ऽ	णाऽ	ऽ	की	ऽ	ता	ऽ	रें	ऽ	ऽ	ऽ	ऽ	ऽ
–	सां	–	सां	सां	–	रें	गं	–	नि	–ध	प	ध	सां	सां	–
ऽ	छो	ऽ	ड़ें	गे	ऽ	य	दि	ऽ	सा	ऽथ	पि	या	ऽ	रे	ऽ
–	सांसां	गं	सां	नि	नि	–	धप	ग	–	–	प	रे	–	नि़	सा
ऽ	भव	सा	ऽ	ग	र	ऽ	मझ	धा	ऽ	ऽ	ऽ	रे	ऽ	ऽ	ऽ

११७. अंबा देवी

भैरवी राग पर आधारित

कहरवा ताल 8 मात्रा

स्थायी : दरशन दे दो, हमको अंबे,
देवी चरण में ले लो ।
मोहे, अपनी शरण में ले लो ।।

अंतरा : 1. दुर्गे दुर्घट नाम तिहारो,
सब के पाप निबारो ।
भव सागर से ऊब गये हम,
हमको आके उबारो ।।

2. आओ सपनन रूप निहारूँ,
देवी मोहे निहारो ।
तेरे द्वारे आन खड़ा हूँ,
मोरे कष्ट उतारो ।।

65. मिश्र राग के गीत

स्थायी

X				0				X				0			
सां	सां	रें	सां	सां	–	नि	ध	सां	–	रें	सां	सां	–	सां	–
द	र	श	न	दे	ऽ	दो	ऽ	हम	ऽ	को	ऽ	अं	ऽ	बे	ऽ
नि	रें	सां	नि	ध	प	ग	म	प	–	नि	–	–	–	ध	प
दे	ऽ	वी	च	र	ण	में	ऽ	ले	ऽ	लो	ऽ	ऽ	ऽ	मो	हे
म	म	म	म	म	म	प	म	नि	प	म	ग	–	–	सा	सा
अ	प	नी	च	र	ण	में	ऽ	ले	ऽ	लो	ऽ	ऽ	ऽ	दे	वी
ध	ध	ध	प	ध	प	नि	ध	प	म	म	–	–	–	–	–
द	र्	श	न	दे	ऽ	ऽ	ऽ	ऽ	ऽ	दो	ऽ	ऽ	ऽ	ऽ	ऽ
सां	सां	रें	सां	सां	–	नि	ध	सां	–	रें	सां	सां	–	सां	–
द	र	श	न	दे	ऽ	दो	ऽ	हम	ऽ	को	ऽ	अं	ऽ	बे	ऽ

अंतरा–1

X				0				X				0			
ध	–	ध	–	ध	–	ध	प	प	नि	नि	नि	नि	–	नि	–
दु	ऽ	र्गे	ऽ	दु	ऽ	र्घ	ट	ना	ऽ	म	ति	हा	ऽ	रो	ऽ
प	नि	प	म	रे	ग	प	म	म	–	–	–	म	–	–	–
स	ब	के	ऽ	पा	ऽ	प	नि	बा	ऽ	ऽ	ऽ	रो	ऽ	ऽ	ऽ
सां	सां	रें	सां	सां	सां	नि	ध	सां	–	रें	सां	सां	–	सां	सां
भ	व	सा	ऽ	ग	र	से	ऽ	ऊ	ऽ	ब	ग	ये	ऽ	ह	म
नि	रें	सां	नि	ध	प	ग	म	प	नि	–	–	–	–	ध	प
ह	म	को	ऽ	आ	ऽ	के	उ	बा	रो	ऽ	ऽ	ऽ	ऽ	दे	वी
म	म	म	म	म	–	प	म	नि	प	म	ग	–	–	सा	सा
द	र्	श	न	दे	ऽ	ऽ	ऽ	ऽ	ऽ	दो	ऽ	ऽ	ऽ	दे	वी
ध	ध	ध	प	ध	प	नि	ध	प	म	म	–	–	–	–	–
द	र्	श	न	दे	ऽ	ऽ	ऽ	ऽ	ऽ	दो	ऽ	ऽ	ऽ	ऽ	ऽ
सां	सां	रें	सां	सां	–	नि	ध	सां	–	रें	सां	सां	–	सां	–
द	र	श	न	दे	ऽ	दो	ऽ	हम	ऽ	को	ऽ	अं	ऽ	बे	ऽ

११८. होली

कहरवा ताल 8 मात्रा

स्थायी : सखी नंद होली का न्यारा, चले रंग रंग की धारा ।
आनंद होली का प्यारा, करे अंग अंग मतवारा ।।

अंतरा : 1. हरि आज होली की बेला, लो पिचकारी ब्रजबाला ।
राधा के रंग में रंग रंग लो, नंद नंद गोविंदा (ओ!) ।।

2. जिस रंग में राधा रंगी, कान्हा है जीवन संगी ।
होली के गीत हैं गात गोपिका, साथ बाँसुरी वाला (ओ!) ।।

3. सखी व्रज में मोद की वर्षा, और आज हर्ष की चर्चा ।
कान्हा के रंग में रंगी राधिका, कंज कंज व्रज सारा (ओ!) ।।

स्थायी

	X				0				X				0			
नि नि	नि	–	नि	नि	–	नि	नि	ध	प	ध	–	–	प	–	म	ग
स खी	नं	ऽ	द	हो	ऽ	ली	का	ऽ	न्या	ऽ	ऽ	ऽ	रा	ऽ	च	ले
	म	प	प	प	–	प	म	ग	म	–	–	–	म	–	नि	–
	रं	ऽ	ग	रं	ऽ	ग	की	ऽ	धा	ऽ	ऽ	ऽ	रा	ऽ	आ	ऽ
	नि	–	नि	नि	–	नि	नि	ध	प	ध	–	–	प	–	म	ग
	नं	ऽ	द	हो	ऽ	ली	का	ऽ	प्या	ऽ	ऽ	ऽ	रा	ऽ	क	रे
	म	प	प	प	–	प	म	ग	म	–	–	–	म	–	नि	नि
	अं	ऽ	ग	अं	ऽ	ग	म	त	वा	ऽ	ऽ	ऽ	रा	ऽ	स	खी

अंतरा–1

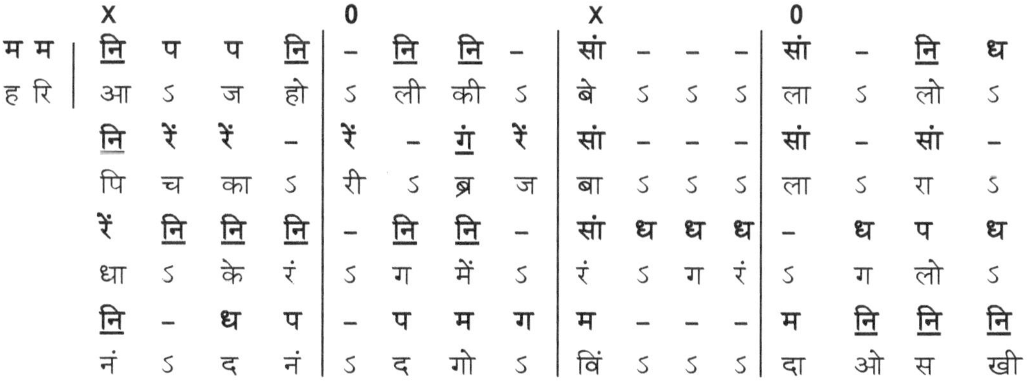

	X				0				X				0			
म म	नि	प	प	नि	–	नि	नि	–	सां	–	–	–	सां	–	नि	ध
ह रि	आ	ऽ	ज	हो	ऽ	ली	की	ऽ	बे	ऽ	ऽ	ऽ	ला	ऽ	लो	ऽ
	नि	रें	रें	–	रें	–	गं	रें	सां	–	–	–	सां	–	सां	–
	पि	च	का	ऽ	री	ऽ	ब्र	ज	बा	ऽ	ऽ	ऽ	ला	ऽ	रा	ऽ
	रें	नि	नि	नि	–	नि	नि	–	सां	ध	ध	ध	–	ध	प	ध
	धा	ऽ	के	रं	ऽ	ग	में	ऽ	रं	ऽ	ग	रं	ऽ	ग	लो	ऽ
	नि	–	ध	प	–	प	म	ग	म	–	–	–	म	नि	नि	नि
	नं	ऽ	द	नं	ऽ	द	गो	ऽ	विं	ऽ	ऽ	ऽ	दा	ओ	स	खी

११९. श्री सत्यनारायण

कहरवा ताल 8 मात्रा

स्थायी : श्री सत्य नारायण साँई रे,
तेरी आरती बड़ी सुखदायी, रे ।

अंतरा : 1. लक्ष्मीपति जग स्वामी हैं,
मेरे माता पिता अरु भाई, रे ।

2. किरपावान गोसाईं हैं, अरु
निश दिन मेरे सहाई, रे ।

3. पूजा पाठ सजाओ रे, अजी!
गान कथा भी सुनाओ, रे ।

स्थायी

	X				0				X				0			
म ग	–	ग	ग	ग	म	–	प	सां	[नि]ध	प	म	ग	म	–	म	ग
श्री ऽ	ऽ	स	त्य	ना	रा	ऽ	य	ण	साँ	ऽ	ई	ऽ	रे	ऽ	श्री	ऽ
	–	ग	ग	ग	म	–	प	सां	[नि]ध	प	म	ग	म	–	ध	ध
	ऽ	स	त्य	ना	रा	ऽ	य	ण	साँ	ऽ	ई	ऽ	रे	ऽ	ते	री
	–	ध	ध	ध	ध	नि	नि	प	–	पनि	रें	सां	ध	प	म	ग
	ऽ	आ	र	ती	ब	ड़ी	सु	ख	ऽ	दाऽ	यी	ऽ	रे	ऽ	श्री	ऽ
	–	ग	ग	ग	म	–	प	सां	[नि]ध	प	म	ग	म	–	–	–
	ऽ	स	त्य	ना	रा	ऽ	य	ण	साँ	ऽ	ई	ऽ	रे	ऽ	ऽ	ऽ

अंतरा-1

X				0				X				0			
–	मम	ध	नि	सां	–	सां	सां	–	धनि	रें	सां	ध	–	प	म
ऽ	लऽ	क्ष्मी	प	ति	ऽ	ज	ग	ऽ	स्वाऽ	मी	ऽ	हैं	ऽ	मे	रे
–	मम	ध	नि	सांरें	गं	रें	सां	–	धनि	रें	सां	ध	–	प	म
ऽ	लऽ	क्ष्मी	प	तिऽ	ऽ	ज	ग	ऽ	स्वाऽ	मी	ऽ	हैं	ऽ	मे	रे
–	ग	ग	ग	म	–	प	सां	–	[नि]धप	म	ग	म	–	म	ग
ऽ	मा	ता	पि	ता	ऽ	अ	रु	ऽ	भाऽ	ई	ऽ	रे	ऽ	श्री	ऽ

१२०. गणपति बप्पा !

कहरवा ताल 8 मात्रा

स्थायी : गणपति बप्पा गजानना, सिद्धि विनायक गज वदना ।।

अंतरा : 1. शंकर सुवना वरानना, गौरी मनोहर प्रभंजना,
दुख हर ले तू निकंदना ।।

2. शुभ वर दे दे शुभानना, लंबोदर शिव सुनंदना,
सब कुछ तू ही सनातना ।।

3. कीर्जन तेरा सुहावना, एक दंती श्री निरंजना, जन
गण करते हैं वंदना ।।

स्थायी

X				0				X				0			
सा	रे	म	ग	म	–	म	–	म	ग	सा	रे	ग	–	–	–
ग	ण	प	ति	ब	ऽ	प्पा	ऽ	ग	जा	–	न	ना	ऽ	ऽ	ऽ
सा	रे	म	ग	म॑	म	म	–	म	ग	सा	रे	ग	–	–	–
ग	ण	प	ति	बा	ऽ	प्पा	ऽ	ग	जा	–	न	ना	ऽ	ऽ	ऽ
नि़	सा	सा	सा	सा	रे	ग	प	ग	रे	ग	रे	सा	–	–	–
सि	ऽ	द्धि	वि	ना	ऽ	य	क	ग	ज	व	द	ना	ऽ	ऽ	ऽ

अंतरा–1

X				0				X				0			
ग	–	म	प	प	प	प	–	प	पध	नि	ध	प	–	म	ग
शं	ऽ	क	र	सु	व	ना	ऽ	व	राऽ	ऽ	न	ना	ऽ	ऽ	ऽ
ग	–	म	प	प	प	प	–	प	पध	सां	ध	प	–	–	–
शं	ऽ	क	र	सु	व	ना	ऽ	व	राऽ	ऽ	न	ना	ऽ	ऽ	ऽ
प	–	म	म	ग	रे	रे	रे	ग	पग	रे	सा	सा	–	–	–
गौ	ऽ	री	म	नो	ऽ	ह	र	प्र	भंऽ	ऽ	ज	ना	ऽ	ऽ	ऽ
ध	ध	प	म	ग	रे	रे	–	ग	पग	रे	सा	सा	–	–	–
दु	ख	ह	र	ले	ऽ	तू	ऽ	नि	कं	ऽ	द	ना	ऽ	ऽ	ऽ
सा	रे	म	ग	म	–	म	–	म	ग	सा	रे	ग	–	–	–
ग	ण	प	ति	बा	ऽ	प्पा	ऽ	ग	जा	–	न	ना	ऽ	ऽ	ऽ
नि़	सा	सा	सा	सा	रे	ग	प	ग	रे	ग	रे	सा	–	–	–
सि	ऽ	द्धि	वि	ना	ऽ	य	क	ग	ज	व	द	ना	ऽ	ऽ	ऽ

१२१. गणपति देवा !

कहरवा ताल 8 मात्रा

स्थायी : गणपति गणपति गणपति देवा!
कोई लाए मोदक कोई लाए मेवा ।।

अंतरा : 1. गणपति गणपति गणपति देवा!
कोई करे भगति तो कोई करे सेवा ।।

2. भजनन किरतन बहुविध देवा!
लंबोदर लंबोदर लंबोदर देवा ।।

3. मुनि जन करियत जप तप सेवा,
गजमुख गजमुख गजमुख देवा ।।

4. अर्‌पण सब तव चरणन देवा!
गौरीसुत गौरीसुत गौरीसुत देवा ।।

स्थायी

X				0				X				0			
म	प	प	म	प	ध	ध	प	पध	नि	नि	नि	नि	ध	ध	–
ग	ण	प	ति	ग	ण	प	ति	गऽ	ण	प	ति	दे	ऽ	वा	ऽ
म	प	प	म	प	ध	ध	प	प	ध	प	म	म	–	म	–
को	ई	ला	ए	मो	ऽ	द	क	को	ई	ला	ए	मे	ऽ	वा	ऽ
म	प	प	म	प	सां	ध	प	प	ध	प	म	म	–	म	–
को	ई	ला	ए	मो	ऽ	द	क	को	ई	ला	ए	मे	ऽ	वा	ऽ
म	प	प	म	प	ध	ध	प	पध	नि	नि	नि	नि	ध	ध	–
ग	ण	प	ति	ग	ण	प	ति	गऽ	ण	प	ति	दे	ऽ	वा	ऽ

अंतरा–1

X				0				X				0			
ध	ध	नि	सां	सां	सां	सां	सां	सां	रें	मं	गं	रें	सां	सां	–
ग	ण	प	ति	ग	ण	प	ति	ग	ण	प	ति	दे	ऽ	वा	ऽ
म	प	प	म	प	ध	ध	प	प	ध	प	म	म	–	म	–
को	ई	क	रे	भ	ग	ति	तो	को	ई	क	रे	से	ऽ	वा	ऽ
म	प	प	म	प	सां	ध	प	प	ध	प	म	म	–	म	–
को	ई	क	रे	भ	ग	ति	तो	को	ई	क	रे	से	ऽ	वा	ऽ
म	प	प	म	प	ध	ध	प	पध	नि	नि	नि	नि	ध	ध	–
ग	ण	प	ति	ग	ण	प	ति	गऽ	ण	प	ति	दे	ऽ	वा	ऽ

१२२. पिता महादेवा !

कहरवा ताल

स्थायी : पिता महादेवा, माता पार्वती,
पावन पुत्र गणेशा ।।

अंतरा : 1. शंभो शंकर, हे मन भावन,
तेरा कीर्जन सब से पावन ।
जय जय जय गण नाथा ।।

2. दुर्गे देवी, गौरी भवानी,
तेरी माया है जग जानी ।
जय जय जय जग माता ।।

3. बुद्धि दायक, सिद्धि विनायक,
तेरी किरपा है सुख दायक ।
जय जय जय गुण दाता ।।

स्थायी

X				0				X				0			
ग	सा	ग	ग	म	–	म	–	ग	सा	ग	ग	म	म	म	–
पि	ता	म	हा	दे	ऽ	वा	ऽ	मा	ऽ	ता	पा	र्	व	ती	ऽ
प	सां	सां	सां	नि	प	म	ग	प	–	–	–	म	–	–	–
पा	ऽ	व	न	पु	ऽ	त्र	ग	णे	ऽ	ऽ	ऽ	शा	ऽ	ऽ	ऽ

अंतरा–1

X				0				X				0			
नि	–	नि	–	नि	–	नि	सां	ध	–	म	म	प	–	ध	ध
शं	ऽ	भो	ऽ	शं	ऽ	क	र	हे	ऽ	म	न	भा	ऽ	व	न
नि	–	नि	–	नि	–	नि	सां	ध	ध	म	–	प	–	ध	ध
ते	ऽ	रा	ऽ	की	ऽ	र्ज	न	स	ब	से	ऽ	पा	ऽ	व	न
ग	ग	ग	ग	म	म	प	ध	म	–	–	–	म	–	–	–
ज	य	ज	य	ज	य	ग	ण	ना	ऽ	ऽ	ऽ	था	ऽ	ऽ	ऽ
ग	सा	ग	ग	म	–	म	–	ग	सा	ग	ग	म	म	म	–
पि	ता	म	हा	दे	ऽ	वा	ऽ	मा	ऽ	त	पा	र्	व	ती	ऽ
प	सां	सां	सां	नि	प	म	ग	प	–	–	–	म	–	–	–
पा	ऽ	व	न	पु	ऽ	त्र	ग	णे	ऽ	ऽ	ऽ	शा	ऽ	ऽ	ऽ

१२३. शिव ओम् !

कहरवा ताल 8 मात्रा

स्थायी : शिव ओम् हरि ओम् शिव बोलो सदा ।
शिव ओम् हरि ओम् गाओ सदा ।।

अंतरा : 1. नमो नमो नमो नमो गजानना,
जन गण तारो महेश्वरा ।
नमो नमो नमो नमो नारायणा ।।

2. शिव शिव शंकर दिगंबरा,
हमको वर दो सदाशिवा ।
शिव शिव मंगल निरंजना ।।

3. जय जय जय जय जटाधरा,
तुम जग सुंदर सुदर्शना ।
जय जय जय जय जनार्दना ।।

स्थायी

		X				0				X				0			
सा	ग	म	म	म	म	म	म	म	म	प	–	ग	म	प	–	–	–
शि	व	ओ	म्	ह	रि	ओ	म्	शि	व	बो	ऽ	लो	स	दा	ऽ	ऽ	ऽ
		सां	सां	नि	प	नि	नि	प	म	ग	–	म	प	म	–	सा	ग
		शि	व	ओ	म्	ह	रि	ओ	म्	गा	ऽ	ओ	स	दा	ऽ	शि	व

अंतरा–1

X				0				X				0			
म	म	प	सां	सां	सां	सां	सां	नि	सां	गं	नि	सां	–	नि	प
न	मो	न	मो	न	मो	न	मो	ग	जा	ऽ	न	ना	ऽ	ऽ	ऽ
म	म	प	सां	सां	–	सां	–	नि	सां	गं	नि	सां	–	नि	प
ज	न	ग	ण	ता	ऽ	रो	ऽ	म	हे	ऽ	श्व	रा	ऽ	ऽ	ऽ
सां	सां	नि	प	नि	नि	प	म	ग	–	म	प	म	–	सा	ग
न	मो	न	मो	न	मो	न	मो	ना	ऽ	रा	य	णा	ऽ	शि	व
म	म	म	म	म	म	म	म	प	–	ग	म	प	–	–	–
ओ	म्	ह	रि	ओ	म्	शि	व	बो	ऽ	लो	स	दा	ऽ	ऽ	ऽ
सां	सां	नि	प	नि	नि	प	म	ग	–	म	प	म	–	–	–
शि	व	ओ	म्	ह	रि	ओ	म्	गा	ऽ	ओ	स	दा	ऽ	ऽ	ऽ

अंतरा–2

X				0				X				0			
सां	**सां**	**सां**	**सां**	**सां**	**–**	**सां**	**सां**	**नि**	**सां**	**गं**	**नि**	**सां**	**–**	**नि**	**प**
शि	व	शि	व	शं	ऽ	क	र	दि	गं	ऽ	ब	रा	ऽ	ऽ	ऽ
सां	**सां**	**सां**	**–**	**सां**	**सां**	**सां**	**–**	**नि**	**सां**	**गं**	**नि**	**सां**	**–**	**नि**	**प**
ह	म	को	ऽ	व	र	दो	ऽ	स	दा	ऽ	शि	वा	ऽ	ऽ	ऽ
सां	**सां**	**नि**	**प**	**नि**	**–**	**प**	**म**	**ग**	**म**	**–**	**प**	**म**	**–**	**सा**	**ग**
शि	व	शि	व	मं	ऽ	ग	ल	नि	रं	ऽ	ज	ना	ऽ	शि	व
म	**म**	**म**	**म**	**म**	**म**	**म**	**म**	**प**	**–**	**ग**	**म**	**प**	**–**	**–**	**–**
ओ	म्	ह	रि	ओ	म्	शि	व	बो	ऽ	लो	स	दा	ऽ	ऽ	ऽ
सां	**सां**	**नि**	**प**	**नि**	**नि**	**प**	**म**	**ग**	**–**	**म**	**प**	**म**	**–**	**सा**	**ग**
शि	व	ओ	म्	ह	रि	ओ	म्	गा	ऽ	ओ	स	दा	ऽ	शि	व

१२४. कृष्ण कन्हैया !

कहरवा ताल 8 मात्रा

स्थायी : कृष्ण कन्हैया राधेश्याम, श्रीधर तेरे रूप ललाम ।
सुंदर प्यारे तेरे नाम ।।

अंतरा : 1. ईश्वर ब्रह्मा हरि घनश्याम, शंकर विष्णु तू ही राम ।
गाओ मंगल कृष्ण के नाम ।।

2. दे दे किरपा का वरदान, पूरे हमरे कर अरमान ।
दीन दुखी का तू भगवान ।।

3. गाऊँ सौ सौ तेरे नाम, ध्याऊँ तेरे रूप तमाम ।
अनुपम सारे तेरे काम ।।

स्थायी

X				0				X				0			
सा	म	म	म	म	प	म	ग	ग	म	प	म	प	–	–	प
कृ	ष्	ण	क	न्है	ऽ	या	ऽ	रा	ऽ	धे	ऽ	श्या	ऽ	ऽ	म
सा	म	म	म	म	प	म	ग	ग	म	प	म	नि	प	–	प
श्री	ऽ	ध	र	ते	ऽ	रा	ऽ	रू	ऽ	प	ल	ला	ऽ	ऽ	म
प	–	प	ध	प	म	म	–	(ग)रे	–	ग	प	म	–	–	म
सुं	ऽ	द	र	प्या	ऽ	रे	ऽ	ते	ऽ	रे	ऽ	ना	ऽ	ऽ	म
सा	म	म	म	म	प	म	ग	ग	म	प	म	प	–	–	प
कृ	ष्	ण	क	न्है	ऽ	या	ऽ	रा	ऽ	धे	ऽ	श्या	ऽ	ऽ	म

अंतरा–1

X				0				X				0			
सां	–	सां	रें	सां	नि	नि	ध	ध	ध	नि	रें	सां	–	–	सां
ई	ऽ	श्व	र	ब्र	ऽ	ह्मा	ऽ	ह	रि	घ	न	श्या	ऽ	ऽ	म
सां	–	सां	रें	सां	नि	नि	ध	ध	–	नि	रें	सां	–	–	सां
शं	ऽ	क	र	वि	ऽ	ष्णु	ऽ	तू	ऽ	ही	ऽ	रा	ऽ	ऽ	म
ध	–	ध	म	म	ध	नि	सां	ध	प	म	ग	म	–	ग	सा
गा	ऽ	ओ	ऽ	मं	ऽ	ग	ल	कृ	ष्	ण	के	ना	ऽ	ऽ	म
ध	–	ध	म	म	ध	नि	सां	ध	प	म	ग	म	–	–	म
गा	ऽ	ओ	ऽ	मं	ऽ	ग	ल	कृ	ष्	ण	के	ना	ऽ	ऽ	म
सा	म	म	म	म	प	म	ग	ग	म	प	म	प	–	–	प
कृ	ष्	ण	क	न्है	ऽ	या	ऽ	रा	ऽ	धे	ऽ	श्या	ऽ	ऽ	म

१२५. श्याम सलोना

कहरवा ताल 8 मात्रा

स्थायी : श्याम सलोना नंद गोपाला,
रंग साँवला हरि ब्रज बाला ।

अंतरा : 1. सिर पर मोर मुकुट है डाला,
गिरिधर काली कमली वाला,
पग में पायल गल बन माला ।

2. गौवन पाला गोकुल ग्वाला,
मोहन प्यारा है मतवाला,
दधि माखन को चुराने वाला ।

3. राधे गोविंदा मुरली वाला,
नंद का नंदन श्यामल काला,
गोप-गोपी का प्रिय मतवाला ।

स्थायी

X				0				X				0			
सा	–	ग	प	म	–	ग	सा	ग	–	नि़	नि़	सा	–	सा	–
श्या	ऽ	म	स	लो	ऽ	ना	ऽ	नं	ऽ	द	गो	पा	ऽ	ला	ऽ
प	–	प	प	नि	म	प	–	मम	ग	सा	सा	ग	म	म	–
रं	ऽ	ग	साँ	ऽ	व	ला	ऽ	हरि	ब्र	ऽ	ज	बा	ऽ	ला	ऽ
सा	–	ग	प	म	–	ग	सा	ग	–	नि़	नि़	सा	–	सा	–
श्या	ऽ	म	स	लो	ऽ	ना	ऽ	नं	ऽ	द	गो	पा	ऽ	ला	ऽ

अंतरा-1

X				0				X				0			
प	प	प	ध	ध	नि	नि	नि	ध	नि	प	ध	ध	नि	नि	–
सि	र	प	र	मो	ऽ	र	मु	कु	ट	है	ऽ	डा	ऽ	ला	ऽ
प	प	प	ध	ध	नि	नि	–	ध	नि	प	ध	ध	नि	नि	–
गि	रि	ध	र	का	ऽ	ली	ऽ	क	म	ली	ऽ	वा	ऽ	ला	ऽ
प	प	प	ध	नि	सां	सां	सां	सां	नि	रें	सां	ध	–	प	–
प	ग	में	ऽ	पा	ऽ	य	ल	ग	ल	ब	न	मा	ऽ	ला	ऽ
सा	–	ग	प	म	–	ग	सा	ग	–	नि़	नि़	सा	–	सा	–
श्या	ऽ	म	स	लो	ऽ	ना	ऽ	नं	ऽ	द	गो	पा	ऽ	ला	ऽ

१२६. राम कृष्ण शिव

कहरवा ताल 8 मात्रा

स्थायी : निश दिन राम कृष्ण शिव गाओ ।
राम कृष्ण शिव राम कृष्ण शिव, राम कृष्ण शिव गाओ ।।

अंतरा : 1. रघुपति राघव राजा राम, जानकी जीवन सीता राम ।
हरे राम हरे राम, हरे कृष्ण हरे राम ।।

2. भजु मन मेरे, राधे श्याम, अह निश गा रे, राधे श्याम ।
राधे श्याम राधे श्याम, हरे कृष्ण हरे राम ।।

3. भोले शंकर हरि घनश्याम, सांब सदाशिव भज सियाराम ।
शिव नाम शिव नाम, हरे कृष्ण हरे राम ।।

स्थायी

0				X				0				X			
सा	ग	म	प	निध	–	म	ग	सा	सा	नि़	ध़	सा	–	सा	–
नि	श	दि	न	राऽ	ऽ	म	कृ	ऽ	ष्ण	शि	व	गा	ऽ	ओ	ऽ
–	–	–	–	ग	–	ग	ग	–	ग	ग	ग	म	–	म	ध
ऽ	ऽ	ऽ	ऽ	रा	ऽ	म	कृ	ऽ	ष्ण	शि	व	रा	ऽ	म	कृ
नि	ध	म	म	म	ग	ग	ग	सा	सा	नि़	ध़	सा	–	सा	–
ऽ	ष्ण	शि	व	रा	ऽ	म	कृ	ऽ	ष्ण	शि	व	गा	ऽ	ओ	ऽ

अंतरा–1

X				0				X				0			
ग	ग	म	म	ध	–	नि	ध	सां	–	सां	–	सां	–	–	सां
र	घु	प	ति	रा	ऽ	घ	व	रा	ऽ	जा	ऽ	रा	ऽ	ऽ	म
नि	–	नि	नि	नि	–	नि	ध	ध	नि	सां	नि	ध	–	–	म
जा	ऽ	न	की	जी	ऽ	व	न	सी	ऽ	ऽ	ता	रा	ऽ	ऽ	म
ध	ध	ध	म	प	प	प	ग	सा	ग	म	ध	प	प	म	–
ह	रे	रा	म	ह	रे	रा	म	ह	रे	कृ	ष्ण	ह	रे	रा	म
म	ग	ग	ग	सा	सा	नि़	ध़	सा	–	सा	–	सा	ग	म	प
रा	ऽ	म	कृ	ऽ	ष्ण	शि	व	गा	ऽ	ओ	ऽ	नि	श	दि	न
निध	–	म	ग	सा	सा	नि़	ध़	सा	–	सा	–	–	–	–	–
राऽ	ऽ	म	कृ	ऽ	ष्ण	शि	व	गा	ऽ	ओ	ऽ	ऽ	ऽ	ऽ	ऽ

१२७. ओम् नमः शिवाय !

कहरवा ताल 8 मात्रा

स्थायी : जै जै जै जै भक्तों बोलो,
ओम् नमः शिवाय ।
ओम् नमः शिवाय, ओम् नमः शिवाय ।
ओम् नमः शिवाय, ओम् नमः शिवाय ।।

अंतरा : 1. शिव ललाट पे चंदा साजे ।
जटा काली में गंग विराजे ।
डम डम डम डम डमरू बाजे ।
गूँजे नारा, नमः शिवाय ।
ओम् नमः शिवाय, ओम् नमः शिवाय,
ओम् नमः शिवाय ।।

2. नटवर तांडव थैया नाचे ।
डम डम डम डम डंका बाजे ।
त्रिशूल दाएँ हाथ विराजे ।
गूँजे नारा, नमः शिवाय ।
ओम् नमः शिवाय, ओम् नमः शिवाय,
ओम् नमः शिवाय ।।

स्थायी

X				0				X				0			
सा	सा	रे	रे	ग	ग	म	प	ध	–म	रे	नि़	सा	–	सा	–
जै	जै	जै	जै	भ	क्तों	बो	लो	ओम्	ऽन	म	शि	वा	ऽ	य	ऽ
ग	–ग	ग	ग	ग	–	ग	–	रे	–रे	रे	नि़	सा	–	सा	–
ओम्	ऽन	म	शि	वा	ऽ	य	ऽ	ओम्	ऽन	म	शि	वा	ऽ	य	ऽ
म	–म	म	म	म	–	म	–	ग	–ग	रे	नि़	सा	–	सा	–
ओम्	ऽन	म	शि	वा	ऽ	य	ऽ	ओम्	ऽन	म	शि	वा	ऽ	य	ऽ
सा	सा	रे	रे	ग	ग	म	प	ध	–म	रे	नि़	सा	–	सा	–
जै	जै	जै	जै	भ	क्तों	बो	लो	ओम्	ऽन	म	शि	वा	ऽ	य	ऽ

अंतरा–1

X				0				X				0			
प	सां	सां	सां	–	रें	सां	नि	नि	सां	रें	सां	रें	–	रें	–
शि	व	ल	ला	ऽ	ट	पे	ऽ	चं	ऽ	दा	ऽ	सा	ऽ	जे	ऽ
रें	गं	–	सां	निध	–	ध	–	ध	नि	नि	रें	रें	सां	सां	–
ज	टा	ऽ	का	लीऽ	ऽ	में	ऽ	गं	ऽ	ग	वि	रा	ऽ	जे	ऽ
प	सां	सां	सां	सां	रें	सां	नि	नि	सां	रें	सां	रें	–	–	–
ड	म	ड	म	ड	म	ड	म	ड	म	रु	बा	जे	ऽ	ऽ	ऽ
रें	गं	–	सां	(नि)ध	–	ध	–	ध	नि	–	रें	रें	सां	सां	–
गूँ	ऽ	ऽ	जे	ना	ऽ	रा	ऽ	न	मः	ऽ	शि	वा	ऽ	य	ऽ
सां	–	–	सां	नि	सां	–	नि	सां	–	–	–	सां	–	–	–
ओ	ऽ	ऽ	म्	न	मः	ऽ	शि	वा	ऽ	ऽ	ऽ	य	ऽ	ऽ	ऽ
रें	–	–	रें	सां	रें	–	सां	रें	–	–	–	रें	–	–	–
ओ	ऽ	ऽ	म्	न	मः	ऽ	शि	वा	ऽ	ऽ	ऽ	य	ऽ	ऽ	ऽ
गं	–	–	सां	(नि)ध	–	–	नि	रें	–	–	–	सां	–	–	–
ओम्	ऽ	ऽ	न	मः	ऽ	ऽ	शि	वा	ऽ	ऽ	ऽ	य	ऽ	ऽ	ऽ
सा	सा	रे	रे	ग	ग	म	प	ध	–म	रे	ऩि	सा	–	सा	–
जै	जै	जै	जै	भ	क्तों	बो	लो	ओम्	ऽन	म	शि	वा	ऽ	य	ऽ

१२८. राधा मुकुन्द

कहरवा ताल 8 मात्रा

स्थायी : हरि हरि बोल, हरि हरि बोल ।
राधे मुकुंद माधव हरि हरि बोल ।
राधे अनंत केशव हरि हरि बोल ।।

अंतरा : 1. गोपाल गोपाल हरि हरि बोल, गोविंद गोविंद हरि हरि बोल ।
आनंद आनंद जय जय बोल, गोपाल गोविंद आनंद बोल ।।

2. गिरिधारी गिरिधारी हरि हरि बोल, वनमाली वनमाली हरि हरि बोल ।
बनवारी बनवारी जय जय बोल, गोपाल गोविंद आनंद बोल ।।

3. कान्हा-तेरी अचंभे की लीला हो, कान्हा तेरी अनूठी ही माया, हो ।
सखे! कान्हा की, राधे की, जय जय बोल,
गोपाल गोविंद आनंद बोल ।।

स्थायी

X				0				X				0			
सां	सां	सां	रें	सां	–	नि	ध	नि	ध	नि	रें	सां	सां	म	ग
ह	रि	ह	रि	बो	ऽ	ऽ	ल	ह	रि	ह	रि	बो	ल	रा	धे
म	ध	–	नि	सां	–	नि	ध	म	ध	म	ग	म	म	म	ग
मु	कुं	ऽ	द	मा	ऽ	ध	व	ह	रि	ह	रि	बो	ल	रा	धे
म	ध	–	नि	सां	–	नि	ध	म	ध	म	ग	म	–	–	म
अ	नं	ऽ	त	के	ऽ	श	व	ह	रि	ह	रि	बो	ऽ	ऽ	ल

अंतरा–1

X				0				X				0			
ध	–	ध	ध	ध	–	ध	ध	प	म	प	नि	ध	–	–	ध
गो	ऽ	पा	ल	गो	ऽ	पा	ल	ह	रि	ह	रि	बो	ऽ	ऽ	ल
नि	–	नि	नि	नि	–	नि	नि	ध	म	ध	नि	नि	–	–	नि
गो	ऽ	विं	द	गो	ऽ	विं	द	ह	रि	ह	रि	बो	ऽ	ऽ	ल
सां	–	सां	सां	सां	–	सां	सां	नि	ध	नि	रें	सां	–	–	सां
आ	ऽ	नं	द	आ	ऽ	नं	द	ज	य	ज	य	बो	ऽ	ऽ	ल
रें	–	रें	रें	रें	–	रें	रें	सां	नि	सांग	रें	सां	सां	म	ग
गो	ऽ	पा	ल	गो	ऽ	विं	द	आ	ऽ	नंऽ	द	बो	ल	रा	धे

१२९. जय हनुमान !

कहरवा ताल 8 मात्रा

स्थायी : जै हनुमान् जै जै जय हनुमान् । जै हनुमान् महान् ।
जै हनुमान तूफान ।।

अंतरा : 1. सेतु बंधन जै हनुमान्, सागर लाँघन जै हनुमान् ।
जानकी ढूंढन जै हनुमान्, प्रणाम तुमको श्री हनुमान् ।।

2. लंका दहनन जै हनुमान्, लखन संजीवन जै हनुमान् ।
असुर निकंदन जै हनुमान्, प्रणाम तुमको श्री हनुमान् ।।

3. अंजनी नंदन जै हनुमान्, सब दुख भंजन जै हनुमान् ।
हे जग वंदन जै हनुमान्, प्रणाम तुमको श्री हनुमान् ।।

स्थायी

X				0				X				0			
सां	–	सां	रें	सां	सां	नि	ध	सां	नि	गं	रें	सां	–	–	सां
जै	ऽ	ह	नु	मा	न्	जै	जै	ज	य	ह	नु	मा	ऽ	ऽ	न
सां	–	सां	रें	सां	नि	ध	प	धप	म	–	म	–	–	–	–
जै	ऽ	ह	नु	मा	ऽ	न	म	हाऽ	ऽ	ऽ	न	ऽ	ऽ	ऽ	ऽ
प	–	प	ध	प	म	ग	रे	गरे	सा	–	सा	–	–	–	–
जै	ऽ	ह	नु	मा	ऽ	न्	तू	फाऽ	ऽ	ऽ	न	ऽ	ऽ	ऽ	ऽ
सां	–	सां	रें	सां	सां	नि	ध	सां	नि	गं	रें	सां	–	–	सां
जै	ऽ	ह	नु	मा	न्	जै	जै	ज	य	ह	नु	मा	ऽ	ऽ	न

अंतरा–1

X				0				X				0			
सां	गं	गं	–	गं	–	गं	गं	रें	सां	रें	गं	गं	–	–	गं
से	ऽ	तु	ऽ	बं	ऽ	ध	न	जै	ऽ	ह	नु	मा	ऽ	ऽ	न्
नि	–	नि	नि	सां	–	सां	रें	मं	गं	रेंगं	रें	सां	–	–	सां
सा	ऽ	ग	र	लाँ	ऽ	घ	न	जै	ऽ	हऽ	नु	मा	ऽ	ऽ	न्
सां	गं	गं	गं	गं	–	गं	गं	रें	सां	रें	गं	गं	–	–	गं
जा	ऽ	न	की	ढूँ	ऽ	ढ	न	जै	ऽ	ह	नु	मा	ऽ	ऽ	न्
नि	नि	–	नि	सां	सां	सां	रें	मं	गं	रेंगं	रें	सां	–	–	सां
प्र	णा	ऽ	म	तु	म	को	ऽ	श्री	ऽ	हऽ	नु	मा	ऽ	ऽ	न्
सां	–	सां	रें	सां	सां	नि	ध	सां	नि	गं	रें	सां	–	–	सां
जै	ऽ	ह	नु	मा	न्	जै	जै	ज	य	ह	नु	मा	ऽ	ऽ	न

१३०. साँई बाबा !

कहरवा ताल 8 मात्रा

स्थायी : दाता मेरा सत्य साँई बाबा,
पालन करता तू जग सारा ।।

अंतरा : 1. साँई हमारा एक सहारा,
निश दिन पाहि मम संसारा ।।

2. भाई हमारा अरु रखवारा,
दूर करेगा सब अँधियारा ।।

3. साई हमारा एक किनारा,
जा के अँधेरा जग उजियारा ।।

स्थायी

x				0				x				0			
–	ध	–	ध	प	–	म	–	ग	रे	ग	पग	रे	–	सा	–
ऽ	दा	ऽ	ता	मे	ऽ	रा	ऽ	स	त्य	साँ	ईऽ	बा	ऽ	बा	ऽ
–	सारे	म	ग	म	म	म	–	–	ध	–प	ग	मप	निध	प	–
ऽ	पाऽ	ल	न	क	र	ता	ऽ	ऽ	तू	ऽज	ग	साऽ	ऽऽ	रा	ऽ
–	ध	–	ध	प	–	म	–	ग	रे	ग	पग	रे	–	सा	–
ऽ	दा	ऽ	ता	मे	ऽ	रा	ऽ	स	त्य	साँ	ईऽ	बा	ऽ	बा	ऽ

अंतरा–1

X				0				X				0			
–	म	–प	ध	रें	–	सां	–	–	रेंनि	ध	प	नि	–	नि	–
ऽ	साँ	ऽई	ह	मा	ऽ	रा	ऽ	ऽ	एऽ	क	स	हा	ऽ	रा	ऽ
–	धध	ध	ध	प	–	म	–	–	गरे	गप	ग	रे	–	सा	–
ऽ	निश	दि	न	पा	ऽ	हि	ऽ	ऽ	मम	संऽ	ऽ	सा	ऽ	रा	ऽ
–	ध	–	ध	प	–	म	–	ग	रे	ग	पग	रे	–	सा	–
ऽ	दा	ऽ	ता	मे	ऽ	रा	ऽ	स	त्य	साँ	ईऽ	बा	ऽ	बा	ऽ

अंतिम अंतरे के अंत में

–	–	ऩि	़प	रे	–	सा	–	–	–	सा	सा	म	–	ग	–
ऽ	ऽ	साँ	ई	बा	ऽ	बा	ऽ	ऽ	ऽ	साँ	ई	बा	ऽ	बा	ऽ
–	–	ग	प	नि	–	नि	–	–	–	रें	सां	सां	–	सां	–
ऽ	ऽ	साँ	ई	बा	ऽ	बा	ऽ	ऽ	ऽ	साँ	ई	बा	ऽ	बा	ऽ

१३१. शिरडी वाले !

हे साँई बाबा!

कहरवा ताल 8 मात्रा

स्थायी : शिर्‌डी वाले सलाम, साँई बाबा प्रणाम ।
भजूँ मैं तेरे नाम, तू ही है राम और श्याम,
तू ही है राम और श्याम, ओ शिर्‌डी ।।

अंतरा : 1. तू खुदा साँई राम, तुझ पे हम कुरबान,
तुझको लाख प्रणाम, हे मेरे भगवान ।।
2. जगत में एक महान, गाएँ तेरे गुण गान,
शिरडी परम धाम, हे मेरे भगवान् ।।
3. दे दो प्रभु वरदान, साँई तू भगवान,
गाऊँ श्री गुण गान, हे मेरे भगवान् ।।

स्थायी

X				0				X				0			
म	म	ध	म	म	ध	-	ग	म	-	-	म	-	-	-	-
शि	र्	डी	ऽ	वा	ले	ऽ	स	ला	ऽ	ऽ	म	ऽ	ऽ	ऽ	ऽ
म	-	नि	-	ध	नि	-	ध	सां	नि	-	-	-	-	ध	म
साँ	ऽ	ई	ऽ	बा	बा	ऽ	प्र	णा	ऽ	ऽ	ऽ	ऽ	ऽ	ऽ	म
म	-	नि	-	ध	नि	-	ध	सां	नि	-	-	नि	-	-	-
साँ	ऽ	ई	ऽ	बा	बा	ऽ	प्र	णा	ऽ	ऽ	ऽ	म	ऽ	ऽ	ऽ
सां	सां	सां	रें	सां	नि	धप	म	प	-	-	-	प	-	-	-
भ	जूँ	मैं	ऽ	ते	ऽ	रेऽ	ऽ	ना	ऽ	ऽ	ऽ	म	ऽ	ऽ	ऽ
नि	-	नि	ध	ध	प	प	ग	म	-	म	म	म	प	म	ग
तू	ऽ	ही	ऽ	है	रा	म	और	श्या	ऽ	म	ओ	शि	र्	डी	ऽ
नि	-	नि	ध	ध	प	प	ग	म	-	-	-	म	-	-	-
तू	ऽ	ही	ऽ	है	रा	म	और	श्या	ऽ	ऽ	म	ऽ	ऽ	ऽ	ऽ
म	म	ध	म	म	ध	-	ग	म	-	-	म	-	-	-	-
शि	र्	डी	ऽ	वा	ले	ऽ	स	ला	ऽ	ऽ	म	ऽ	ऽ	ऽ	ऽ

अंतरा–1

X				0				X				0			
सां	–	–	**रें**	**सां**	**नि**	**ध**	**नि**	**सां**	–	–	–	**सां**	–	–	–
तू	ऽ	ऽ	खु	दा	ऽ	सा	ई	रा	ऽ	ऽ	ऽ	म	ऽ	ऽ	ऽ
सां	**सां**	**सां**	**रें**	**सां**	**नि**	**ध**	**प**	**नि**	–	–	–	**नि**	–	–	–
तु	झ	पे	ऽ	ह	म	कु	र	बा	ऽ	ऽ	–	न	ऽ	ऽ	ऽ
ध	**ध**	**ध**	**प**	**प**	**म**	**प**	**म**	**ग**	–	–	**ऽ**	**ग**	–	–	–
तु	झ	को	ऽ	ला	ऽ	ख	प्र	णा	ऽ	ऽ	ऽ	म	ऽ	ऽ	ऽ
नि	–	**नि**	**ध**	**ध**	–	**प**	**ग**	**म**	–	–	–	**म**	–	–	–
हे	ऽ	मे	ऽ	रे	ऽ	भ	ग	वा	ऽ	ऽ	ऽ	न	ऽ	ऽ	ऽ
म	**म**	**ध**	**म**	**म**	**ध**	–	**ग**	**म**	–	–	–	**म**	–	–	–
शि	र्	डी	ऽ	वा	ले	ऽ	स	ला	ऽ	ऽ	ऽ	म	ऽ	ऽ	ऽ

१३२. प्रणव आनंद !

कहरवा ताल 8 मात्रा

स्थायी : स्वामी प्रणवानंद शिव ओम्,
स्वामी प्रणवानंद हर ओम् ।
स्वामी प्रणवानंद सत् ओम्,
स्वामी प्रणवानंद जय ओम् ।।

अंतरा : 1. अंतर्यामी दिगंत स्वामी,
रिषीकेश शिव ओम् ।
शेषशायी हर ओम्, प्रणवानंद सत् ओम् ।
प्रणवानंद जय ओम् ।।

2. दामोदर श्री अनंत साँई,
मनोहारी शिव ओम् ।
राधेश्याम हर ओम्, प्रणवानंद सत् ओम् ।
प्रणवानंद जय ओम् ।।

3. कमल नयन श्री मुकुंद माधो,
गदाधारी शिव ओम् ।
राधेकृष्ण हर ओम्, प्रणवानंद सत् ओम् ।
प्रणवानंद जय ओम् ।।

स्थायी

		X				0				X				0			
ध	ध	–	पध	प	म	रे	ग	–	पम	म	–	–	–	म	–	ध	ध
स्वा	मी	ऽ	प्रण	वा	ऽ	नं	द	ऽ	शिव	ओ	ऽ	ऽ	ऽ	म्	ऽ	स्वा	मी
		–	पध	प	म	रे	ग	–	पम	म	–	–	–	म	–	सा	सा
		ऽ	प्रण	वा	ऽ	नं	द	ऽ	हर	ओ	ऽ	ऽ	ऽ	म्	ऽ	स्वा	मी
		–	निनि	सा	–	रे	रे	ग	रे	सा	–	–	–	सा	–	सा	सा
		ऽ	प्रण	वा	ऽ	नं	द	स	त्	ओ	ऽ	ऽ	ऽ	म्	ऽ	स्वा	मी
		–	निनि	सा	–	रे	रे	ग	रे	सा	–	–	–	सा	–	ध	ध
		ऽ	प्रण	वा	ऽ	नं	द	जि	य	ओ	ऽ	ऽ	ऽ	म्	ऽ	स्वा	मी
		–	पध	प	म	रे	ग	–	पम	म	–	–	–	म	–	–	–
		ऽ	प्रण	वा	ऽ	नं	द	ऽ	शिव	ओ	ऽ	ऽ	ऽ	म्	ऽ	ऽ	ऽ

अंतरा–1

X				0				X				0			
–	ध	–प	म	म	–	म	–	म	प	नि	नि	नि	–	नि	प
ऽ	अं	ऽत	र्	या	ऽ	मी	ऽ	दि	गं	ऽ	त	स्वा	ऽ	मी	ऽ
प	रें	–	रें	–	गं	रें	सां	सां	–	–	–	–	–	ध	म
रि	षी	ऽ	के	ऽ	श	शि	व	ओ	ऽ	ऽ	ऽ	ऽ	ऽ	ऽ	म्
म	**रें**	**रें**	**रें**	**–**	**गं**	**रें**	**सां**	**सां**	**–**	**–**	**–**	**सां**	**–**	**ध**	**नि**
शे	ऽ	ष	शा	ऽ	यी	ह	र	ओ	ऽ	ऽ	ऽ	म्	ऽ	स्वा	मी
रें	**–**	**रें**	**–**	**रें**	**गं**	**रें**	**सां**	**सां**	**–**	**–**	**–**	**सां**	**–**	**ध**	**ध**
प्र	ण	वा	ऽ	णं	द	स	त्	ओ	ऽ	ऽ	ऽ	म्	ऽ	स्वा	मी
–	**पध**	**प**	**म**	**रे**	**ग**	**–**	**पम**	**म**	**–**	**–**	**–**	**म**	**–**	**ध**	**ध**
ऽ	प्रण	वा	ऽ	नं	द	ऽ	जय	ओ	ऽ	ऽ	ऽ	म्	ऽ	स्वा	मी

१३३. लंबोदर

कहरवा ताल 8 मात्रा

106. देवाय लंबोदराय ।

स्थायी : देवाय, लंबोदराय, शिवनंदनाय, शिव ओम् ।
नाथाय, मुखमंगलाय, जगवंदनाय, शिव ओम् ।।

अंतरा : 1. रुद्राय, शिवशंकराय, दुखभंजनाय, हर ओम् ।
भद्राय, गंगाधराय, प्रभु त्र्यंबकाय, हर ओम् ।।

2. रामाय, रघुनंदनाय, मधुचंदनाय, हरि ओम् ।
रामाय, सीतावराय, पुरुषोत्तमाय, हरि ओम् ।।

3. श्यामाय, बंसीधराय, पीतांबराय, जय ओम् ।
कृष्णाय, राधावराय, दामोदराय, जय ओम् ।।

स्थायी

X				0				X				0			
म	म	–	म	–	–	रे	म	प	–	ध	प	म	म	रे	म
दे	वा	ऽ	य	ऽ	ऽ	लं	ऽ	बो	ऽ	द	रा	ऽ	य	शि	व
प	–	ध	प	म	म	रे	म	प	–	–	–	प	–	–	–
नं	ऽ	द	ना	ऽ	य	शि	व	ओ	ऽ	ऽ	ऽ	म्	ऽ	ऽ	ऽ
ध	ध	–	ध	–	–	सा	ध	प	–	ध	प	म	म	रे	म
ना	था	ऽ	य	ऽ	ऽ	मु	ख	मं	ऽ	ग	ला	ऽ	य	ज	ग
प	–	ध	प	म	म	रे	ध	प	–	–	–	म	–	–	–
वं	ऽ	द	ना	ऽ	य	शि	व	ओ	ऽ	ऽ	ऽ	म्	ऽ	ऽ	ऽ

अंतरा–1

X				0				X				0			
सां	सां	–	सां	–	–	सां	सां	सां	–	रें	सां	–	सां	सां	सां
रु	द्रा	ऽ	य	ऽ	ऽ	शि	व	शं	ऽ	क	रा	–	य	दु	ख
सां	–	रें	रें	–	गं	रें	सां	सां	–	–	–	सां	–	–	–
भं	ऽ	ज	ना	ऽ	य	ह	र	ओ	ऽ	ऽ	ऽ	म्	ऽ	ऽ	ऽ
ध	ध	–	ध	–	–	ध	–	प	–	ध	प	म	म	रे	म
भ	द्रा	ऽ	य	ऽ	ऽ	गं	ऽ	गा	ऽ	ध	रा	ऽ	य	प्र	भु
प	–	ध	प	म	म	रे	ध	प	म	–	–	म	–	–	–
त्र्यं	ऽ	ब	का	ऽ	य	ह	र	ओ	ऽ	ऽ	ऽ	म्	ऽ	ऽ	ऽ
म	म	–	म	–	–	रे	म	प	–	ध	प	म	म	रे	म
दे	वा	ऽ	य	ऽ	ऽ	लं	ऽ	बो	ऽ	द	रा	ऽ	य	शि	व

१३४. जय बजरंग बली !

कहरवा ताल 8 मात्रा

स्थायी : ॐ जै बजरंग बली । कपि जय बजरंग बली ।
भगतन प्राण पिहारे । आस में द्वार तिहारे ।
सुंदर दर्शन की । ॐ जय बजरंग बली ।।

अंतरा : 1. राम दास तुम पावन ।
शंकर अवतारी, प्रभु शंकर अवतारी ।
महावीर परमेश्वर ।
लोक नाथ सत् ईश्वर ।
विक्रम वज्रांगी । ॐ जय ...

2. तुमने सुग्रीव कपि से ।
राम को मिलवाया, प्रभु राम को मिलवाया ।
बाली पतन कराके ।
तुमने मुक्त कराई ।
दारा सुग्रीव की । ॐ जय ...

3. सिय की खोज लगाके ।
खबरिया राम को दी, खुश खबरिया राम को दी ।
रावन पतन कराके ।
तुमने मुक्त कराई ।
सीता रघुवर की । ॐ जय ...

4. जल पर अश्म तराये ।
राम नाम लिखके, शुभ राम नाम लिखके ।
सागर सेतु बनाके ।
सेना पार कराके ।
लंका तुम जारी । ॐ जय ...

5. वायु गति से उड़ के ।
परबत ले आये, प्रभु परबत ले आये ।
संजीवन बुटी लाके ।
तुमने जान बचाई ।
भाई लछिमन की । ॐ जय ...

<u>स्थायी</u>

		X				0				X				0			
म	–	म	–	म	म	म	–	ग	म	प	–	प	ध	नि	सां	सां	सां
ॐ	ऽ	जै	ऽ	ब	ज	रं	ऽ	ग	ब	ली	ऽ	क	पि	ज	य	ब	ज
		रें	सां	नि	ध	निध	प	–	–	–	–	–	–	प	ध	प	ध
		रं	ऽ	ग	ब	लीऽ	ऽ	ऽ	ऽ	ऽ	ऽ	ऽ	ऽ	भ	ग	त	न
		नि	–	नि	ध	म	ध	म	–	प	ध	प	ध	नि	–	नि	ध
		प्रा	ऽ	ण	पि	हा	ऽ	रे	ऽ	आ	ऽ	स	में	द्वा	ऽ	र	ति
		प	ध	म	–	म	प	प	प	ध	प	म	ग	रे	–	प	–
		हा	ऽ	रे	ऽ	सुं	ऽ	द	र	द	र्	श	न	की	ऽ	ओ	म
		प	प	प	प	ध	प	म	ग	म	–	–	–	–	–	–	–
		ज	य	ब	ज	रं	ऽ	ग	ब	ली	ऽ	ऽ	ऽ	ऽ	ऽ	ऽ	ऽ

अंतरा–1

X				0				X				0			
प	म	म	ग	प	म	म	ग	प	म	म	म	सां	रें	सां	नि
रा	ऽ	म	दा	ऽ	स	तु	म	पा	ऽ	व	न	शं	ऽ	क	र
ध	ध	प	म	प	–	सां	सां	सां	रें	सां	नि	ध	ध	प	म
अ	व	ता	ऽ	री	ऽ	प्र	भु	शं	ऽ	क	र	अ	व	ता	ऽ
प	–	–	–	–	–	–	–	प	ध	प	ध	नि	नि	नि	ध
री	ऽ	ऽ	ऽ	ऽ	ऽ	ऽ	ऽ	म	हा	ऽ	वी	ऽ	र	प	र
प	ध	म	म	प	ध	प	ध	नि	नि	नि	ध	प	ध	म	म
मे	ऽ	श्व	र	लो	ऽ	क	ना	ऽ	थ	स	त्	ई	ऽ	श्व	र
प	–	प	प	ध	प	म	ग	म	रे	–	–	–	–	प	प
वि	ऽ	क्र	म	व	ज्	रां	ऽ	गी	ऽ	ऽ	ऽ	ऽ	ऽ	ओ	म्
प	प	प	प	ध	प	म	ग	म	–	–	–	–	–	–	–
ज	य	ब	ज	रं	ऽ	ग	ब	ली	ऽ	ऽ	ऽ	ऽ	ऽ	ऽ	ऽ

१३५. हुतात्मा के लिए प्रार्थना : शांति पाठ

कहरवा ताल 8 मात्ता

स्थायी : देना प्रभो! शांति इस आतमा को,
तुमको हमारी यह वंदना है ।

अंतरा : 1. आत्मा मिले ये, परमातमा को,
लेना चरण में, यह प्रार्थना है ।

2. सारे जगत के आनंद दाता!
गोविंद! देना सुख आतमा को ।

3. हे कृष्ण दामोदर चक्रपाणि!
इसे मोक्ष देना, यह अर्चना है ।

4. अंबे भवानी! शिव शंभु देवा!
इसे स्वर्ग देना, यह याचना है ।

स्थायी

X				0				X				0			
–	–	–	सा	रे	ग	–	प	म	–	–	–	रे	सा	ऩि	–
ऽ	ऽ	ऽ	दे	ऽ	ना	ऽ	प्र	भो	ऽ	ऽ	ऽ	शां	ऽ	ऽ	ऽ
–	–	ऩि	ग	–	रे	–	सा	सा	–	–	–	सा	–	–	–
ऽ	ऽ	ति	इस	ऽ	आ	ऽ	त	मा	ऽ	ऽ	ऽ	को	ऽ	ऽ	ऽ
–	–	–	प	–	प	–	प	पनि	ध	–	–	प	म	रे	–
ऽ	ऽ	ऽ	तुम	ऽ	को	ऽ	ह	मा	ऽऽ	ऽ	ऽ	री	ऽ	ऽ	ऽ
–	–	–	रे	म	ध	–	प	मग	–	–	–	रे	–	सा	–
ऽ	ऽ	ऽ	य	ह	वं	ऽ	द	ना	ऽ	ऽ	ऽ	है	ऽ	ऽ	ऽ
–	–	–	सा	रे	ग	–	प	म	–	–	–	रे	सा	ऩि	–
ऽ	ऽ	ऽ	दे	ऽ	ना	ऽ	प्र	भो	ऽ	ऽ	ऽ	शां	ऽ	ऽ	ऽ
–	–	ऩि	ग	–	रे	–	सा	सा	–	–	–	सा	–	–	–
ऽ	ऽ	ति	इस	ऽ	आ	ऽ	त	मा	ऽ	ऽ	ऽ	को	ऽ	ऽ	ऽ

अंतरा–1

X				0				X				0			
–	–	–	प	ध	नि	–	रें	सां	–	–	–	नि	ध	–	–
ऽ	ऽ	ऽ	आ	त	मा	ऽ	मि	ले	ऽ	ऽ	ऽ	ये	ऽ	ऽ	ऽ
–	–	–	सां	नि	ध	नि	ध	प	–	–	–	प	–	–	–
ऽ	ऽ	ऽ	प	र	मा	ऽ	त	मा	ऽ	ऽ	ऽ	को	ऽ	ऽ	ऽ
–	–	–	प	ध	नि	–	रें	सां	–	–	–	नि	ध	–	–
ऽ	ऽ	ऽ	आ	त	मा	ऽ	मि	ले	ऽ	ऽ	ऽ	ये	ऽ	ऽ	ऽ
–	–	–	सां	नि	ध	नि	ध	प	–	–	म	ग	रे	सा	–
ऽ	ऽ	ऽ	प	र	मा	ऽ	त	मा	ऽ	ऽ	ऽ	को	ऽ	ऽ	ऽ
–	–	–	सा	रे	ग	–	प	म	म	–	–	रे	सा	नि़	–
ऽ	ऽ	ऽ	ले	ऽ	ना	ऽ	च	र	ण	ऽ	ऽ	में	ऽ	ऽ	ऽ
–	–	–	नि़	ग	–	रे	सा	सा	–	–	–	सा	–	–	–
ऽ	ऽ	ऽ	ये	ऽ	प्रा	ऽ	र्थ	ना	ऽ	ऽ	ऽ	है	ऽ	ऽ	ऽ
–	–	–	सा	रे	ग	–	प	म	–	–	–	रे	सा	नि़	–
ऽ	ऽ	ऽ	दे	ऽ	ना	ऽ	प्र	भो	ऽ	ऽ	ऽ	शां	ऽ	ऽ	ऽ
–	–	नि़	ग	–	रे	–	सा	सा	–	–	–	सा	–	–	–
ऽ	ऽ	ति	इस	ऽ	आ	ऽ	त	मा	ऽ	ऽ	ऽ	को	ऽ	ऽ	ऽ

२१. रत्नाकर के और कुछ गिने चुने गीत

१३६. भारत राष्ट्रगीत

कर्मभूमि ये भारत हमारा, सारी दुनिया में हमको है प्यारा ।
इसका इतिहास सुंदर नियारा, दिव्य भारत हमारा जियारा ।।
♫ म-गम-म- म प-म- गम-प-, मप धधध- नि सां-नि- ध प-म- ।
म-प धधध-ध नि-ध- पम-प-, म-प ध-ध- सांनि-ध- धप-म- ।।

अंतरा-1

इसकी धरती है सोने की माटी, इसके सिर पर हिमालय की चोटी ।
इसकी नदियाँ हैं अमृत की धारा, इसके पग में समुंदर किनारा ।।
♫ सां-सां नि-सां- नि ध-नि- ध प-म-, सां-सां नि- सां- निध-नि- ध प-म-।
म-ग ममम- म ध-प- ग म-प-, ग-म पप प- पध-नि- धप-म-।।

अंतरा-2

इसकी आभा है अंबर की ज्योति, चाँद सूरज हैं कुंडल के मोती ।
रम्य अनुपम है इसका दीदारा, विश्व का है ये उज्ज्वल सितारा ।।

अंतरा-3

इसकी वायु में सौरभ घनेरा, इसका मंगल है साँझ और सवेरा ।
इसमें आनंद है अद्‌भुत अपारा, ये है कुदरत का मनहर नज़ारा ।।

अंतरा-4

मोर कोयल पपीहे हैं गाते, टेर कुहू हैं मंजुल सुनाते ।
संग सावन का शीतल फुहारा, सारे वतनों में ये है दुलारा ।।

अंतरा-5

पर नारी यहाँ पर है माता, भाईचारे का सबमें है नाता ।
यहाँ इंसानियत का बसेरा, शुभ शांति अहिंसा का नारा ।।

अंतरा-6

इसकी संतानें हैं वीर ज्ञानी, संत योगी कलाकार दानी ।
स्नेह सेवा शराफत का डेरा, स्वर्ग से प्रिय है देश मेरा ।
स्वर्ग से प्रिय है देश हमारा ।।

(कोरस)

जय हो जय हो, तेरी जय हो जय हो, जय हो जय हो, सदा जय हो जय हो ।
जय हो जय हो, तेरी जय हो जय हो, जय हो जय हो, तेरी जैऽ हो जय हो ।।

♫ सां– सां नि– सां–, निध– नि– ध प– ध–,
सां– सां नि– सां–, निध– नि– ध प– म–।
म– ग म– म–, मप– म– ग म– प–,
ध– ध नि– नि–, निसां– नि– ध प– म–।।

१३७. राष्ट्रभाषा हिंदी

वाणी सरस्वती की, ये देन गणपति की ।
उज्ज्वल ये संस्कृति की, हिंदी है राष्ट्रभाषा ।। हिंदी है॰

♫ रे–रे– मप–मग– रे–, म प–ध पपमग– म– ।
नि–ध– प मगरे– म–, ध–प– म ग–मरेग– ।।

अंतरा–1

सुनने में है लुभानी, गाने में है सुहानी ।
सबसे मधुर ये जानी, ब्रह्मा इसे तराशा ।। हिंदी है॰

♫ निनिध– प म– पध–प–, सां–नि– ध प– धपम– ।
रेरेरे– गप– म ग–म–, ध–प– मग– मरेग– ।।

अंतरा–2

संस्कृत से ये बनी है, ऊर्दू से ये सनी है ।
संगीत मय बड़ी है, सुंदर ये हिंदी भाषा ।। हिंदी है॰

अंतरा–3

हिंदी ये वो जुबाँ है, जिस पर सभी लुभाँ हैं ।
दुनिया का हर सूबा ही, हिंदी का है निबासा ।। हिंदी है॰

अंतरा–4

मनहर गुलों की क्यारी, बोली सभी से न्यारी ।
हिंदी है सबको प्यारी, चाहे जो हो लिबासा ।। हिंदी है॰

१३८. ब्रह्म, विष्णु, महेश

आदि ब्रह्म है, मध्य विष्णु है, अन्त सबका महेश है ।
कर्म राम है, धर्म कृष्ण है, ज्ञान सबका गणेश है ।।

♫ रे–ध प–म ग–, रे–प म–ग म–, सांनि धपम– गम–ग रे– ।
म–ग प–म ग–, ध–प म–ग म–, नि–ध पमग– गम–ग रे ।।

अंतरा–1

ब्रह्मा है लाता, विष्णु जगाता, सबको लेजाता महेश है ।
राम रमाता, श्याम समाता, ज्ञान का सोता गणेश है ।।

♫ निसा रे सा-नि-, गम पम-ग-, ध-नि सांनि-ध- पम-ग रे- ।
गम पम-ग-, पध निध-प-, नि-ध प ध-म- गम-ग रे- ।।

अंतरा-2

ब्रह्म विधाता, विष्णु है धाता, मुक्ति का दाता महेश है ।
राम निभाता, श्याम है भाता, बुद्धि बढ़ाता गणेश है ।।

अंतरा-3

ब्रह्म अनंता, विष्णु नियंता, विश्व का अंता महेश है ।
रघु बलवंता, हरि भगवंता, श्री एकदंता गणेश है ।।

अंतरा-4

ब्रह्म है मंडन, विष्णु है स्पंदन, जगत निकंदन महेश है ।
राम रघुनंदन, हरि जगवंदन, सब स्वर व्यंजन गणेश है ।।

राग बिलावल

१३९. रामायण चौपाई

दोहा॰

राम सिया बन को चले, लखन लला है साथ ।
मातु पिता गृह को तजे, धन्य धन्य रघुनाथ ।।

♫ नि-नि निनि- निनि सां - - निसां- - -, निनिनि निनि- रेंसां सां- - सां ।
नि-नि निनिप पप पग- परे- - -, ग-ग परेरेरे रेसा- -सा ।।

चंदन तिलक सुमंगल माथे, चंदन तिलक सुमंगल माथे ।
दशरथ नंदन राम सुहाते ।
श्री राम जय राम जय जय रामा, जय राम सिया राम जय जय रामा ।।
जय राम सिया राम, सियाराम जय जय रामा ।।

♫ -ग-गप रेरेसा सा-निपरेरे गरे-सारे, -ग-गप रेरेसा सा-निपरेरे गरे-सा- ।
-पगपप निसांरेंसांनिप पगगप रे-सा- ।
-गग गप रेरे सासा- निप रेरे गरे-सा-, गग गप रेरे सासा- निप रेरे गरे-सा- ।।

अंतरा-1

शीश जटा कटि वल्कल धारे, कानन कुंडल नयन लुभाते ।
जय राम सिया राम, सियाराम जय जय रामा ।।

♫ -पगप पसां- सांसां- निनिनिरें ध-प-, -गगगप रे-सासा -निपरे रेगरे-सा- ।
-गग गप रेरे सासा- निप रेरे गरे-सा-, गग गप रेरे सासा- निप रेरे गरे-सा- ।।

अंतरा-2

मुख मंडल पर हास्य बिराजे, विघ्न कष्ट कछु नाहि दुखाते ।

अंतरा–3

वीर धनुर्धर धीरज धारी, संकट मोचन राम कहाते ।

अंतरा–4

राम रमैया भव की नैया, राम नाम नर को हरसाते ।

अंतरा–5

राम सहारे, राम किनारे, राम नाम सब दुख बिसराते ।

अंतरा–6

भीषण पाप मनुष के जेते, राम नाम से सब छुट जाते ।

अंतरा–7

राम सिया संग लछमन सोहे, लखन लला सब जन को भाते ।

अंतरा–8

राज काज सुख तज कर सारे, मातु तात के बचन निभाते ।

अंतरा–9

सिया संग प्रभु बन में बिराजे, भगतन राम चरित शुभ गाते ।

अंतरा–10

वाह वाह रे दशरथ राजा, धन्य धन्य कौसल्या माते! ।

दोहा॰

दीन दयाला आप हैं, करुण कृपालु राम! ।
कौसल्या सुत, हे सखे! पाहि पाहि रे माम् ।।

♫ नि–नि निनि–नि– सां– –नि सां– – –, निनिनि निनि–रेंसां सां– –सां ।
नि–नि–निप पप–, ग– परे– – –! ग–ग परेरे रेसा सा– –सा ।।

१४०. गोविंद नारायण वासुदेव

गोविंद नारायण वासुदेव, श्रीकृष्ण श्रीराम श्रीसत्य साँई ।
किसी को पुकारो सब नाम एक, भजलो या गाओ, ओ मेरे भाई! ।।

♫ सा–सा–सा सा–सा–ऩिऩि रे–साऩि–ध़–, रे–रे–रे ग–म–म ग–प–म ग–रे– ।
सासा– रे– गरे–सा– रेग प–म ग–रे–, ममम– ग रे–ग–, ध– प–म ग–रे! ।।

अंतरा–1

आनंद दाता जग के विधाता, तू भाग्य देता, सुदर्शन कन्हाई ।
किसी को पुकारो सब नाम एक, भजलो या गालो, ओ मेरे भाई! ।।

♫ नि–ध–प ध–नि– धध प– मग–प–, ध– प–म ग–रे, सारे–गग मग–रे– ।
सासा– रे– गरे–सा– रेग प–म ग–रे–, ममम– ग रे–ग–, ध– प–म ग–रे! ।।

अंतरा–2

हे विघ्न हारी, हे चक्रधारी, हे ब्रह्म विष्णु शंकर गोसाई ।
प्रभुऽ रूप दरसाता है अनेक, भजलो या गा लो, ओ मेरे भाई! ।।

अंतरा-3

श्री लक्ष्मी माता सीता राधा, काली भवानी गायत्री माई ।
जपलो या तपलो सब काम नेक, भजलो या गालो, ओ मेरे भाई! ।।

१४१. माता

श्लोक

माता या सर्वजीवानां बलदा च शुभप्रदा ।
तां धेनुं शिरसा वन्दे पूज्याममृतदां सदा ।।

♫ ध-ध- ध- नि-धप-ध-नि-, सांनिध- प- गम-पध- ।
नि- ध-प- गमप- म-ग-, ध-प-म-गमग- रेसा- ।।

स्थायी

हमें जनम जो देती वो माता है, अरु दूध पिलाती वो माता है ।
♫ पप- पधनि ध प-ग म रे-ग म-, पप सां-नि धप-ध नि ध-प म- ।

अंतरा-1

पेट में पाले, लोरी गा ले, प्यार उसी का भाता है ।
♫ सां-नि ध नि-सां-, नि-धप म-प-, प-म गरे- म- ग-रे म- ।

अंतरा-2

गोद में ले ले, साथ में खेले, भार सहे भू माता है ।

अंतरा-3

कामधेनु बन, मन की मुरादें, पूरी करे गौ माता है ।

अंतरा-4

गौरी लछमी, सीता शारदा, जनम जनम का नाता है ।

अंतरा-5

जनम की भूमि, धेनु जननी, स्वर्ग से ऊँची माता है ।

अंतरा-6

कर्मभूमि जो, धर्मभूमि वो, प्यारी भारत माता है ।

१४२. अत्मा और ब्रह्म

इदं पूर्णं च तत्पूर्णं पूर्णे पूर्णं विलीयते ।
पूर्णात्पूर्णमृणं कृत्वा शेषं पूर्णैव विद्यते ।।

♫ सांनि- धनि- सां नि-ध-प-, ध-प- म-प- गम-पम- ।
रे-ग-म-ग- पम- ग-रे-, ग-म- प-म-ग रे-गसा- ।।

पूर्ण ये भी है, वो भी पूर्ण है, पूर्ण से मिलता सो पूर्ण है ।
पूर्ण से निकला यदि पूर्ण तो, बाकी बचेगा सो पूर्ण है ।।
♫ रे-रे रेग रे सा-, रेग रे गमग रे-, सा-सा सा रेरेग- प म-ग रे- ।
म-म म पपप- धनि- ध-प म-, म-प धप-म- ग रे-ग सा- ।।

अंतरा-1

मूल शून्य ही ब्रह्म खर्व है, शून्य से निकला ये सर्व है ।
शून्य नाम ही व्योम पूर्ण है, शून्य से मिल कर वो शून्य है ।।
♫ सां-नि ध-नि ध- सां-नि ध-प म-, ध-ध ध पपम- ध प-म ग- ।
रे-ग म-म म- प-म ग-रे ग-, रे-रे रे गग मम ग रे-ग सा- ।।

अंतरा-2

भूत पाँच गुण तीन हैं कहे, अष्ट वर्ग से ये पूर्ण है ।
पूर्ण ऊर्ध्व अरु मध्य पूर्ण है, अंत में जाकर वो शून्य है ।।

अंतरा-3

आत्म पूर्ण है परमात्म वही, पूर्ण से मिल कर ये पूर्ण है ।
ये भी पूर्ण और पूर्ण वही है, शून्य से मिल कर वो शून्य है ।।

अंतरा-4

प्राण प्राणियों में सब जिसने, डाली धड़कन हर दिल में ।
साँस साँस में पूर्ण रहे वो, बिन जिसके सब अपूर्ण है ।।

अंतरा-5

कण कण में है एक ईश सना है, शून्य से बढ़ कर विश्व बना ।
जड़ चेतन सब भव्य सृष्टि में, अगम्य होकर भी गम्य है ।।

श्लोकः ।

इदं शून्यं च तच्छून्यं शून्याच्छुन्यं हि जायते ।
शून्ये शून्यं समायुज्य पूर्णं शून्यं हि वर्तते ।। 949/2422
♫ रेग- म-म- प म-ग-रे-, प-म-ग-रे- म ग-रेसा- ।
रे-रे- ग-ग- मप-म-ग-, प-म- ग-रे- म रे-गसा- ।।

राग आसावरी, अनुप्रास

१४३. मुरली वाला

लाल गुलाली फूल की माला, डाल गले में मुरली वाला ।
गोकुल वाला बालक ग्वाला, झूलत झूले पर ब्रिजबाला ।।
♫ सारेम मप-प- पमप सां ध-प-, म-म मप- प- धधमप ग-रेसा ।
सारेमम प-प- पमपसां ध-प-, म-मम प-प- धध मपग-रेसा ।

अंतरा–1

तिल काजल का वनमाली के, लाल गुलाबी गाल पे काला ।

♫ मम प-धध निध सांसांसां-गंनि सां-, नि-नि निसां-सां- निसांरें सां ध-प- ।

अंतरा–2

संदल तिलक है मंगल लगता, श्यामलहरि के भाल पे पीला ।

अंतरा–3

जूहीचमेली कोमल कलिका, बालों में डाले बाल गोपाला ।

अंतरा–4

जल केलि में ललिता ललना, नंद का लाला खेलत लीला ।

१४४. ओ हरी!

मेरे माता पिताश्री तुम्हीं हो, मेरे भ्राता सखा भी तुम्हीं हो ।
ज्ञान सोता सविता तुम्हीं हो, मेरे धाता विधाता तुम्हीं हो ।।

♫ सानि़ सा-सा- सारे-सा- नि़सा- रे-, सारे ग-ग- गम- ग- सारे-सा- ।
सा-नि़ सा-सा- साग-रे- सारे-म-, रेग प-म- गरे-म- गरे-सा- ।।

अंतरा–1

मेरे गानों की स्फूरत तुम्हीं हो, मेरे ध्यानों की सूरत तुम्हीं हो ।
मेरे ख्वाबों की मूरत तुम्हीं हो, मेरी साँसों के दाता तुम्हीं हो ।।

♫ रेग म-म- म प-म- गरे- म-, गम प-प- प नि-ध- पम- प- ।
गरे म-म- म प-म- गरे- म-, रेग म-म- ग प-म- गरे- दाा- ।।

अंतरा–2

मेरे जीवन की गाथा तुम्हीं से, सारे जन्मों का नाता तुम्हीं से ।
मेरा जीना सुहाता तुम्हीं से, मेरे ताता और त्राता तुम्हीं हो ।।

अंतरा–3

मोहे भूमि पर लाया तुम्हीं ने, मोहे प्रीति से पाला तुम्हीं ने ।
मोहे मुक्ति दिलाना तुम्हीं ने, मेरी गीता कविता तुम्हीं हो ।।

अंतरा–4

तेरे चरणों में मेरी जगह हो, मेरे मुख में हरि! तू बसा हो ।
तेरी किरपा की छाया सदा हो, मेरे प्रारब्ध कर्ता तुम्हीं हो ।।

१४५. प्रभु तेरी माया

♫ सारे-! सानि़सा- रेगरे-, रेरेरे गपमग रेग रेगरे सा-

(माया)

प्रभो! तेरी माया, ग्रहण करने में गहन है ।
मगर सच्चे मन से, स्मरण करके वो सुगम है ।।

♫ मप- धपम ग-, गम- पमग रे-, सारे- मगरेसा-

कोई नमन से, कोई भजन से, तुझे पूजता ।
कोई धन तथा, कोई सुख सदा, तुझे माँगता ।।
प्रभो! तेरी लीला, कथन करने में कठिन है ।
मगर पक्के मन से, मनन करना ही यजन है ।।

अंतरा-2

सदा चरण में, रहो शरण तो हरि साथ है ।
सभी जगत का, अनाथ जन का, वही नाथ है ।।
हरे! तेरी सेवा, सतत करना ही धरम है ।
सतत सच्चे मन से, करम करना उद्धरण है ।।

१४६. प्रभु प्रेम

प्रभु से प्रेम पाने का, तरीका ये सुहाना है ।
हरि से प्रीत का सलीका, विनय से सिर झुकाना है ।।

♫ रेगम रे- गमरे ग-म- प-, धप-म- ग- पमगमग रे- ।
धप- म- सां-नि ध- पपध-, पमम ग- प- मगमग- रे- ।।

अंतरा-1

दुखे ना जिससे नर कोई, सुखी हो जिससे हर कोई ।
सभी को यार करना ही, हरि से प्यार करना है ।।

♫ रेधप म- गगरे गग म-प-, धप- म- गमरे मग प-म- ।
रेगम रे- ग-म रेगम- प-, धप- म- ग-प मगमग रे- ।।

अंतरा-2

अगर चंगा कहे कोई, बहुत निंदा करे कोई ।
सदा उपकार करना ही, हरि से प्यार करना है ।।

अंतरा-3

न जिसमें बैर है कोई, न जिसको गैर है कोई ।
सदा सुविचार करना ही, हरि से प्यार करना है ।।

राग मालकंस

१४७. रत्नाकर

सुर मधु तेरी वेणु का, जबसे सुना अनूप ।

आस दरस की है लगी, सपनन आ सुर भूप ।। 173/7162

रेरे गम ग-गा प-म प-, पपनि- धप- निध- ।

म-म ममम म- प- मग-, रेरेरेरे ध- पग म-म ।।

प्यार हुआ है मुझको सुर से ।

♫ गमग सानिसा धनि सासाम- गग म-म ।

अंतरा-1

प्यार हुआ है मुझको जब से, मुरली मनोहर दामोदर से ।

ग्रीष्म गया है मेरे चित से, बसंत बरखा नित बरसे ।।

ग-म मध- नि- सांसांसां- गंनिसां-, निनिनि निनि-निनि धनिसांनिधम म- ।

सां-सां सांगं- गं- सांमंगंसां निनि सां-, सांमं-गं सांनिसां- धनि सांनिधमगसा- ।।

अंतरा-2

रात न सूनीं कारी अँधेरीं, तरसाये चिंता न घनेरी ।

प्रीत मेरी धनुधर से जिगरी, बंसीधर से, श्रीधर से ।।

अंतरा-3

मीरा राधा जस बलिहारी, पार्थ सुदामा की जस यारी ।

चाह मेरी यदुवर से गहरी, बनवारी से, गिरिधर से ।।

१४८. योग

है, नाम इसी का यो...ग, तू, जान इसी को योग ।

♫ सानि, सा-रे रेग- म- पमगरेसा, रेसा, रे-रे गमग रेसा रे- - - - रे ।

अंतरा-1

तन निर्मल हो, मन निश्चल हो,

दूर हों सुख के भो...ग । है, नाम इसी का योग ।।

♫ सानि सा-रेरे ग-, रेग म-गरे सा-,

म-म म पम गरे सा- - सा, रे-, रे-रे गपम गरे सा- ।।

अंतरा-2

नर निर्भय हो, दृढ़ निश्चय हो,

संयम का उपयोग । है, नाम इसी का योग ।।

अंतरा-3

स्थल प्रशांत हो, चित नितांत हो,

सत् जन का संजोग । है, नाम इसी का योग ।।

अंतरा-4

कोई न अपना, न ही पराया,

सम जाने सब लोग । है, नाम इसी का योग ।।

अंतरा-5

पूर्ण अहिंसा, तन मन वच से,

कोह रहे ना सोग । है, नाम इसी का योग ।।

अंतरा-6

फल की कामना, विषय वासना,

ना हों ये सब रोग । है, नाम इसी का योग ।।

राग : यमन कल्याण

१४९. अमर आत्मा

अक्षर ये आतमा है, देही अमर है जाना ।

अक्षय अनादि अजर है, पावन ये आतमा है ।।

♫ ग-रेरे सा- नि़-रेग- ग-, गमंप- पमंमं ग- रे-सा- ।

नि़रेरे रेग-ग मंधप मं-, प-मंमं ग- प-मंगरे सा- ।।

अंतरा-1

वस्त्रों को त्याज्य नित जैसे, मानव ये त्यागता है ।

देही भी देह नित वैसे, जर्जर को छोड़ता है ।

इसमें भला क्यों रोना, जीवन की भंगिमा है ।।

♫ ग-मं- प- निध- पप मं-प-, ग-मंमं प- ध-पमं- ग- ।

नि़-रे- ग- मं-प धध मं-प-, ध-पप मं- ध-पमं- ग- ।

सासारे- गमं- प- मं-ग-, प-मंमं ग- प-मंगरे सा- ।।

अंतरा-2

शस्त्रों से नहीं ये कटता, अग्नि से नहीं है जलता ।

पानी में नहीं ये गलता, वायु से नहीं है सूखता ।

अविनाशी सही है जाना, जैसे ये आसमाँ है ।।

♫ ग-मं- प- निध- प- मंमंप-, ग-मं- प- पमं- ग- रेरेसा- ।

नि़-रे- ग- मंप- ध- मंमंप-, ध-प- मं- गमं- प- पमंग- ।

सासारे-ग- मंमं- प- मं-ग-, प-मंग रे- प-मंगरे सा- ।।

अंतरा-3

हिरदय सभी में बसता, कण कण है इसीसे बनता ।

जीवन की ये है ज्योति, चेतन हैं इसीसे प्राणी ।

इसीको ब्रह्म है जाना, ये ही परम परमात्मा ।।

१५०. निष्काम बुद्धि

बिन माँगे ही मोती मिलते, माँगे मिले ना भीख रे ।
बिना कामना कर्म करना, अर्जुन प्यारे! सीख रे ।।
♫ गरे सारे- ग- ध-प मगरे-, गम पध- ध- प-म ग- ।
गम- प-पप- ध-प मगम-, सा-सासा रे-ग-! प-म ग- ।।

अंतरा-1

जो करणीयं सो करना है, सुकर्म करते ही मरना है ।
सुख दुख दोनों एकसे धरे, सब कुछ सहना, ठीक रे ।।
♫ ग- मपध-ध- नि- धपम- प-, धप-म गगमप- धपग म- ।
रेरे गग म-प- ध-प म- गम-, सासा रेरे गगम-, प-म ग- ।।

अंतरा-2

कर्मभूमि ही धर्मभूमि है, समान करना लाभ हानि है ।
पवित्र ऐसी भावना लिये, हार में भी, जीत रे ।।

अंतरा-3

रण में जब क्षत्रिय खड़ा हो, धर्म युद्ध जब आन पड़ा हो ।
न कोई शत्रु, ना ही मीत है, यही नीति की, रीत रे ।।

१५१. प्रभु का धाम

स्थायी

प्रभु जी! किसमें रहते तुम, बताओ श्रवण प्यासे हम ।
प्रभोः भोः! कुत्र निवससि त्वं, वदतु मां, ज्ञातुमिच्छामि ।।

अंतरा-1

जहाँ पर नाद ब्रह्मा का, जहाँ पर राग सरगम का ।
वहाँ पर स्थान है मेरा, अरेऽहं "तत्र तिष्ठामि" ।।

अंतरा-2

जहाँ पर है दिलों में गम, जहाँ पर बेदिली है कम ।
वहाँ पर वास है मेरा, सुनोऽहं "तत्र विष्ठामि" ।।

अंतरा-3

जहाँ पर पाप का नहीं दम, जहाँ पर पुण्य है हरदम ।
वहाँ आधार है मेरा, सखेऽहं "भद्ररक्षामि" ।।

अंतरा-4

कहीं ना धाम है ऐसा, कोई ना नाम है ऐसा ।
जहाँ ना वास है मेरा, सदा "सर्वत्र गच्छामि" ।।

२२. थाट और रागों पर आधारित कुछ हिट फिल्मी गीतों की सूची

थाट बितावल	-	राग दुर्गा	- गीत * गीत गया पत्थरों ने
थाट बितावल	-	राग दुर्गा	- गीत * चंदा रे मोरी पाटिया ले जा
थाट बिलावल	-	राग अलहिया बिलावल	- गीत * जन गण मन
थाट बिलावल	-	राग अलहिया बिलावल	- गीत * भोर आई गया अंधियार
थाट बिलावल	-	राग अलहिया बिलावल	- गीत * सारे के सारे गा मा को लेकर
थाट बिलावल	-	राग बिहाग	- गीत * ऐ दिल बेकरार झूम
थाट बिलावल	-	राग बिहाग	- गीत * कोई गाता मैं
थाट बिलावल	-	राग बिहाग	- गीत * चलेंगे तीर जब दिल पर
थाट बिलावल	-	राग बिहाग	- गीत * जिंदगी के सफर में गुजर जाते हैं
थाट बिलावल	-	राग बिहाग	- गीत * तुम तो प्यार हो सजन
थाट बिलावल	-	राग बिहाग	- गीत * तेरे प्यार में दिलदार
थाट बिलावल	-	राग बिहाग	- गीत * तेरे सुर और मेरे गीत
थाट बिलावल	-	राग बिहाग	- गीत * दिल जो ना कहे सका
थाट बिलावल	-	राग बिहाग	- गीत * पायलवाली देखना
थाट बिलावल	-	राग बिहाग	- गीत * बांके चकोरी गोरी झूम झूम नचेगी
थाट बिलावल	-	राग बिहाग	- गीत * ना बिते रैना
थाट बिलावल	-	राग बिहाग	- गीत * बोलिये सुरीली बोलियां
थाट बिलावल	-	राग बिहाग	- गीत * मतवाली नार ठुमक ठुमक
थाट बिलावल	-	राग बिहाग	- गीत * मेरी लाड़ली रे मेरी लाड़ली
थाट बिलावल	-	राग बिहाग	- गीत * ये क्या जग है दोस्ती
थाट बिलावल	-	राग बिहाग	- गीत * राधा जाए ना
थाट बिलावल	-	राग बिहाग	- गीत * सुहानी बेरिया बीती जय
थाट बिलावल	-	राग बिहाग	- गीत * हमारे दिल से ना जाना धोखा ना खाना
थाट बिलावल	-	राग भीन्न शड्ज	- गीत * उड़जारे जा रे कागज
थाट बिलावल	-	राग भीन्न शड्ज	- गीत * याद पिया की आय
थाट बिलावल	-	राग शंकरा	- गीत * देश परदेशी
थाट बिलावल	-	राग शंकरा	- गीत * बेमुरव्वत बेवफा
थाट बिलावल	-	राग शंकरा	- गीत * बोलो बोलो कान्हा बोलो
थाट बिलावल	-	राग शंकरा	- गीत * रुमाझुमा रुमाझुमा चाल तिहारी
थाट खमाज	-	राग खमाज	- गीत * अंग डोले मेरा
थाट खमाज	-	राग खमाज	- गीत * अब क्या मिसाल दुनिया
थाट खमाज	-	राग खमाज	- गीत * आयो कहां से घनश्याम
थाट खमाज	-	राग खमाज	- गीत * ए दिल से दिल मिला ले
थाट खमाज	-	राग खमाज	- गीत * ओ सजना बरखा बहारा आई
थाट खमाज	-	राग खमाज	- गीत * कान्हा कान्हा आन पड़ी रे तेरे द्वार
थाट खमाज	-	राग खमाज	- गीत * कैसे दीना काटे कैसे बिती रातियां पिया जाने
थाट खमाज	-	राग खमाज	- गीत * खत लिख दे सांवरिया के नाम बाबू

जहाँ ना वास है मेरा, सदौ सर्वत्र गच्छामि ।। 22. थाट और रागों पर आधारित कुछ हिट फिल्मी गीतों की सूची

थाट खमाज	-	राग खमाज	-	गीत * जाने कैसे सपनों मैं खो गई अंखियां
थाट खमाज	-	राग खमाज	-	गीत * ढल चुकी शाम-ए-गम
थाट खमाज	-	राग खमाज	-	गीत * तेरे बिना सजना लगे ना जिया हमर
थाट खमाज	-	राग खमाज	-	गीत * नजर लगी राजा तोरे बंगले पर
थाट खमाज	-	राग खमाज	-	गीत * पिया तोसे नैना लगे रे
थाट खमाज	-	राग खमाज	-	गीत * बड़ा नटखट है रे कृष्णा कहैया
थाट खमाज	-	राग खमाज	-	गीत * मेरे तो गिरिधर गोपाल
थाट खमाज	-	राग खमाज	-	गीत * काहे तरसे जियार
थाट खमाज	-	राग खमाज	-	गीत * दिल में और तो क्या रखा है
थाट खमाज	-	राग खमाज	-	गीत * ना तो कारवां की तलाश है
थाट खमाज	-	राग खमाज	-	गीत * पिया नहीं ऐ सखी
थाट खमाज	-	राग खमाज	-	गीत * मायका पिया बुलावे
थाट खमाज	-	राग खमाज	-	गीत * ये तार वो तार
थाट खमाज	-	राग खमाज	-	गीत * सनम तू बेवफा के नाम से
थाट खमाज	-	राग खमाज	-	गीत * सुबाह और शाम काम ही काम
थाट खमाज	-	राग खमाज	-	गीत * हम किसी से कम नहीं
थाट खमाज	-	राग खमाज	-	गीत * वैष्णव जन तो
थाट खमाज	-	राग खमाज	-	गीत * वो ना आयेंगे पलटकर
थाट खमाज	-	राग खमाज	-	गीत * शाम ढाले जमुना किनारे
थाट खमाज	-	राग खमाज	-	गीत * सखी रे सुन बोले पापीहा
थाट खमाज	-	राग खमाज	-	गीत * हम अपना उन्हे बना ना सके
थाट खमाज	-	राग खमाज	-	गीत * कुछ लोग कहेंगे गर कभी
थाट खमाज	-	राग गौड़ मल्हार	-	गीत * गरजत बरसत भीजाता
थाट खमाज	-	राग गौड़ मल्हार	-	गीत * जुर्म-ए-उल्फत पे
थाट खमाज	-	राग गौड़ मल्हार	-	गीत * झिर झिर बरसे
थाट खमाज	-	राग गौड़ मल्हार	-	गीत * शराबी ये सावन का मौसम
थाट खमाज	-	राग जयजयवंती	-	गीत * जिंदगी आज मेरे नाम से शर्मति है
थाट खमाज	-	राग जयजयवंती	-	गीत * दिल का दिया जलया
थाट खमाज	-	राग जयजयवंती	-	गीत * दोस्त बन कर भी नहीं साथ निभाना
थाट खमाज	-	राग जयजयवंती	-	गीत * बैरन हो गयी रैना
थाट खमाज	-	राग जयजयवंती	-	गीत * मनमोहन बड़े झुठे
थाट खमाज	-	राग जयजयवंती	-	गीत * ये दिल की लगी कम क्या होगी
थाट खमाज	-	राग जयजयवंती	-	गीत * सुनी सुनी साज की सितार पर
थाट खमाज	-	राग तिलंग	-	गीत * इतना तो याद है मुझे
थाट खमाज	-	राग तिलंग	-	गीत * कैसे कहें हम
थाट खमाज	-	राग तिलंग	-	गीत * गोरी गोरी गांव की गोरी रे
थाट खमाज	-	राग तिलंग	-	गीत * छोटा सा बालमा अंखियां नींद उडाय ले
थाट खमाज	-	राग तिलंग	-	गीत * मुझे जिंदगी दिवाना कर दे
थाट खमाज	-	राग तिलंग	-	गीत * में अपने आप से घबड़ा गया हूं
थाट खमाज	-	राग तिलंग	-	गीत * मेरी कहानी भुलनेवाले तेरा जहान
थाट खमाज	-	राग तिलंग	-	गीत * यही अरमान लेकर आज अपने घर से हम
थाट खमाज	-	राग तिलंग	-	गीत * लगान तोसे लगी बलमा

जहाँ ना वास है मेरा, सदौ सर्वत्र गच्छामि ।। 22. थाट और रागों पर आधारित कुछ हिट फिल्मी गीतों की सूची

थाट खमाज	-	राग तिलंग	- गीत * सजना संग कहे नेहा लागे
थाट खमाज	-	राग तिलक कमोद	- गीत * एरी जाने ना दूंगि
थाट खमाज	-	राग तिलक कमोद	- गीत * चली रे चली रे माई तो देस पराय
थाट खमाज	-	राग तिलक कमोद	- गीत * छेड़ दिए मेरे दिल के तार को
थाट खमाज	-	राग तिलक कमोद	- गीत * जाओ रे जोगी तुम जाओ रे
थाट खमाज	-	राग तिलक कमोद	- गीत * तुमको देखा तो ये ख्याल आया
थाट खमाज	-	राग तिलक कमोद	- गीत * तुम्हारे बिन जी ना लगे घर में
थाट खमाज	-	राग तिलक कमोद	- गीत * तेरी याद दिल से भूलने
थाट खमाज	-	राग तिलक कमोद	- गीत * बदरिया बरस गई उस पर
थाट खमाज	-	राग तिलक कमोद	- गीत * मुझे मिल गई है मोहब्बत
थाट खमाज	-	राग तिलक कमोद	- गीत * हमने तुझको प्यार किया है जीता
थाट खमाज	-	राग तिलक कमोद	- गीत * रात दिन बारिश
थाट खमाज	-	राग तिलक कमोद	- गीत * हो गए दो
थाट खमाज	-	राग देस	- गीत * आजी रूठ कर अब कहां जाइएगा
थाट खमाज	-	राग देस	- गीत * आप को प्यार छुपाने की बुरी आदत है
थाट खमाज	-	राग देस	- गीत * कदम चले उम्र
थाट खमाज	-	राग देस	- गीत * गोरी तोरे नैना
थाट खमाज	-	राग देस	- गीत * चदरिया झिनी रे झिनी
थाट खमाज	-	राग देस	- गीत * तकदीर का फसाना
थाट खमाज	-	राग देस	- गीत * दुख के अब दिन
थाट खमाज	-	राग देस	- गीत * फिर कहीं कोई फूल खिला
थाट खमाज	-	राग देस	- गीत * बेकसी के पास जब से
थाट खमाज	-	राग देस	- गीत * मन मेरे हसीन सनम
थाट खमाज	-	राग देस	- गीत * मिलने का दिन आ गया
थाट खमाज	-	राग देस	- गीत * मेरे प्यार में
थाट खमाज	-	राग देस	- गीत * वंदे मातरम्
थाट खमाज	-	राग देस	- गीत * सैंया जा जा मोसे ना बोलो
थाट खमाज	-	राग बागेश्री	- गीत * आजा रे परदेसी
थाट खमाज	-	राग बागेश्री	- गीत * कैसे कटे रजनी
थाट खमाज	-	राग बागेश्री	- गीत * घड़ी घड़ी मोरा दिल धड़कने
थाट खमाज	-	राग बागेश्री	- गीत * चमन में रंग-ए-बहार
थाट खमाज	-	राग बागेश्री	- गीत * चाह बरबाद करेगी
थाट खमाज	-	राग बागेश्री	- गीत * जा रे बेइमान तुझे जान लिया
थाट खमाज	-	राग बागेश्री	- गीत * जाओ जाओ नंद के लाला
थाट खमाज	-	राग बागेश्री	- गीत * जाग दर्द-ए-इश्क जाग
थाट खमाज	-	राग बागेश्री	- गीत * दिवाने तुम दीवाने हम
थाट खमाज	-	राग बागेश्री	- गीत * पिया देखन को तरसे
थाट खमाज	-	राग बागेश्री	- गीत * पुछता जा मेरे मार्ग से गुजरे वाले
थाट खमाज	-	राग बागेश्री	- गीत * बेदर्दी दगबाज़ जा तू नहीं बलमा मोर
थाट खमाज	-	राग बागेश्री	- गीत * मधुर मधुर संगीत
थाट खमाज	-	राग बागेश्री	- गीत * मैखाना पिये जा यूं ही
थाट खमाज	-	राग बागेश्री	- गीत * राधा ना बोले ना बोले

जहाँ ना वास है मेरा, सदौ सर्वत्र गच्छामि ।। 22. थाट और रागों पर आधारित कुछ हिट फिल्मी गीतों की सूची

थाट खमाज - राग बागेश्री - गीत * शुभ घड़ी आई
थाट खमाज - राग बागेश्री - गीत * हमसे आया न गया
थाट खमाज - राग रागेश्री - गीत * कौन आया मेरे मन के द्वारे
थाट खमाज - राग रागेश्री - गीत * माने ना
थाट खमाज - राग रागेश्री - गीत * मुहब्बत ऐसी धड़कन है
थाट खमाज - राग रागेश्री - गीत * मेरे संग गा गुनगुन
थाट खमाज - राग रागेश्री - गीत * शुभदीना आयो राजदुलारा
थाट खमाज - राग रागेश्री - गीत * सब कुछ लुटा के होश में आए तो क्या

थाट काफी - राग काफी - गीत * इश्क की गरमी-ए-जज्बात किसे पेश करूं
थाट काफी - राग काफी - गीत * एक सीताम और मेरी जान अभी जान बाकी है
थाट काफी - राग काफी - गीत * ऐ दुनिया क्या तुझ से कहें
थाट काफी - राग काफी - गीत * क़रार लूटने वाले क़रार को तरसे
थाट काफी - राग काफी - गीत * काली घोड़ी
थाट काफी - राग काफी - गीत * कैसे कहूं मन की बात
थाट काफी - राग काफी - गीत * घायल हिरणिया
थाट काफी - राग काफी - गीत * जलते हैं अरमान मेरा दिल रूठा है
थाट काफी - राग काफी - गीत * तुम नहीं गम नहीं
थाट काफी - राग काफी - गीत * तुम्हारा प्यार चाहिए मुझे
थाट काफी - राग काफी - गीत * तेरे भीगे बदन की खुशबू से
थाट काफी - राग काफी - गीत * प्यार भरे दो शर्मीले
थाट काफी - राग काफी - गीत * बिरज में होली खेलत नंद लाल
थाट काफी - राग काफी - गीत * बैरन नींद ना आए
थाट काफी - राग काफी - गीत * ये रात ये चांदनी
थाट काफी - राग काफी - गीत * रिम झिम रिम झिम
थाट काफी - राग काफी - गीत * लत उल्झी सुलझा जा रे बालम
थाट काफी - राग काफी - गीत * हमारी सांसो में आज तक
थाट काफी - राग काफी - गीत * होरी हो ब्रजराजा दुलारे
थाट काफी - राग पटदीप - गीत * मेघा छाया अधिक रात
थाट काफी - राग पटदीप - गीत * साज़ हो तुम आवाज़ हूं मैं
थाट काफी - राग बहार - गीत * छम छम नाचत आई बहार
थाट काफी राग बहार - गीत * मन की बिन मातवरी बजा
थाट काफी - राग बहार - गीत * रे रे बहार आई
थाट काफी - राग बहार - गीत * सकल बना गगन
थाट काफी - राग भीमपलासी - गीत * आ नीले गगन कथा प्यारी
थाट काफी - राग भीमपलासी - गीत * आज मेरे मन सखी बंसुरी बजाये कोई
थाट काफी - राग भीमपलासी - गीत * एरी मैं तो प्रेम दिवानी
थाट काफी - राग भीमपलासी - गीत * एली रे एली क्या है ये पहेली
थाट काफी - राग भीमपलासी - गीत * ऐ अजनबी तू भी कभी आवाज दे कहीं से
थाट काफी - राग भीमपलासी - गीत * ओ निर्दई प्रीतम
थाट काफी - राग भीमपलासी - गीत * ओ बेकरार दिल

जहाँ ना वास है मेरा, सदौ सर्वत्र गच्छामि ।। 22. थाट और रागों पर आधारित कुछ हिट फिल्मी गीतों की सूची

थाट काफी	-	राग भीमपलासी	- गीत * कहता है मेरा ये दिल
थाट काफी	-	राग भीमपलासी	- गीत * किस्मत से तुम हम को मिले हो
थाट काफी	-	राग भीमपलासी	- गीत * कुछ दिल ने कहा
थाट काफी	-	राग भीमपलासी	- गीत * खिलाते हैं गुल
थाट काफी	-	राग भीमपलासी	- गीत * गोरी तेरा गांव बड़ा प्यारा
थाट काफी	-	राग भीमपलासी	- गीत * जिंदगी मेन तो सभी प्यार किया करते हैं
थाट काफी	-	राग भीमपलासी	- गीत * झनकार पयल की तो बिनाति करे
थाट काफी	-	राग भीमपलासी	- गीत * तुम मिले दिल खिले
थाट काफी	-	राग भीमपलासी	- गीत * तुम्ही ने मुझे प्रेम सिखाया
थाट काफी	-	राग भीमपलासी	- गीत * तू है फूल मेरे गुलशन का
थाट काफी	-	राग भीमपलासी	- गीत * तेरे सदके बलम
थाट काफी	-	राग भीमपलासी	- गीत * दिल के टुकड़े टुकड़े
थाट काफी	-	राग भीमपलासी	- गीत * दिल में तुझे बिठाके
थाट काफी	-	राग भीमपलासी	- गीत * दुनिया से जी घबड़ा गया
थाट काफी	-	राग भीमपलासी	- गीत * नग़मा-ए-शेर की
थाट काफी	-	राग भीमपलासी	- गीत * नैनन में बद्र छाये
थाट काफी	-	राग भीमपलासी	- गीत * बीन मधुर मधुर कछु बोल
थाट काफी	-	राग भीमपलासी	- गीत * मन मोर हुआ मातावला
थाट काफी	-	राग भीमपलासी	- गीत * मासूम चेहरा
थाट काफी	-	राग भीमपलासी	- गीत * मेरे मन का बावरा पंछी
थाट काफी	-	राग भीमपलासी	- गीत * मैं गरीबो का दिल
थाट काफी	-	राग भीमपलासी	- गीत * मैंने चांद और सितारों की
थाट काफी	-	राग भीमपलासी	- गीत * ये आने से अकेले में गुफ्तगु क्या है
थाट काफी	-	राग भीमपलासी	- गीत * ये ना थी हमरी किस्मत
थाट काफी	-	राग भीमपलासी	- गीत * समय ओ धीरे चलो
थाट काफी	-	राग भीमपलासी	- गीत * हमारी याद आएगी कभी तनहाई में
थाट काफी	-	राग भीमपलासी	- गीत * है चांद सितारों में चमकी
थाट काफी	-	राग मालगुंजी	- गीत * उनको ये शिकायत है के हम
थाट काफी	-	राग मालगुंजी	- गीत * घिरे बद्र सांवरे
थाट काफी	-	राग मालगुंजी	- गीत * जीवन से भरी तेरी आंखें
थाट काफी	-	राग मालगुंजी	- गीत * जिया लागे ना तेरे बिना मेरा कहीं
थाट काफी	-	राग मालगुंजी	- गीत * नैना सो नैन नहीं
थाट काफी	-	राग मालगुंजी	- गीत * बलमा बोलो ना
थाट काफी	-	राग मियां मल्हार	- गीत * एक बस तू ही नैनी
थाट काफी	-	राग मियां मल्हार	- गीत * करो सब निछावरी
थाट काफी	-	राग मियां मल्हार	- गीत * भीनी भीनी भोर आई
थाट काफी	-	राग मियां मल्हार	- गीत * नाच मेरे मोरा जरा नाचो
थाट काफी	-	राग मियां मल्हार	- गीत * ना ना बारसो बादल
थाट काफी	-	राग मियां मल्हार	- गीत * नाच रे मयूरा
थाट काफी	-	राग मियां मल्हार	- गीत * बादल घुमड़ भर आई
थाट काफी	-	राग मियां मल्हार	- गीत * बोले रे पापिहारा
थाट काफी	-	राग वृंदावानी सारंग -	गीत * आजा भंवरा सुनी डागरी

जहाँ ना वास है मेरा, सदौ सर्वत्र गच्छामि ।। 22. थाट और रागों पर आधारित कुछ हिट फिल्मी गीतों की सूची

थाट काफी - राग वृंदावानी सारंग - गीत * कारे बादर बड़े बड़े बड़े
थाट काफी - राग वृंदावानी सारंग - गीत * घटा घानघोर
थाट काफी - राग वृंदावानी सारंग - गीत * जादूगर सैंया
थाट काफी - राग वृंदावानी सारंग - गीत * झनन झन बाजे पयालिया
थाट काफी - राग वृंदावानी सारंग - गीत * झुठी मुठी बतिया
थाट काफी - राग वृंदावानी सारंग - गीत * तुम संग अखियां लगाके
थाट काफी - राग वृंदावानी सारंग - गीत * प्यार मुन्ना हमारा
थाट काफी - राग वृंदावानी सारंग - गीत * मन भवन
थाट काफी - राग वृंदावानी सारंग - गीत * सावन ऐ या ना आए
थाट काफी - राग वृंदावानी सारंग - गीत * हाय वे दिलवर दिलदार
थाट काफी - राग वृंदावानी सारंग - गीत * है रे है

थाट आसावरी - राग आसावरी - गीत * चले जाना नहीं नैना मिलाके
थाट आसावरी - राग आसावरी - गीत * जादू तेरी नज़र खुशबू तेरा बदन
थाट आसावरी - राग आसावरी - गीत * पिया ते कहो
थाट आसावरी - राग आसावरी - गीत * मुझे गले से लगा लो बहुत उदास हूं मैं
थाट आसावरी - राग जौनपुरी - कुहू कुहू बोले कोयलिया
थाट आसावरी - राग जौनपुरी - गीत * घूंघट के पत खोल
थाट आसावरी - राग जौनपुरी - गीत * चितनंदन आगे नाचूँगी
थाट आसावरी - राग जौनपुरी - गीत * जाए तो जाने कहां समझे गा कौन यहां
थाट आसावरी - राग जौनपुरी - गीत * दिल छेड़ कोई ऐसा नगमा
थाट आसावरी - राग जौनपुरी - गीत * दिल में हो तुम आंखों में तुम
थाट आसावरी - राग जौनपुरी - गीत * पल पल है भारी
थाट आसावरी - राग जौनपुरी - गीत * मेरी याद में तुम न आंसू बहना
थाट आसावरी - राग दरबारी कानडा - गीत * अगर मुझसे मुहब्बत है
थाट आसावरी - राग दरबारी कानडा - गीत * अब कहां जाए हम
थाट आसावरी - राग दरबारी कानडा - गीत * अब मोरी विनति सुनो भगवान
थाट आसावरी - राग दरबारी कानडा - गीत * उड़ जा भंवर माया कमल का
थाट आसावरी - राग दरबारी कानडा - गीत * ओ दुनिया के रखवाले
थाट आसावरी - राग दरबारी कानडा - गीत * कभी दिल से टकराता तो होगा
थाट आसावरी - राग दरबारी कानडा - गीत * कितना हसीन है मौसम
थाट आसावरी - राग दरबारी कानडा - गीत * कोई मतवाला आया मेरे द्वारे
थाट आसावरी - राग दरबारी कानडा - गीत * गुजरे हैं आज इश्क में
थाट आसावरी - राग दरबारी कानडा - गीत * चांदी की दिवार ना तोड़ी
थाट आसावरी - राग दरबारी कानडा - गीत * झनक झनक तोरी बाजे पेलिया
थाट आसावरी - राग दरबारी कानडा - गीत * जय राधा माधव जय कुंजबिहारी
थाट आसावरी - राग दरबारी कानडा - गीत * जोगी आया जोगी आया जोगी आया रे
थाट आसावरी - राग दरबारी कानडा - गीत * तुमसे ही घर घर कहलय
थाट आसावरी - राग दरबारी कानडा - गीत * तुम्हें जिंदगी के उज्ज्वला मुबारक
थाट आसावरी - राग दरबारी कानडा - गीत * तू जो नहीं है तो कुछ भी नहीं है
थाट आसावरी - राग दरबारी कानडा - गीत * तू प्यार का सागर है
थाट आसावरी - राग दरबारी कानडा - गीत * टूटे हुए ख़्वाबों ने

जहाँ ना वास है मेरा, सदौ सर्वत्र गच्छाम्मि ।। 22. थाट और रागों पर आधारित कुछ हिट फिल्मी गीतों की सूची

थाट आसावरी - राग दरबारी कानडा - गीत * तेरी दुनिया में दिल लगता नहीं
थाट आसावरी - राग दरबारी कानडा - गीत * तेरे दार पे आया हुन कुछ करके जाउंगा
थाट आसावरी - राग दरबारी कानडा - गीत * तोरा मन दर्पण कहलय
थाट आसावरी - राग दरबारी कानडा - गीत * दैया रे दैया लाज मोहे लगे
थाट आसावरी - राग दरबारी कानडा - गीत * दिल जालता है तो जलाने दे
थाट आसावरी - राग दरबारी कानडा - गीत * दुनिया बदल गयी
थाट आसावरी - राग दरबारी कानडा - गीत * देखा है पहली बारी
थाट आसावरी - राग दरबारी कानडा - गीत * नैन से नैन मिलाये रखने को
थाट आसावरी - राग दरबारी कानडा - गीत * नैनहीन को राह दिखा प्रभु
थाट आसावरी - राग दरबारी कानडा - गीत * पग घुंघरू बांध मीरा नाची
थाट आसावरी - राग दरबारी कानडा - गीत * प्यार की आग में तन बदन
थाट आसावरी - राग दरबारी कानडा - गीत * बस्ती बस्ती परबत पर्वत
थाट आसावरी - राग दरबारी कानडा - गीत * मितवा लौट आए
थाट आसावरी - राग दरबारी कानडा - गीत * मुहब्बत की झूटी कहानी पे रोये
थाट आसावरी - राग दरबारी कानडा - गीत * मेरे महबूब शायद आज कुछ
थाट आसावरी - राग दरबारी कानडा - गीत * मैं निगाहें तेरे चेहरे से हटाऊं कैसे
थाट आसावरी - राग दरबारी कानडा - गीत * रहा गार्दिशों में
थाट आसावरी - राग दरबारी कानडा - गीत * वो मोहब्बत वो वफ़ायें
थाट आसावरी - राग दरबारी कानडा - गीत * शायराना सी है जिंदगी की फ़ज़ा
थाट आसावरी - राग दरबारी कानडा - गीत * सत्यम शिवं सुंदरम्
थाट आसावरी - राग दरबारी कानडा - गीत * सरफरोशी की तमन्ना
थाट आसावरी - राग दरबारी कानडा - गीत * सुहानी चांदनी रातें
थाट आसावरी - राग दरबारी कानडा - गीत * हंगामा है क्यों
थाट आसावरी - राग दरबारी कानडा - गीत * हम तुझ से मुहब्बत कर के
थाट आसावरी - राग दरबारी कानडा - गीत * हम तुम से जुदा हो के
थाट थाट आसावरी - राग अडाना - गीत * आप की नज़रों ने समझौता
थाट थाट आसावरी - राग अडाना - गीत * ऐ दिल मुझे ऐसी जग ले चल
थाट थाट आसावरी - राग अडाना - गीत * झनक झनक पायल बाजे
थाट थाट आसावरी - राग अडाना - गीत * मनमोहन मान में हो तुमी
थाट थाट आसावरी - राग अडाना - गीत * राधिके तुने बंसारी चुरई
थाट थाट आसावरी - राग अडाना - गीत * सांवरे माता जा

थाट भैरव - राग भैरव - गीत * अम्मा रोटी दे
थाट भैरव - राग भैरव - गीत * एक रितु जाये
थाट भैरव - राग भैरव - गीत * जागो मोहन प्यारे जागो
थाट भैरव - राग भैरव - गीत * देखो बिजली डोले
थाट भैरव - राग भैरव - गीत * मन रे हरि के गुना
थाट भैरव - राग भैरव - गीत * में एक राजा हूं
थाट भैरव - राग भैरव - गीत * मोहे भूल गए सांवरिया
थाट भैरव - राग भैरव - गीत * हंसे टिम टिम
थाट भैरव - राग अहीर भैरव - गीत * अलबेला साजन आयो रे
थाट भैरव - राग अहीर भैरव - गीत * आपके जीवन की उल्झान को

जहाँ ना वास है मेरा, सदौ सर्वत्र गच्छामि ।। 22. थाट और रागों पर आधारित कुछ हिट फिल्मी गीतों की सूची

थाट भैरव	-	राग अहीर भैरव	- गीत * चलो मन जाने घर अपने
थाट भैरव	-	राग अहीर भैरव	- गीत * जिंदगी को संवरना होगा
थाट भैरव	-	राग अहीर भैरव	- गीत * धीरे धीरे सुबाह हुई ही जग उठी जिंदगी
थाट भैरव	-	राग अहीर भैरव	- गीत * पुछो ना कैसे मैंने बारिश बिताई
थाट भैरव	-	राग अहीर भैरव	- गीत * माई री मैं कैसे जिऊँ री
थाट भैरव	-	राग अहीर भैरव	- गीत * मान आनंद आनंद छाया
थाट भैरव	-	राग अहीर भैरव	- गीत * मेरी वीणा तुम बिन रोये
थाट भैरव	-	राग अहीर भैरव	- गीत * मैं तो कबसे तेरी शरण में हुं
थाट भैरव	-	राग अहीर भैरव	- गीत * राम का गुण गान करिये
थाट भैरव	-	राग अहीर भैरव	- गीत * राम तेरी गंगा मैली हो गई
थाट भैरव	-	राग अहीर भैरव	- गीत * वक़्त करता जो वफ़ा आप हमारे होते
थाट भैरव	-	राग अहीर भैरव	- गीत * सोला बरस की बाली उमर को सलाम
थाट भैरव	-	राग अहीर भैरव	- गीत * हमें कोई गम नहीं था
थाट भैरव	-	राग जोगिया	- गीत * कह दो कोई ना करे यहाँ प्यार
थाट भैरव	-	राग जोगिया	- गीत * दिल एक मंदिर है
थाट भैरव	-	राग जोगिया	- गीत * रात भर का है महमान अँधेरा
थाट भैरव	-	राग जोगिया	- गीत * हे नटराज गंगाधर शम्भो बोलेनाथ
थाट भैरव	-	राग विभास	- गीत * नीलम के नभ छै
थाट भैरव	-	राग विभास	- गीत * सांझ ढाले गगन कथा हम कितने एक
थाट भैरवी	-	राग भैरवी	- गीत * अप्रैल फूल बनाय
थाट भैरवी	-	राग भैरवी	- गीत * अब तेरे शिव
थाट भैरवी	-	राग भैरवी	- गीत * अलबेली नार प्रीतम द्वार
थाट भैरवी	-	राग भैरवी	- गीत * आप की याद आती रही रात भर
थाट भैरवी	-	राग भैरवी	- गीत * आया है मुझे फिर याद
थाट भैरवी	-	राग भैरवी	- गीत * आवारा हुं या गर्दिश में हूं
थाट भैरवी	-	राग भैरवी	- गीत * इंसाफ का मंदिर है ये भगवान का
थाट भैरवी	-	राग भैरवी	- गीत * इकतारा बोले
थाट भैरवी	-	राग भैरवी	- गीत * इस भारी दुनिया में
थाट भैरवी	-	राग भैरवी	- गीत * एक दिल और सौ अफसाने
थाट भैरवी	-	राग भैरवी	- गीत * ऐ कातिब-ए-तकदीर
थाट भैरवी	-	राग भैरवी	- गीत * ऐ दिल अब कहीं ना जा
थाट भैरवी	-	राग भैरवी	- गीत * ऐ दिल तुझे
थाट भैरवी	-	राग भैरवी	- गीत * ऐ दीवाली ऐ दीवाली
थाट भैरवी	-	राग भैरवी	- गीत * ऐ मेरे दिल कहीं और चली
थाट भैरवी	-	राग भैरवी	- गीत * ऐ मेरे दोस्त ऐ मेरे हमदम
थाट भैरवी	-	राग भैरवी	- गीत * ओ गौरी तोरी बंकि
थाट भैरवी	-	राग भैरवी	- गीत * ओ शमा मुझे फूंक दे
थाट भैरवी	-	राग भैरवी	- गीत * कभी नेकी भी उसके जी में गर आ जाए
थाट भैरवी	-	राग भैरवी	- गीत * कहता है जोकर
थाट भैरवी	-	राग भैरवी	- गीत * किसी नजर को तेरा इंतजार आज भी है
थाट भैरवी	-	राग भैरवी	- गीत * किसी ने अपना बना के

जहाँ ना वास है मेरा, सदौ सर्वत्र गच्छामि ।। 22. थाट और रागों पर आधारित कुछ हिट फिल्मी गीतों की सूची

थाट भैरवी - राग भैरवी - गीत * किसी बात पर मैं
थाट भैरवी - राग भैरवी - गीत * कैसे आ जमुना के तीर
थाट भैरवी - राग भैरवी - गीत * कैसे समझौता बड़े ना समझ हो
थाट भैरवी - राग भैरवी - गीत * खामोश है
थाट भैरवी - राग भैरवी - गीत * खुशियों के चांदो
थाट भैरवी - राग भैरवी - गीत * गरीब जान के हम को ना तुम दगा देना
थाट भैरवी - राग भैरवी - गीत * ग़रीबों की सुनो
थाट भैरवी - राग भैरवी - गीत * घर आया मेरा परदेसी
थाट भैरवी - राग भैरवी - गीत * चली गोरी पाई से मिलन को चली
थाट भैरवी - राग भैरवी - गीत * छलिया मेरा नाम
थाट भैरवी - राग भैरवी - गीत * चाहे कोई मुझे जंगली कहे
थाट भैरवी - राग भैरवी - गीत * चिंगारी कोई भड़के
थाट भैरवी - राग भैरवी - गीत * छोड़ गए बालम
थाट भैरवी - राग भैरवी - गीत * जब दिल ही टूट गया
थाट भैरवी - राग भैरवी - गीत * जय बोलो बेइमान किस
थाट भैरवी - राग भैरवी - गीत * जबसे राधा ने
थाट भैरवी - राग भैरवी - गीत * जा रे जा रे उड़ जा रे पंछी
थाट भैरवी - राग भैरवी - गीत * जादूगर कातिल
थाट भैरवी - राग भैरवी - गीत * जिस दिल में बस था प्यार तेरा
थाट भैरवी - राग भैरवी - गीत * जीत ही लेंगे
थाट भैरवी - राग भैरवी - गीत * जीना यहां मरना यहां
थाट भैरवी - राग भैरवी - गीत * जो तुम तोड़ो पिया
थाट भैरवी - राग भैरवी - गीत * जो भजे हरि को सदा
थाट भैरवी - राग भैरवी - गीत * ज्योत से ज्योत जगाते चलो
थाट भैरवी - राग भैरवी - गीत * टुटे ना दिल टुटे ना
थाट भैरवी - राग भैरवी - गीत * डोली चढ़ते (हाय)
थाट भैरवी - राग भैरवी - गीत * तुम ही हो माता पिता तुम्हारी हो
थाट भैरवी - राग भैरवी - गीत * तुम्हारे संग मैं भी चलूंगी
थाट भैरवी - राग भैरवी - गीत * तुम्हें और क्या दूं मैं दिल के सिवाय
थाट भैरवी - राग भैरवी - गीत * तू गंगा की मौज मैं जमुना का धारा
थाट भैरवी - राग भैरवी - गीत * तू हिंदू बनेगा ना मुसलमान बनेगा
थाट भैरवी - राग भैरवी - गीत * तेरा जादू ना चलेगा
थाट भैरवी - राग भैरवी - गीत * तेरा जाना
थाट भैरवी - राग भैरवी - गीत * तेरी निगमों पे मार
थाट भैरवी - राग भैरवी - गीत * दिया न बुझे री आज हमारा
थाट भैरवी - राग भैरवी - गीत * दिल अपना और प्रीत पराई
थाट भैरवी - राग भैरवी - गीत * दिल आज शायर है
थाट भैरवी - राग भैरवी - गीत * दिल का खिलोना हाय टूट गया
थाट भैरवी - राग भैरवी - गीत * दुनिया बनने वाले क्या तेरे मन
थाट भैरवी - राग भैरवी - गीत * दो हंसों का जोड़ा बिछड़ गया रे
थाट भैरवी - राग भैरवी - गीत * दोस्त दोस्त ना रहा
थाट भैरवी - राग भैरवी - गीत * धन्य भाग सेवा का अवसर पाया

जहाँ ना वास है मेरा, सदौ सर्वत्र गच्छामि ।। 22. थाट और रागों पर आधारित कुछ हिट फिल्मी गीतों की सूची

थाट भैरवी - राग भैरवी - गीत * न बजाई हो श्याम
थाट भैरवी - राग भैरवी - गीत * नाचे मन मोरा मगन ढिग ता ढीगी ढिगी
थाट भैरवी - राग भैरवी - गीत * नस नस में आग
थाट भैरवी - राग भैरवी - गीत * पगड़ी संभल जट्टा
थाट भैरवी - राग भैरवी - गीत * प्यार हुआ इकरार हुआ
थाट भैरवी - राग भैरवी - गीत * फिर किसी रहा गुजर पर शायद
थाट भैरवी - राग भैरवी - गीत * फूल गेंदवा ना मारो
थाट भैरवी - राग भैरवी - गीत * बच्चे मन के सच्चे
थाट भैरवी - राग भैरवी - गीत * बरसात में हमसे मिले तुम
थाट भैरवी - राग भैरवी - गीत * बाकी कुछ बचा तो मेंहगई मार गायी
थाट भैरवी - राग भैरवी - गीत * बात चलत नई चुनरी रंग दरिक
थाट भैरवी - राग भैरवी - गीत * बाबुल मोरा नैहर
थाट भैरवी - राग भैरवी - गीत * बेशक मंदिर मस्जिद तोड़े
थाट भैरवी - राग भैरवी - गीत * बोल राधा बोल संगम होगा के नहीं
थाट भैरवी - राग भैरवी - गीत * भरी दुनिया में अखिर दिल को समाधान
थाट भैरवी - राग भैरवी - गीत * भोर भये पनघाट पे
थाट भैरवी - राग भैरवी - गीत * मधुकर श्याम हमारे छोरी
थाट भैरवी - राग भैरवी - गीत * माता सरस्वती शारदा विद्या दया दायिनी
थाट भैरवी - राग भैरवी - गीत * मिठे बोल बोले
थाट भैरवी - राग भैरवी - गीत * मितवा रे मितवा पूरब ना जायओ
थाट भैरवी - राग भैरवी - गीत * मिले जो कड़ी कड़ी एक जंजीर बने
थाट भैरवी - राग भैरवी - गीत * मिले सुर तेरा हमारा
थाट भैरवी - राग भैरवी - गीत * मुझे इस रात की तनहाई मैं
थाट भैरवी - राग भैरवी - गीत * में जिंदगी में हरदम रोता ही रहा हूं
थाट भैरवी - राग भैरवी - गीत * में पिया तेरी तू माने या माने
थाट भैरवी - राग भैरवी - गीत * मेरा जूता है जापानी
थाट भैरवी - राग भैरवी - गीत * मेरा देश की धरती सोना उगाले उगले हिरे
थाट भैरवी - राग भैरवी - गीत * मेरा नाम राजू
थाट भैरवी - राग भैरवी - गीत * मेरा रंग दे बसंती चोला
थाट भैरवी - राग भैरवी - गीत * मेरी तन्हाईयों तुम ही लगालो मुझे सीने से
थाट भैरवी - राग भैरवी - गीत * मेरे ऐ दिल बता
थाट भैरवी - राग भैरवी - गीत * मेरे ख्वाबों का हर ऐक नक्शो
थाट भैरवी - राग भैरवी - गीत * मेहंदी लगी मेरे हाथ रे
थाट भैरवी - राग भैरवी - गीत * मैं चली मैं चली
थाट भैरवी - राग भैरवी - गीत * मैं तो प्यार से तेरी पिया मांग सजूँगी
थाट भैरवी - राग भैरवी - गीत * मोरी छम छम बाजे पयेलिया
थाट भैरवी - राग भैरवी - गीत * मोहब्बत की दास्तान
थाट भैरवी - राग भैरवी - गीत * यही है वो सांज और सवेरा
थाट भैरवी - राग भैरवी - गीत * ये जिंदगी के मेले
थाट भैरवी - राग भैरवी - गीत * ये दिल ये पागल दिल मेरा क्यों बुझ गया
थाट भैरवी - राग भैरवी - गीत * ये दुनिया है
थाट भैरवी - राग भैरवी - गीत * ये हरियाली और ये रास्ता

जहाँ ना वास है मेरा, सदौ सर्वत्र गच्छामि ।। 22. थाट और रागों पर आधारित कुछ हिट फिल्मी गीतों की सूची

थाट		राग	
थाट भैरवी	-	राग भैरवी	- गीत * रमैया वस्तावैया
थाट भैरवी	-	राग भैरवी	- गीत * राजा की आएगी बाराती
थाट भैरवी	-	राग भैरवी	- गीत * रोशन हुई रातो
थाट भैरवी	-	राग भैरवी	- गीत * लगा चुनरी में दागी
थाट भैरवी	-	राग भैरवी	- गीत * लाल छड़ी मैदान खड़ी
थाट भैरवी	-	राग भैरवी	- गीत * वक्त से दिन और रात
थाट भैरवी	-	राग भैरवी	- गीत * शिकायत है
थाट भैरवी	-	राग भैरवी	- गीत * शीशा-ए-दिल इतना ना ऊंचा लो
थाट भैरवी	-	राग भैरवी	- गीत * सजना सजना ओ सजना
थाट भैरवी	-	राग भैरवी	- गीत * सजना सजना कहे भूल गए दिन प्यार के
थाट भैरवी	-	राग भैरवी	- गीत * सपनों से भरे नैना
थाट भैरवी	-	राग भैरवी	- गीत * सब कुछ सिखा हमने
थाट भैरवी	-	राग भैरवी	- गीत * सर पे कदमों की छैंया
थाट भैरवी	-	राग भैरवी	- गीत * सांवरे सांवरे
थाट भैरवी	-	राग भैरवी	- गीत * साकिया आज मुझे निंद नहीं आएगी
थाट भैरवी	-	राग भैरवी	- गीत * सिकंदर भी आए न कोई रहा
थाट भैरवी	-	राग भैरवी	- गीत * सुन री पवन पवन पुरवैया
थाट भैरवी	-	राग भैरवी	- गीत * सुन ले बापू ये पैग़ाम
थाट भैरवी	-	राग भैरवी	- गीत * सुनाई देती है जिसकी धड़कन
थाट भैरवी	-	राग भैरवी	- गीत * सुनो छोटी सी गुड़िया की लंबी कहानी
थाट भैरवी	-	राग भैरवी	- गीत * सुर बड़े कैसे कैसे देखो किस्मत
थाट भैरवी	-	राग भैरवी	- गीत * हटो काहे को जूठी बनाओ बतियां
थाट भैरवी	-	राग भैरवी	- गीत * हम तुमसे प्यार कितना
थाट भैरवी	-	राग भैरवी	- गीत * है आग हमारे सीने में
थाट भैरवी	-	राग भैरवी	- गीत * होठों पे सचाई रहती है
थाट भैरवी	-	राग मालकौंस	- गीत * अंखियां संग अंखियां लागी आजी
थाट भैरवी	-	राग मालकौंस	- गीत * आए सुर के पंछी आए
थाट भैरवी	-	राग मालकौंस	- गीत * आधा है चंद्रमा रात अधी
थाट भैरवी	-	राग मालकौंस	- गीत * ओ पवन वेज से उड़नेवाले घोड़े
थाट भैरवी	-	राग मालकौंस	- गीत * जाने बहार हुस्न तेरा
थाट भैरवी	-	राग मालकौंस	- गीत * जिंदगी भर गम जुदाई का मुझे
थाट भैरवी	-	राग मालकौंस	- गीत * तू छुपी है कहा
थाट भैरवी	-	राग मालकौंस	- गीत * दरबार में ऊपर वाले के
थाट भैरवी	-	राग मालकौंस	- गीत * दीप जले जो गीतो के मैंने
थाट भैरवी	-	राग मालकौंस	- गीत * पाग घुंघरू बोले छनन छन
थाट भैरवी	-	राग मालकौंस	- गीत * बलमा माने ना
थाट भैरवी	-	राग मालकौंस	- गीत * मन तड़पत हरि दर्शन को
थाट भैरवी	-	राग मालकौंस	- गीत * मुझे ना बुला
थाट भैरवी	-	राग मालकौंस	- गीत * ये कहानी है दिए की और तूफ़ान की
थाट भैरवी	-	राग मालकौंस	- गीत * सावन की रात कारी
थाट कल्याण	-	राग कल्याण	- गीत * आंसू भारी है ये जीवन की राहें

जहाँ ना वास है मेरा, सदौ सर्वत्र गच्छामि ।। 22. थाट और रागों पर आधारित कुछ हिट फिल्मी गीतों की सूची

थाट कल्याण - राग कल्याण - गीत * अभी ना जाओ छोड़ कर
थाट कल्याण - राग कल्याण - गीत * आए हो मेरी जिंदगी में
थाट कल्याण - राग कल्याण - गीत * आप के अनुरोध पे मैं ये गीत
थाट कल्याण - राग कल्याण - गीत * इंतजार और अभी
थाट कल्याण - राग कल्याण - गीत * इन्हीं लोगों ने ले लीना दुपट्टा मेरा
थाट कल्याण - राग कल्याण - गीत * इस मोड़ से जाते हैं
थाट कल्याण - राग कल्याण - गीत * एरी अली पिया बिना
थाट कल्याण - राग कल्याण - गीत * एहसान तेरा होगा मुझे
थाट कल्याण - राग कल्याण - गीत * केनु संग खेलूं होली
थाट कल्याण - राग कल्याण - गीत * क्या साथ मेरा दोगे तुम प्यारी
थाट कल्याण - राग कल्याण - गीत * घर से निकलते ही कुछ दूर चले हाय
थाट कल्याण - राग कल्याण - गीत * चंदन सा बदन चंचल चितवन
थाट कल्याण - राग कल्याण - गीत * जब डुबकी जले आना
थाट कल्याण - राग कल्याण - गीत * जमाने का दस्तूर है ये पुराना
थाट कल्याण - राग कल्याण - गीत * जय जय ही जगदम्बे माता
थाट कल्याण - राग कल्याण - गीत * जरा सी आहट होती है
थाट कल्याण - राग कल्याण - गीत * जा रे बद्र बैरी जा
थाट कल्याण - राग कल्याण - गीत * जानेवाले से मुलकत ना होने पाई
थाट कल्याण - राग कल्याण - गीत * जिंदगी भर नहीं भुलेगी वो बरसात कि
थाट कल्याण - राग कल्याण - गीत * जिया ले गया जी मोरा सांवरिया
थाट कल्याण - राग कल्याण - गीत * जियो तो ऐसी जियो
थाट कल्याण - राग कल्याण - गीत * जीवन दो तुम्ही संग बंधी
थाट कल्याण - राग कल्याण - गीत * तुम आगर मुझको
थाट कल्याण - राग कल्याण - गीत * तुम गगन के चंद्रमा हो
थाट कल्याण - राग कल्याण - गीत * तुम बिन जीवन कैसे बिते
थाट कल्याण - राग कल्याण - गीत * तुम्हें आज मैंने देखा
थाट कल्याण - राग कल्याण - गीत * तेरा चेहरा
थाट कल्याण - राग कल्याण - गीत * तेरे हुस्न की क्या तारिफ करूं
थाट कल्याण - राग कल्याण - गीत * दिया जलाओ जगमग जगमग
थाट कल्याण - राग कल्याण - गीत * दिल की कश्ती
थाट कल्याण - राग कल्याण - गीत * दिल जो भी कहेगा
थाट कल्याण - राग कल्याण - गीत * दिल दिया दर्द लिया
थाट कल्याण - राग कल्याण - गीत * दिल-ए-बेताब को साइन से
थाट कल्याण - राग कल्याण - गीत * दो नैना मतावरे तिहारे
थाट कल्याण - राग कल्याण - गीत * नव कल्पना नव रूप से
थाट कल्याण - राग कल्याण - गीत * निगाहें मिलाने को जी चाहता है
थाट कल्याण - राग कल्याण - गीत * नुक्ताचेन है गम-ए-दिल
थाट कल्याण - राग कल्याण - गीत * पान खाए सइयां हमरो
थाट कल्याण - राग कल्याण - गीत * प्यार में होता है क्या जादू
थाट कल्याण - राग कल्याण - गीत * प्रीतम आन मिलो
थाट कल्याण - राग कल्याण - गीत * फिर ना कीजे मेरी गुस्ताख
थाट कल्याण - राग कल्याण - गीत * बड़ा दुख दिन तेरे लखनने

जहाँ ना वास है मेरा, सदौ सर्वत्र गच्छामि ।। 22. थाट और रागों पर आधारित कुछ हिट फिल्मी गीतों की सूची

थाट कल्याण	-	राग कल्याण	- गीत * बड़े भोले हो
थाट कल्याण	-	राग कल्याण	- गीत * भूली हुई यादें
थाट कल्याण	-	राग कल्याण	- गीत * मन रे तू कहे ना धीर धरे
थाट कल्याण	-	राग कल्याण	- गीत * मांगे से
थाट कल्याण	-	राग कल्याण	- गीत * मेरी दुनिया में तुम आए
थाट कल्याण	-	राग कल्याण	- गीत * मेरे हमसफ़र मेरे पास
थाट कल्याण	-	राग कल्याण	- गीत * मैं क्या जानूं क्या जादू है
थाट कल्याण	-	राग कल्याण	- गीत * मौसम है आशिकाना
थाट कल्याण	-	राग कल्याण	- गीत * छुपा लो यूं दिल में प्यार मेरा
थाट कल्याण	-	राग कल्याण	- गीत * याद रहेगा प्यारा ये रंगिन जमाना
थाट कल्याण	-	राग कल्याण	- गीत * ये चमन हमरा अपना है
थाट कल्याण	-	राग कल्याण	- गीत * रंजीश ही सही दिल ही दुखाने के लिए आ
थाट कल्याण	-	राग कल्याण	- गीत * रे मन सुर में गा
थाट कल्याण	-	राग कल्याण	- गीत * रोज़ रोज़ डाली डाली क्या लिख जाए
थाट कल्याण	-	राग कल्याण	- गीत * लगता नहीं है
थाट कल्याण	-	राग कल्याण	- गीत * वो जब याद आए बहुत याद आए
थाट कल्याण	-	राग कल्याण	- गीत * वो शाम कुछ अजीब थी
थाट कल्याण	-	राग कल्याण	- गीत * शोला हूं भड़कने की गुजरिश नहीं करता
थाट कल्याण	-	राग कल्याण	- गीत * श्री राम-चंद्र कृपालु भजमन
थाट कल्याण	-	राग कल्याण	- गीत * संसार से भागे फिरते हो
थाट कल्याण	-	राग कल्याण	- गीत * सप्त सूरन तीन
थाट कल्याण	-	राग कल्याण	- गीत * सलाम-ए-हसरत काबूली
थाट कल्याण	-	राग कल्याण	- गीत * सवेरे का सूरज तुम्हारे लिए हैं
थाट कल्याण	-	राग कल्याण	- गीत * साइन मेन सुलगते हैं अरमान
थाट कल्याण	-	राग कल्याण	- गीत * सारंगा तेरी याद में
थाट कल्याण	-	राग कल्याण	- गीत * सुनी जो उनके आने की आहाती
थाट कल्याण	-	राग कल्याण	- गीत * सुनो सजना पपीहे ने सपना
थाट कल्याण	-	राग कल्याण	- गीत * सोचते और जगते सांसोंका एक दरिया
थाट कल्याण	-	राग कल्याण	- गीत * सोचेंगे तुम्हें प्यार करे के नहीं
थाट कल्याण	-	राग कल्याण	- गीत * हर एक बात पे
थाट कल्याण	-	राग केदार	- गीत * आप की आंखें में कुछ
थाट कल्याण	-	राग केदार	- गीत * आप यूं ही आगर हम से मिलते रहे
थाट कल्याण	-	राग केदार	- गीत * उठाये जा उनके सितम और जीते जा
थाट कल्याण	-	राग केदार	- गीत * कान्हा जा रे
थाट कल्याण	-	राग केदार	- गीत * किसी की यादो
थाट कल्याण	-	राग केदार	- गीत * दर्शन दो घनश्याम नाथ
थाट कल्याण	-	राग केदार	- गीत * पंछी बावरा चांद से प्रीत लगाये
थाट कल्याण	-	राग केदार	- गीत * पल दो पल का साथ हमारा
थाट कल्याण	-	राग केदार	- गीत * बेकास पे करम किजीए
थाट कल्याण	-	राग केदार	- गीत * बोले से बसुरी कहि
थाट कल्याण	-	राग केदार	- गीत * भूली बिसरी
थाट कल्याण	-	राग केदार	- गीत * मिल जा रे जाने जाने

जहाँ ना वास है मेरा, सदौ सर्वत्र गच्छामि ।। 22. थाट और रागों पर आधारित कुछ हिट फिल्मी गीतों की सूची

थाट कल्याण	-	राग केदार	- गीत * मैं पागल मेरा मनावा पागल
थाट कल्याण	-	राग केदार	- गीत * साजन बिना नींद ना आवे
थाट कल्याण	-	राग केदार	- गीत * हम को मन की शक्ति देना
थाट कल्याण	-	राग भूपाली	- गीत * कांची रे कांची रे
थाट कल्याण	-	राग भूपाली	- गीत * गिरिधर गोपाल
थाट कल्याण	-	राग भूपाली	- गीत * चंदा है तू मेरा सूरज है तू
थाट कल्याण	-	राग भूपाली	- गीत * तोरे चरण कमल पर वार
थाट कल्याण	-	राग भूपाली	- गीत * ज्योति कलश छलके
थाट कल्याण	-	राग भूपाली	- गीत * देखा एक ख़्वाब तो ये सिलसिला हुआ
थाट कल्याण	-	राग भूपाली	- गीत * निल गगन की छाँव में
थाट कल्याण	-	राग भूपाली	- गीत * पंख होते से उड़ आति
थाट कल्याण	-	राग भूपाली	- गीत * पंछी बानो उड़ती फिरूं मस्त गगन में
थाट कल्याण	-	राग भूपाली	- गीत * ये हवा... ये फिजा... आ भी जा
थाट कल्याण	-	राग भूपाली	- गीत * संसार की हर शय का
थाट कल्याण	-	राग भूपाली	- गीत * सयोनारा सयोनार
थाट कल्याण	-	राग भूपाली	- गीत * सांवरे रंग रची
थाट कल्याण	-	राग भूपाली	- गीत * हम तुम से ना कुछ कह पाए
थाट कल्याण	-	राग भूपाली	- गीत * हे गोविंद हे गोपाल हे दयाल लाल
थाट कल्याण	-	राग शुद्ध कल्याण	- गीत * चंद फिर निकला
थाट कल्याण	-	राग शुद्ध कल्याण	- गीत * जहान डाल डाल पर सोने की चिड़ियाएं
थाट कल्याण	-	राग शुद्ध कल्याण	- गीत * मेरी मुहब्बत जवां रहेगी
थाट कल्याण	-	राग शुद्ध कल्याण	- गीत * ये शाम की तनहाईं
थाट कल्याण	-	राग शुद्ध कल्याण	- गीत * रसिका बालमा
थाट कल्याण	-	राग हमीर	- गीत * मधुबन में राधिका नाचे रे
थाट कल्याण	-	राग हमीर	- गीत * श्री राम-चंद्र कृपालु भज मन
थाट कल्याण	-	राग हमीर	- गीत * सुर की गति मैं क्या जानू
थाट मारवा	-	राग ललित	- गीत * एक शहंशाह ने बनवा के हसीन ताजमहल
थाट मारवा	-	राग ललित	- गीत * कोई पास आया सवेरे
थाट मारवा	-	राग ललित	- गीत * तू है मेरा प्रेम देवता
थाट मारवा	-	राग ललित	- गीत * प्रीतम दरस दिखाओ
थाट मारवा	-	राग ललित	- गीत * बड़ी धीरे जल
थाट मारवा	-	राग सोहनी	- गीत * कान्हा रे कान्हा
थाट मारवा	-	राग सोहनी	- गीत * जीवन ज्योत जले
थाट मारवा	-	राग सोहनी	- गीत * झुमती चली हवा
थाट मारवा	-	राग सोहनी	- गीत * पायल झम झम बाजे
थाट मारवा	-	राग सोहनी	- गीत * प्रेम जोगन बन के
थाट पूर्वी	-	राग पूरिया धनाश्री	- गीत * कितने दिनो के बाद ये आई सजना
थाट पूर्वी	-	राग पूरिया धनाश्री	- गीत * कोयलिया उड़ जा यहां नहीं कोय
थाट पूर्वी	-	राग पूरिया धनाश्री	- गीत * तुमने क्या किया है हमारे लिए
थाट पूर्वी	-	राग पूरिया धनाश्री	- गीत * तोरी जय जय करतार

जहाँ ना वास है मेरा, सदौ सर्वत्र गच्छामि ।। 22. थाट और रागों पर आधारित कुछ हिट फिल्मी गीतों की सूची

थाट पूर्वी	-	राग पूरिया धनाश्री	- गीत * प्रेम लगान
थाट पूर्वी	-	राग पूरिया धनाश्री	- गीत * मेरी सांसों को जो महका रही है
थाट पूर्वी	-	राग पूरिया धनाश्री	- गीत * रुत आ गई रे रुत छा गई रे
थाट पूर्वी	-	राग पूरिया धनाश्री	- गीत * लैबों से चुमलो आंखों से थामलो मुझे
थाट पूर्वी	-	राग पूरिया धनाश्री	- गीत * है राम ये क्या हुआ
थाट पूर्वी	-	राग पूर्वी	- गीत * करुणा सुनो श्याम मोरी
थाट पूर्वी	-	राग बसंत	- गीत * ओ बसंती पवन पागल
थाट पूर्वी	-	राग बसंत	- गीत * केतकी गुलाब जूही चंपाका बना फुले
थाट पूर्वी	-	राग बसंत	- गीत * चलो सजना जहान तकी
थाट पूर्वी	-	राग बसंत	- गीत * बसंत है आया रंगीला
थाट पूर्वी	-	राग बसंत	- गीत * वादा कर ले सजन
थाट तोड़ी	-	राग तोड़ी	- गीत * आगा करुणाकर
थाट तोड़ी	-	राग तोड़ी	- गीत * एक था बचपना
थाट तोड़ी	-	राग तोड़ी	- गीत * एरी मैं से प्रेम दिवानी
थाट तोड़ी	-	राग तोड़ी	- गीत * खुदा ए बारात तेरी जमीन परी
थाट तोड़ी	-	राग तोड़ी	- गीत * जग में सुंदर है दो नाम
थाट तोड़ी	-	राग तोड़ी	- गीत * जब तुम ही हम
थाट तोड़ी	-	राग तोड़ी	- गीत * जागो रे जागो प्रभात आया
थाट तोड़ी	-	राग तोड़ी	- गीत * जा-जा रे ऐ पथिकवा
थाट तोड़ी	-	राग तोड़ी	- गीत * जिस दिन से पिया
थाट तोड़ी	-	राग तोड़ी	- गीत * दुनिया ना भये मोहे अब तो बुलाले
थाट तोड़ी	-	राग तोड़ी	- गीत * नंदा नंदन
थाट तोड़ी	-	राग तोड़ी	- गीत * भोर भये
थाट तोड़ी	-	राग तोड़ी	- गीत * माई तो एक ख़्वाब हूं
थाट तोड़ी	-	राग तोड़ी	- गीत * रैना बिती जाये श्याम ना आये
थाट तोड़ी	-	राग तोड़ी	- गीत * वतन पे जो फिदा होगा
थाट तोड़ी	-	राग तोड़ी	- गीत * साकी की हर निगाह पे
थाट तोड़ी	-	राग मुल्तानी	- गीत * दया करो ए गिरिधर
थाट तोड़ी	-	राग मुल्तानी	- गीत * लगा गायन अखियां
थाट मिश्र	-	राग पीलू	- गीत * अपनी कहो कुछ मेरी सुनो
थाट मिश्र	-	राग पीलू	- गीत * अब के बरस भेजे भैया को बबुल
थाट मिश्र	-	राग पीलू	- गीत * आज की रात बड़ी शोक बड़ी नटखट है
थाट मिश्र	-	राग पीलू	- गीत * ऐ मेरी जोहरा जबीन तुझे मालूम नहीं
थाट मिश्र	-	राग पीलू	- गीत * कभी आर कभी परी
थाट मिश्र	-	राग पीलू	- गीत * कहे गुमाना करे
थाट मिश्र	-	राग पीलू	- गीत * काली घटा छाये मोरा जिया तरासे
थाट मिश्र	-	राग पीलू	- गीत * कैसा जादू बलमा- ट्यून
थाट मिश्र	-	राग पीलू	- गीत * खोजो ढूंढो रे साजन
थाट मिश्र	-	राग पीलू	- गीत * घनन घनन
थाट मिश्र	-	राग पीलू	- गीत * चंदन का पालन रेशम की डोरी

जहाँ ना वास है मेरा, सदौ सर्वत्र गच्छामि ।। 22. थाट और रागों पर आधारित कुछ हिट फिल्मी गीतों की सूची

थाट मिश्र - राग पीलू - गीत * चाहत देस से आने वाले ये तो बता
थाट मिश्र - राग पीलू - गीत * चुरा लिया है तुमने जो दिल को
थाट मिश्र - राग पीलू - गीत * जाये आप कहां जाएंगे
थाट मिश्र - राग पीलू - गीत * जिंदगी ख्वाब है
थाट मिश्र - राग पीलू - गीत * झूले में पवन की आई बहारी
थाट मिश्र - राग पीलू - गीत * तू जो मेरे सुर में
थाट मिश्र - राग पीलू - गीत * तेरे प्यार का आसरा
थाट मिश्र - राग पीलू - गीत * तेरे बिन सून नयन हमारे
थाट मिश्र - राग पीलू - गीत * दिन सारा गुजरा तोरे अंगना
थाट मिश्र - राग पीलू - गीत * दे दे प्यार दे
थाट मिश्र - राग पीलू - गीत * धड़कते दिल की तमन्ना
थाट मिश्र - राग पीलू - गीत * धीरे से आजा री अखियां में निंदिया में
थाट मिश्र - राग पीलू - गीत * ना जाओ सइयां छुड़ा के बैयां
थाट मिश्र - राग पीलू - गीत * ना झटको जुल्फ से पानी
थाट मिश्र - राग पीलू - गीत * ना मनु ना मनु दगबजाज़ तोरी बतिया
थाट मिश्र - राग पीलू - गीत * नादिया किनारे हरयी आई कंगना
थाट मिश्र - राग पीलू - गीत * नैना कहे को लगाये
थाट मिश्र - राग पीलू - गीत * पा लगूं कर जोरी रे
थाट मिश्र - राग पीलू - गीत * पाई के घर आज प्यारी दुल्हनिया चली
थाट मिश्र - राग पीलू - गीत * पानी दे छाया दे रा राम मेघ दे
थाट मिश्र - राग पीलू - गीत * पिया पिया ना लगे मोरा जिया
थाट मिश्र - राग पीलू - गीत * बनवारी रे जीने का सहारा
थाट मिश्र - राग पीलू - गीत * बहारों ने मेरा चमन लूट कर
थाट मिश्र - राग पीलू - गीत * मत मारो श्याम पिचकारी
थाट मिश्र - राग पीलू - गीत * मुरली बैरन भाई रे कन्हैया तोरी
थाट मिश्र - राग पीलू - गीत * मेरा प्यार भी तू है ये बहार भी तू है
थाट मिश्र - राग पीलू - गीत * मैं सोया अंखियां मीचे
थाट मिश्र - राग पीलू - गीत * मैंने रंग ली आज चुनरिया सजना तोरे
थाट मिश्र - राग पीलू - गीत * मैंने शायद तुमहेन पहले
थाट मिश्र - राग पीलू - गीत * मैनु इश्क दा लग गया रोग
थाट मिश्र - राग पीलू - गीत * मोरे कान्हा जो आए पलट के
थाट मिश्र - राग पीलू - गीत * मोरे सैंया जी उतरेंगे पार नदिया धीरे
थाट मिश्र - राग पीलू - गीत * विकल मोरा मनवा तुम बिन है
थाट मिश्र - राग पीलू - गीत * सच कहता है दुनिया
थाट मिश्र - राग पीलू - गीत * सुर ना सजे क्या गांव में
थाट मिश्र - राग पीलू - गीत * सुरमयी अखियों गें नन्हा मुन्ना
थाट मिश्र - राग पीलू - गीत * है रसिया तू बड़ा बेदर्दी

www.ingramcontent.com/pod-product-compliance
Lightning Source LLC
Chambersburg PA
CBHW080954120626
46546CB00010B/2884

* 9 7 8 1 9 8 9 4 1 6 6 9 3 *